Germ
at your Fingertips

Other titles in this series

Dutch at your Fingertips
French at your Fingertips
Greek at your Fingertips
Italian at your Fingertips
Portuguese at your Fingertips
Spanish at your Fingertips

German
at your Fingertips

compiled by
LEXUS

with

Horst Kopleck,
Chris Stephenson
and Peter Terrell

Routledge & Kegan Paul
London and New York

First published in 1987 by
Routledge & Kegan Paul
11 New Fetter Lane, London EC4P 4EE

Published in the USA by
Routledge & Kegan Paul Inc.
in association with Methuen Inc.
29 West 35th Street, New York, NY 10001

Set in Linotron 202 Baskerville
by Morton Word Processing Ltd, Scarborough
and printed in Great Britain
by The Guernsey Press Co. Ltd
Guernsey, Channel Islands

© LEXUS Ltd 1987

No part of this book may be reproduced in
any form without permission from the publisher
except for the quotation of brief passages
in criticism

Library of Congress Cataloging in Publication Data

German at your fingertips.—(Fingertips)

1. German language—Conversation and phrase books—English.
I. Kopleck, Horst II. Lexus (Firm)
PF3121.G47 1987 438.3'421 86-21914

British Library CIP Data also available
ISBN 0-7102-0954-1

Contents

Pronunciation Guide vi
English-German 1
German-English 81
Reference Grammar 106

GERMAN PRONUNCIATION

Because you are likely to want to speak most of the German given in this book, rather than just to understand its meaning, an indication of the pronunciation has been given in square brackets. If you pronounce this as though it were English, the result will be clearly comprehensible to a German person.

In some cases, however, we have decided that it was not necessary to give the entire pronunciation for a word or phrase. This may be because it would more or less duplicate the ordinary German spelling, or because the pronunciation of a particular word or words has already been given within the same entry. In these cases we have simply shown how to pronounce the problematic parts of the word or phrase.

Some comments on the pronunciation system used:

VOWELS

a	as in 'hat'
ah	as in 'father'
ay	as in 'day'
ine	as in 'mine'
oo	as in 'book' or 'took'
ōō	as in 'soon' or 'boom'
ω	as in 'huge' or 'few'
ow	as in 'how'
uh	a short sound like the 'er' in 'mother'
y	as in 'by'

CONSONANTS

CH	like the ch in the Scottish pronunciation of 'loch'
g	as in 'get'
j	like the 's' in 'leisure'

When part of the pronunciation is given in quotes (e.g. 'eye') this means that this should be read exactly as the English word.

When the print for a letter or letters is in bold type this means that this part of the word should be stressed.

For nouns which have the indefinite article 'ein' in the translation we have added *m* or *nt* afterwards in brackets to indicate the gender of the word.

English – German

A

a, an ein(e) [*ine*(-uh)]; **10 marks a bottle** 10 Mark pro Flasche; *see page 108*
about: about 25 etwa 25 [*etvah*]; **about 6 o'clock** gegen 6 Uhr [*gaygen*]; **is the manager about?** ist der Geschäftsführer in der Nähe. [*ist dair gesheftsfoorer in dair nay-uh*]; **I was just about to leave** ich wollte gerade gehen [*ich vollt-uh grahd-uh gayen*]; **how about a drink?** wie wär's mit einem Drink? [*vee vairss mit ine-em*]
above oben [*ohben*]; **above the village** oberhalb des Dorfes [*ohberhalp*]
abroad im Ausland [*im owssland*]; **when I go abroad** wenn ich ins Ausland fahre [*venn ich inss ... fahr-uh*]
abscess ein Abszeß (m) [*aps-tsess*]
absolutely: it's absolutely perfect es ist absolut perfekt [*absoloot pairfekt*]; **you're absolutely right** Sie haben vollkommen recht [*zee hahben follkommen recht*]; **absolutely!** vollkommen!
absorbent cotton die Watte [*vatt-uh*]
accelerator das Gaspedal [*gahss-pedahl*]
accept akzeptieren [*aktsepteeren*]
acceptable: this is not acceptable das ist nicht annehmbar [*dass ist nicht annaymbar*]
accident der Unfall [*oonfal*]; **there's been an accident** es hat einen Unfall gegeben [*gegayben*]; **sorry, it was an accident** tut mir leid, das war ein Versehen [*toot meer lyte, dass vahr ine fairzayen*]
accommodation(s) die Unterkunft [*oonter-koonft*]; **we need accommodation(s) for four** wir brauchen Zimmer für vier Personen [*veer browchen tsimmer foor feer pairzohnen*]
accurate genau [*genow*]
ache: I have an ache here ich habe hier Schmerzen [*ich hahb-uh heer shmairtsen*]; **it aches** es tut weh [*ess toot vay*]
across: across the street über die Straße [*oober dee shtrahss-uh*]; **it's across the street** es ist gegenüber [*gaygenoober*]
actor der Schauspieler [*showshpeeler*]
actress die Schauspielerin [*showshpeelerin*]
adapter ein Adapter (m)
address die Adresse [*address-uh*]; **what's your address?** was ist Ihre Adresse?
address book das Adreßbuch [*addressbooch*]
admission: how much is admission? was kostet der Eintritt? [*vass kosstet dair ine-tritt*]
adore: I adore ... ich liebe ... [*ich leeb-uh*]
adult der Erwachsene [*airvaksen-uh*]
advance: I'll pay in advance ich zahle im voraus [*ich tsahl-uh im forowss*]
advertisement eine Anzeige [*an-tsyge-uh*]
advise: what would you advise? was würden Sie empfehlen? [*vass voorden zee empfaylen*]
aeroplane das Flugzeug [*flooktsoyk*]
affluent wohlhabend [*vohl-hahbent*]
afraid: I'm afraid of heights ich habe Angst vor großen Höhen [*ich hahb-uh angst for grohssen hur-en*]; **don't be afraid** haben Sie keine Angst [*hahben zee kyne-uh*]; **I'm not afraid** ich habe keine Angst; **I'm afraid I can't help you** es tut mir leid, ich kann Ihnen nicht helfen [*ess toot meer lyte ich kan eenen nicht helfen*]; **I'm afraid so** ich fürchte ja [*ich foorcht-uh yah*]; **I'm afraid not** leider nicht [*ly-der nicht*]
after: after you nach Ihnen [*nach eenen*]; **after 9 o'clock** nach 9 Uhr; **not until after 9 o'clock** nicht vor 9 Uhr [*nicht for*]
afternoon der Nachmittag [*nachmittahk*]; **in the afternoon** am Nachmittag; **good afternoon** guten Tag [*gooten tahk*]; **this afternoon** heute Nachmittag [*hoyt-uh*]
aftershave das After-shave

after sun cream die Après-Lotion [apr**ay**-lohts-yohn]
afterwards danach [dan**a**CH]
again wieder [v**ee**der]
against gegen [g**ay**gen]
age das Alter [**a**l-ter]; **not at my age!** nicht in meinem Alter! [niCHt in m**y**nem]; **it takes ages** es dauert eine Ewigkeit [ess dow**e**rt **i**ne-uh **ay**viCHkyte]; **I haven't been here for ages** ich bin ewig nicht mehr hier gewesen [iCH bin **ay**viCH niCHt mair heer gev**ay**zen]
agency die Agentur [ahgent**oo**r]
ago: a year ago vor einem Jahr [for **i**ne-em yahr]; **it wasn't long ago** es ist noch nicht lange her [noCH niCHt l**a**ng-uh hair]
agony: it's agony es ist eine Qual [ess ist **i**ne-uh kvahl]
agree: do you agree? sind Sie einverstanden? [zint zee **i**ne-fairshtanden]; **I agree** ich stimme zu [iCH sht**i**mm-uh ts**oo**]; **sauerkraut doesn't agree with me** Sauerkraut bekommt mir nicht [meer niCHt]
aggressive aggressiv [aggress**ee**f]
AIDS Aids
air die Luft [looft]; **by air** mit dem Flugzeug [mit daym fl**oo**ktsoyk]
air-conditioning die Klimaanlage [kl**ee**ma-anlahg-uh]
air hostess die Stewardess
airmail: by airmail per Luftpost [pair l**oo**ftposst]
airmail envelope der Luftpost-Briefumschlag [l**oo**ftposst br**ee**f-oomshlahk]
airplane das Flugzeug [fl**oo**ktsoyk]
airport der Flughafen [fl**oo**k-hahfen]
airport bus der Flughafenbus [fl**oo**k-hahfenbooss]
airport tax die Flughafengebühr [fl**oo**k-hahfen-geb**oo**r]
alarm der Alarm
alarm clock ein Wecker (m) [v**e**cker]
alcohol der Alkohol [alkoh**oh**l]
alcoholic: is it alcoholic? enthält es Alkohol? [enth**e**lt ess alkoh**oh**l]
alive lebendig [leb**e**ndiCH]; **is he still alive?** lebt er noch? [laypt air noCH]
all: all the hotels alle Hotels [**a**l-uh]; **all my friends** alle meine Freunde; **all my money** mein ganzes Geld [myne g**a**ntsess gelt]; **all of it** alles [**a**l-ess]; **all of them** alle; **all right** in Ordnung [in **o**rdnoong]; **I'm all right** (*I'm fine*) mir geht's gut

[meer gayts g**oo**t]; (*no more food etc*) danke; **that's all** das ist alles; **it's all changed** alles hat sich verändert [ziCH fair**e**ndert]; **thank you — not at all** vielen Dank — keine Ursache [kyne-uh **oo**rzaCH-uh]
allergic: I'm allergic to ... ich bin allergisch gegen ... [all**ai**rgish g**ay**gen]
allergy eine Allergie [allerg**ee**]
all-inclusive inklusive [inkloozeev-uh]
allowed erlaubt [airl**ow**pt]; **is it allowed?** ist es erlaubt?; **I'm not allowed to eat salt** ich darf kein Salz essen [iCH darf kyne zalts **e**ssen]
almost fast [fasst]
alone allein [al-**i**ne]; **are you alone?** sind Sie allein? [zint zee]; **leave me alone** lassen Sie mich in Ruhe [l**a**ssen zee miCH in r**oo**-uh]
already schon [shohn]
Alsace-Lorraine Elsaß-Lothringen [el-zass-loh-tringen]
also auch [owCH]
alteration eine Änderung [**e**nderoong]
alternative: is there an alternative? gibt es eine Alternative? [gipt ess **i**ne-uh altairnat**ee**v-uh]; **we had no alternative** wir hatten keine andere Wahl [veer hatten kyne-uh **a**nder-uh vahl]
alternator die Lichtmaschine [liCHt-masheen-uh]
although obwohl [opv**oh**l]
altogether insgesamt; **what does that come to altogether?** was macht das zusammen? [vass maCHt dass ts**oo**z**a**mmen]
always immer
a.m.: at 8 a.m. um 8 Uhr morgens
amazing (*surprising*) erstaunlich [airsht**ow**nliCH]; (*very good*) fantastisch
ambassador der Botschafter [b**oh**tshaffter]
ambulance ein Krankenwagen (m) [kr**a**nken-vahgen]; **get an ambulance!** rufen Sie einen Krankenwagen [r**oo**fen zee]
America Amerika [am**ai**reeka]
American (*adj*) amerikanisch [amerik**ah**nish]; (*man*) der Amerikaner [—k**ah**ner]; (*woman*) die Amerikanerin [—k**ah**nerin]
American plan Vollpension [follpangz-yohn]
among unter [**oo**nter]
amp: a 13-amp fuse eine 13-Ampere-Sicherung [amp**ai**r]

an(a)esthetic die Narkose *[nahrkohz-uh]*
ancestor der Vorfahr *[forfahr]*
anchor der Anker
anchovies Sardellen *[zardellen]*
ancient alt
and und *[oont]*
angina die Angina *[angeena]*
angry wütend *[vœtent]*; **I'm very angry about it** ich bin darüber sehr verärgert *[ich bin dahrœber zair fair-airgert]*; **please don't be angry** seien Sie bitte nicht böse *[zy-en zee bitt-uh nicht burz-uh]*
animal ein Tier *(nt)* *[teer]*
ankle der Knöchel *[knurchel]*
anniversary: it's our (wedding) anniversary today heute ist unser Hochzeitstag *[hoyt-uh ist oonzer hochtsytestahk]*
annoy: he's annoying me er belästigt mich *[air belesticht mich]*; **it's so annoying** es ist so ärgerlich *[ess ist zoh airgerlich]*
anorak ein Anorak *(m)*
another: can we have another room? können wir ein anderes Zimmer haben? *[kurnen veer ine anderess tsimmer hahben]*; **another bottle, please** noch eine Flasche bitte *[noch ine-uh flash-uh bitt-uh]*
answer die Antwort *[antvort]*; **there was no answer** es hat sich niemand gemeldet *[ess hat zich neemant gemeldet*; **what was his answer?** was hat er geantwortet? *[vass hat air ge-antvortet]*
ant: ants Ameisen *[ah-myzen]*
antibiotics Antibiotika *[—bee-ohteeka]*
anticlimax eine Enttäuschung *[enttoyshoong]*
antifreeze das Frostschutzmittel *[frostshoots-mittel]*
anti-histamine das Antihistamin
antique: is it an antique? ist es antik? *[ist ess anteek]*
antique shop ein Antiquitätengeschäft *(nt)* *[antikvitayten-gesheft]*
antisocial: don't be antisocial seien Sie kein Spielverderber *[zyen zee kyne shpeel-fairdairber]*
any: have you got any rolls/milk? haben Sie Brötchen/Milch?; **I haven't got any** ich habe keine *[ich hahb-uh kyne-uh]*
anybody jeder *[yayder]*; **can anybody help?** kann jemand helfen? *[yaymant helfen]*; **there wasn't anybody there** es war keiner da *[ess vahr kyner da]*
anything etwas *[etvass]*; **I don't want anything** ich möchte nichts *[ich murcht-uh nichts]*; **don't you have anything else?** haben Sie etwas anderes?
apart from abgesehen von *[apgezayen fon]*
apartment eine Wohnung *[vohnoong]*
aperitif ein Aperitif *(m)*
apology eine Entschuldigung *[entshooldigoong]*; **please accept my apologies** ich möchte mich entschuldigen *[ich murcht-uh mich entshooldigen]*
appalling entsetzlich *[entzetslich]*
appear: it would appear that ... es scheint, als ob ... *[ess shynt alss op]*
appendicitis eine Blinddarmentzündung *[blint-darm-entsœndoong]*
appetite der Appetit *[appeteet]*; **I've lost my appetite** ich habe keinen Appetit mehr *[kynen ... mair]*
apple ein Apfel *(m)*
apple pie ein Apfelkuchen *(m)* *[—koochen]*
application form ein Antragsformular *(nt)* *[antrahks-formoolahr]*
appointment der Termin *[tairmeen]*; **I'd like to make an appointment** ich möchte einen Termin vereinbaren *[fair-inebahren]*
appreciate: thank you, I appreciate it recht vielen Dank *[recht feelen dank]*
approve: she doesn't approve das gefällt ihr nicht *[dass gefelt eer nicht]*
apricot eine Aprikose *[aprikohz-uh]*
April der April *[a-prill]*
aqualung ein Tauchgerät *(nt)* *[towch-gerrayt]*
archaeology die Archäologie *[archayologee]*
architect der Architekt *[archeetekt]*
are *see page 113*
area: I don't know the area ich kenne mich in der Gegend nicht aus *[ich kenn-uh mich in dair gaygent nicht owss]*
area code die Vorwahl *[forvahl]*
argument der Streit *[shtryte]*
arm der Arm
around *see* **about**
arrangement: will you make the arrangements? können Sie das regeln?

arrest

[kurnen zee dass raygeln]
arrest verhaften [fairhaften]; **he's been arrested** er ist verhaftet worden
arrival die Ankunft [ankoonft]
arrive: when do we arrive? wann kommen wir an? [van kommen veer an]; **has my parcel arrived yet?** ist mein Paket schon angekommen? [ist myne pakayt shohn angekommen]; **let me know as soon as they arrive** sagen Sie mir, wenn sie eintreffen [zahgen zee meer venn zee ine-treffen]; **we only arrived yesterday** wir sind erst gestern angekommen
art die Kunst [koonst]
art gallery die Kunstgalerie [koonstgalleree]
arthritis die Arthritis [artreetis]
artificial künstlich [koonstlich]
artist der Künstler [koonstler]
as: as fast as you can so schnell Sie können [zoh shnell zee kurnen]; **as much as you can** soviel Sie können [zohfeel]; **as you like** wie Sie wollen [vee zee vollen]; **as it's getting late** weil es spät wird [vyle ess shpayt veert]
ashore: to go ashore an Land gehen [an lant gayen]
ashtray ein Aschenbecher (m) [ashenbecher]
aside from außer [owsser]
ask fragen [frahgen]; **that's not what I asked for** das hatte ich nicht bestellt [dass hatt-uh ich nicht beshtellt]; **could you ask him to phone me back?** können Sie ihn bitten, mich zurückzurufen? [kurnen zee een bitten mich tsoorocktsooroofen]
asleep: he's still asleep er schläft noch [air shlayft noch]
asparagus der Spargel [shpahrgel]
aspirin ein Kopfschmerzmittel (nt) [kopfshmairtsmittel]
assault: she's been assaulted sie ist überfallen worden [zee ist ooberfal-en vorden]; **indecent assault** das Notzuchtverbrechen [noht-tsoocht-fairbrechen]
assistant (helper) der Assistent [assistent]; (in shop) der Verkäufer [fairkoyfer]
assume: I assume that ... ich nehme an, daß ... [ich naym-uh an dass]
asthma das Asthma
astonishing erstaunlich [airshtownlich]
at: at the café im Café; **at the hotel** im Hotel; **at 8 o'clock** um 8 Uhr [oom acht oor]; **see you at dinner** wir sehen uns beim Abendessen [veer zayen oonss byme ahbentessen]; **at his party** auf seiner Party [owff zyner]; **at the station** am Bahnhof
Atlantic der Atlantik
atmosphere die Atmosphäre [atmosfairuh]
attractive attraktiv [atrakteef]; **you're very attractive** ich finde dich sehr attraktiv [ich find-uh dich zair]
aubergine eine Aubergine [ohbairjeenuh]
auction die Versteigerung [fair-shtygeroong]
audience das Publikum [pooblikoom]
August der August [owgoost]
aunt: my aunt meine Tante [myne-uh tant-uh]
au pair (girl) das Au-pair-Mädchen [—maydchen]
Australia Australien [owsstrahlee-en]
Australian (adj) australisch [owsstrahlish]; (man) der Australier [owsstrahlee-er]; (woman) die Australierin [—lee-erin]
Austria Österreich [urster-ryche]
Austrian (adj) österreichisch [ursterrychish]; (man) der Österreicher [ursterrycher]; (woman) die Österreicherin [—in]
authorities die Behörden [behurden]
automatic automatisch [owtomahtish]; (car) der Automatikwagen [owtomahtikvahgen]
automobile das Auto [owto]
autumn der Herbst [hairpst]; **in the autumn** im Herbst
available: when will it be available? wann wird es erhältlich sein? [van veert ess airheltlich zyne]; **when will he be available?** wann wird er zu sprechen sein? [van veert air tsoo shprechen zyne]
avenue die Allee [allay]
average: the average German der durchschnittliche Deutsche [dair doorch-shnittlich-uh doytsh-uh]; **an above average hotel** ein überdurchschnittliches Hotel [ine ooberdoorch-shnittliches]; **a below average hotel** ein unterdurchschnittliches Hotel [ine oonter-doorch-shnittliches]; **the food was only average** das Essen

war nur mittelmäßig [vahr noor mittel-maysich]; **on average** im Durchschnitt
awake: is she awake yet? ist sie schon wach? [ist zee shohn vach]

away: is it far away? ist es weit? [vyte]; **go away!** gehen Sie weg! [gay-en zee vek]
awful furchtbar [foorchtbar]
axle die Achse [ax-uh]

B

baby das Baby
baby-carrier eine Säuglingstragetasche [zoyglingstrahg-uh-tash-uh]
baby-sitter der Babysitter; **can you get us a baby-sitter?** können Sie uns einen Babysitter besorgen? [kurnen zee oonss]
bachelor der Junggeselle [yoong-gezell-uh]
back: I've got a bad back mir tut der Rücken weh [meer toot dair roocken vay]; **at the back** hinten; **in the back of the car** hinten im Auto; **I'll be right back** ich bin gleich zurück [ich bin glyche tsoo-roock]; **when do you want it back?** wann wollen Sie es zurückhaben? [van vollen zee ess tsoo-roock-hahben]; **can I have my money back?** kann ich mein Geld zurückbekommen? [kan ich myne gelt tsoo-roockbekommen]; **come back!** kommen Sie zurück!; **I go back home tomorrow** ich fahre morgen nach Hause zurück [ich fahr-uh morgen nach howz-uh tsoo-roock]; **we'll be back next year** wir kommen nächstes Jahr wieder [veer kommen naychstess yahr veeder]; **when is the last bus back?** wann fährt der letzte Bus zurück? [van fairt dair letst-uh booss]; **he backed into me** er hat mich rückwärts angefahren [air hat mich roockvairts angefahren]
backache die Rückenschmerzen [roocken-shmairtsen]
back door die Hintertür [hintertoor]
backgammon das Backgammon
backpack der Rucksack [roockzack]
back seat der Rücksitz [roockzits]
back street die Seitenstraße [zyten-shtrahss-uh]
bacon der Speck [shpeck]; **bacon and eggs** Eier mit Speck ['eye'-er]
bad schlecht [shlecht]; **this meat's bad** dieses Fleisch ist schlecht; **a bad headache** schlimme Kopfschmerzen [shlimm-uh kopf-shmairtsen]; **it's not bad** es ist nicht schlecht; **too bad!** Pech! [pech]
badly: he's been badly injured er ist schwer verletzt worden [air ist shvair fair-letst vorden]
bag die Tasche [tash-uh]; (*handbag*) die Handtasche [hant-tash-uh]; (*suitcase*) die Reisetasche [ryze-uh-tash-uh]
baggage das Gepäck [gepeck]
baggage allowance das zugelassene Gepäck [tsoogelassen-uh gepeck]
baggage checkroom (*for leaving bags*) die Gepäckaufbewahrung [gepeck-owffbevahroong]
baker der Bäcker [becker]
balcony der Balkon [balkong]; **a room with a balcony** ein Zimmer mit Balkon; **on the balcony** auf dem Balkon [owff daym]
bald kahl
ball ein Ball (*m*) [bal]
ballet das Ballett [bal-ett]
ball-point pen ein Kugelschreiber (*m*) [koogel-shryber]
Baltic die Ostsee [ost-zay]
banana eine Banane [banahn-uh]
band (*mus*) die Band [bend]
bandage ein Verband (*m*) [fairbant]; **could you change the bandage?** können Sie den Verband wechseln? [kurnen zee dayn fairbant veckseln]
bandaid das Hansaplast (*tm*)
bank (*money*) die Bank; **when are the banks open?** wann haben die Banken geöffnet? [hahben ... ge-urfnet]
bank account das Bankkonto
bar die Bar; **let's meet in the bar** wollen wir uns in der Bar treffen? [vollen veer

oonss in dair]; **a bar of chocolate** eine Tafel Schokolade *[ine-uh tahfel shokolahd-uh]*
barbecue der Grill
barber der Frisör *[frizz-ur]*
bargain: it's a real bargain das ist wirklich billig *[dass ist veerklich billich]*
barmaid die Bardame *[bardahm-uh]*
barman der Barkeeper
barrette eine Haarspange *[hahr-shpang-uh]*
bartender der Barkeeper
basic: the hotel is rather basic das Hotel ist ziemlich einfach *[dass hotel ist tseemlich ine-fach]*; **will you teach me some basic phrases?** können Sie mir einige grundlegende Ausdrücke beibringen? *[kurnen zee meer ine-iguh groontlaygend-uh owssdrock-uh by-bringen]*
basket ein Korb (*m*) *[korp]*
bath das Bad *[baht]*; **can I take a bath?** kann ich ein Bad nehmen? *[kan ich ine baht naymen]*
bathing das Baden *[bahden]*
bathing costume der Badeanzug *[bahd-uh-antsook]*
bathrobe der Bademantel *[bahd-uh-mantel]*
bathroom das Bad *[baht]*; **a room with a private bathroom** ein Zimmer mit eigenem Bad *[ine tsimmer mit 'eye'gen-em baht]*; **can I use your bathroom?** kann ich Ihre Toilette benutzen? *[kan ich eer-uh twalett-uh benootsen]*
bath salts das Badesalz *[bahd-uh-zalts]*
bath towel ein Badehandtuch (*nt*) *[bahd-uh-hant-tooch]*
battery eine Batterie *[batteree]*; **the battery's flat** die Batterie ist leer *[ist lair]*
bay die Bucht *[boocht]*
be sein *[zyne]*; **be reasonable** seien Sie vernünftig *[zy-en zee fairnoonftich]*; **don't be lazy** seien Sie nicht so faul *[nicht zoh fowl]*; **where have you been?** wo sind Sie gewesen? *[voh zint zee gevayzen]*; **I've never been to ...** ich war noch nie in ... *[ich vahr noch nee in]*; see **I, you, he** etc and pages 113, 114
beach der Strand *[shtrant]*; **on the beach** am Strand; **I'm going to the beach** ich gehe zum Strand
beach towel ein Badetuch (*nt*) *[bahd-uh-tooch]*

beach umbrella ein Sonnenschirm (*m*) *[zonnensheerm]*
beads die Perlen *[pairlen]*
beans die Bohnen; **runner beans** die Stangenbohnen *[shtangen—]*; **broad beans** dicke Bohnen *[dick-uh]*
beard der Bart
beautiful (*person*) schön *[shurn]*; (*food*) wunderbar *[voonderbar]*; (*beach, weather*) herrlich *[hairlich]*; **thank you, that's beautiful** vielen herzlichen Dank *[feelen hairtslichen dank]*
beauty salon der Schönheitssalon *[shurnhytes-zallong]*
because weil *[vile]*; **because of the weather** wegen des Wetters *[vaygen dess vetters]*
bed das Bett; **single bed/double bed** ein Einzelbett/ein Doppelbett *[ine-tsel-bet/doppel-bet]*; **you haven't made my bed** mein Bett ist nicht gemacht worden *[myne bet ist nicht gemacht vorden]*; **I'm going to bed** ich gehe zu Bett *[ich gay-uh tsoo bet]*; **he's still in bed** er ist noch im Bett *[air ist noch im bet]*
bed and breakfast Übernachtung mit Frühstück *[oobernachtoong mit froo-shtock]*
bedclothes das Bettzeug *[bet-tsoyk]*
bed linen die Bettwäsche *[betvesh-uh]*
bedroom das Schlafzimmer *[shlahf-tsimmer]*
bee eine Biene *[been-uh]*
beef das Rindfleisch *[rintflyshe]*
beer ein Bier (*nt*) *[beer]*; **two beers, please** zwei Bier bitte
beer cellar der Bierkeller *[beerkeller]*
beer mat ein Bierdeckel (*m*) *[beer—]*
beer mug ein Bierkrug (*m*) *[beerkrook]*; (*in South Germany*) eine Maß *[mahss]*
before: before breakfast vor dem Frühstück *[for]*; **before I leave** bevor ich abreise *[befor ich ap-ryzuh]*; **I haven't been here before** ich bin noch nie hier-gewesen *[noch nee heer gevayzen]*
begin: when does it begin? wann fängt es an? *[van fenkt ess an]*
beginner der Anfänger *[anfenger]*; **I'm just a beginner** ich bin erst Anfänger *[airst]*
beginners' slope der Anfängerhügel *[anfengerhoogel]*
beginning: at the beginning am Anfang

behavio(u)r das Benehmen *[benaymen]*
behind hinten; **the driver behind me** der Fahrer hinter mir
beige beige
Belgian (*adj*) belgisch; (*man*) der Belgier *[bel-gee-er]*; (*woman*) die Belgierin
Belgium Belgien *[bel-gee-en]*
believe: I don't believe you ich glaube Ihnen nicht *[ich glowb-uh eenen nicht]*; **I believe you** ich glaube Ihnen
bell (*door*) die Klingel; (*church*) die Glocke *[glock-uh]*
belly-flop ein Bauchklatscher (*m*) *[bowch-klatsher]*
belong: that belongs to me das gehört mir *[dass gehurt meer]*; **who does this belong to?** wem gehört das? *[vaym]*
belongings: all my belongings alle meine Sachen *[al-uh myne-uh zachen]*
below unten *[oonten]*; **below the knee** unter dem Knie *[oonter daym k-nee]*
belt ein Gürtel (*m*) *[goortel]*
bend (*in road*) die Kurve *[koorv-uh]*
berries die Beeren *[bairen]*
berth eine Kabine *[kabeen-uh]*
beside: beside the church neben der Kirche *[nayben dair keerch-uh]*; **sit beside me** setzen Sie sich zu mir *[zetsen zee zich tsoo meer]*
besides: besides that außerdem *[owsser-daym]*
best beste *[best-uh]*; **the best hotel in town** das beste Hotel der Stadt; **that's the best meal I've ever had** das ist das Beste, was ich jemals gegessen habe *[yaymahls gegessen hahb-uh]*
bet: I bet you 50 marks ich wette mit Ihnen um 50 Mark *[ich vett-uh mit eenen oom]*
better besser; **that's better** das ist besser; **are you feeling better?** geht es Ihnen besser? *[gayt ess eenen]*; **I'm feeling a lot better** ich fühle mich viel besser *[ich fool-uh mich feel]*; **I'd better be going now** ich gehe jetzt besser
between zwischen *[tsvishen]*
beyond jenseits *[yaynzytes]*; **beyond the mountains** hinter den Bergen *[dayn bairgen]*
bicycle ein Fahrrad (*nt*) *[fahr-raht]*; **can we rent bicycles here?** kann man hier Fahrräder leihen? *[fahr-rayder ly-en]*
bidet das Bidet *[beeday]*

big groß *[grohss]*; **a big one** ein großes; **that's too big** das ist zu groß; **it's not big enough** es ist nicht groß genug
bigger größer *[grusser]*
bike ein Rad (*nt*) *[raht]*; (*motorbike*) ein Motorrad (*nt*) *[motohr-raht]*
bikini ein Bikini (*m*)
bill die Rechnung *[rechnoong]*; **could I have the bill, please?** kann ich bitte bezahlen? *[kan ich bitt-uh betsahlen]*
billfold die Brieftasche *[breef-tash-uh]*
billiards das Billard *[billyart]*
binding (*ski*) die Bindung *[bindoong]*
bingo Bingo
bird ein Vogel (*m*) *[fohgel]*
biro (*tm*) ein Kugelschreiber (*m*) *[koogel-shryber]*
birthday der Geburtstag *[geboorts-tahk]*; **it's my birthday** es ist mein Geburtstag; **when is your birthday?** wann haben Sie Geburtstag?; **happy birthday!** herzlichen Glückwunsch zum Geburtstag! *[hairtslichen gloockvoonsh tsoom]*
biscuit ein Plätzchen (*nt*) *[plets-chen]*
bit: just a little bit for me für mich nur ein bißchen *[foor mich noor ine bisschen]*; **a big bit** ein großes Stück *[ine grohssess shtoock]*; **a bit of that cake** ein Stück von diesem Kuchen *[deezem koochen]*; **it's a bit too big for me** es ist etwas zu groß für mich *[ess ist etvass tsoo grohss foor mich]*; **it's a bit cold today** es ist ein bißchen kalt heute
bite (*by flea, dog*) der Biß *[biss]*; **I've been bitten** (*by insect*) ich bin gestochen worden *[ich bin geshtochen vorden]*; **do you have something for bites?** haben Sie etwas gegen Insektenstiche? *[hahben zee etvass gaygen inzektenshtich-uh]*
bitter (*taste etc*) bitter
bitter lemon ein Bitter Lemon (*nt*)
black schwarz *[shvartz]*; *see* **coffee**
black and white (*photograph*) schwarz-weiß *[shvarts-vyce]*
Black Forest der Schwarzwald *[shvartsvallt]*
Black Forest gateau die Schwarzwälder Kirschtorte *[shvarts-velder keersh-tortuh]*
blackout: he's had a blackout er hatte einen Ohnmachtsanfall *[air hatt-uh ine-en ohnmachts-anfal]*
bladder die Blase *[blahz-uh]*

blanket die Decke [*deck-uh*]; **I'd like another blanket** ich hätte gern noch eine Decke
blast! verdammt! [*fairdamt*]
blazer ein Blazer (*m*)
bleach (*for loo etc*) das Scheuermittel [*shoyermittel*]
bleed bluten [*blooten*]; **he's bleeding** er blutet [*air blootet*]
bless you! Gesundheit! [*gezoont-hyte*]
blind blind [*blint*]
blinds die Jalousie [*jalloozee*]
blind spot der tote Winkel [*dair toht-uh vinkel*]
blister die Blase [*blahz-uh*]
blocked (*road, pipe*) verstopft [*fairshtopft*]
block of flats der Wohnblock [*vohnblock*]
blond (*adj*) blond [*blont*]
blonde eine Blondine [*blondeen-uh*]
blood das Blut [*bloot*]; **his blood group is ...** seine Blutgruppe ist ... [*—groop-uh*]; **I have high blood pressure** ich habe hohen Blutdruck [*ich hahb-uh hoh-en blootdroock*]
Bloody Mary ein Cocktail aus Wodka und Tomatensaft [*ine cocktail owss vodka oont tomahtenzaft*]
blouse eine Bluse [*blooz-uh*]
blow-dry fönen [*furnen*]
blue blau [*blow*]
blusher das Rouge
board: full board die Vollpension [*follpangzyohn*]; **half-board** die Halbpension [*halp-pangzyohn*]
boarding house eine Pension [*pangzyohn*]
boarding pass eine Bordkarte [*bortkart-uh*]
boat ein Schiff (*nt*) [*shiff*]; (*small*) ein Boot (*nt*) [*boht*]
boat trip eine Schiffsreise [*shiffs-ryze-uh*]; **a boat trip down the Rhine** eine Schiffsreise auf dem Rhein [*owff daym*]
body der Körper [*kurper*]
boil (*on skin*) ein Furunkel (*m*) [*fooroonkel*]; **to boil the water** das Wasser kochen [*dass vasser kochen*]
boiled egg ein gekochtes Ei [*gekochtess 'eye'*]
boiling hot kochend heiß [*kochent hyce*]
bomb eine Bombe [*bomb-uh*]
bone ein Knochen (*m*) [*k-nochen*]

bonnet die Haube [*howb-uh*]
book ein Buch (*nt*) [*booch*]; (*verb*) buchen [*boochen*]; **I'd like to book a table for two** ich möchte einen Tisch für zwei Personen bestellen [*ich murcht-uh ine-en tish foor tsvy pairzohnen beshtellen*]
bookshop, bookstore eine Buchhandlung [*booch-handloong*]
boot ein Stiefel (*m*) [*shteefel*]; (*of car*) der Kofferraum [*koffer-rowm*]
booze der Alkohol [*alkohohl*]; **I had too much booze** ich habe zuviel getrunken [*ich hahb-uh tsoofeel getroonken*]
border (*of country*) die Grenze [*grents-uh*]
border crossing der Grenzübergang [*grents-oobergang*]
border guard der Grenzsoldat [*grentszoldaht*]
bored: I'm bored ich langweile mich [*ich langvyle-uh mich*]
boring langweilig [*langvyle-ich*]
born: I was born in ... ich bin in ... geboren [*ich bin in ... geboren*]
borrow: may I borrow ...? kann ich ... leihen? [*kan ich ... ly-en*]
boss der Chef
both beide [*byde-uh*]; **I'll take both of them** ich nehme beide [*ich naym-uh*]; **we'll both come** wir kommen beide
bother: sorry to bother you es tut mir leid, Sie belästigen zu müssen [*ess toot meer lyte zee belestigen tsoo moossen*]; **it's no bother** das ist kein Problem [*dass ist kyne problaym*]; **it's such a bother** es ist so ein Ärger [*ess ist zoh ine airger*]
bottle eine Flasche [*flash-uh*]; **a bottle of wine** eine Flasche Wein [*vyne*]
bottle-opener ein Flaschenöffner (*m*) [*flashen-urfner*]
bottom (*of person*) der Hintern; **at the bottom of the hill** am Fuß des Berges [*am fooss dess bairgess*]
bottom gear der erste Gang [*airst-uh*]
bouncer der Rausschmeißer [*rowss-shmysser*]
bow (*of ship*) der Bug [*book*]
bowels die Eingeweide [*ine-gevyde-uh*]
bowling (*ten pin*) das Bowling
bowls (*game*) Boule [*bool*]
box eine Schachtel [*shachtel*]; (*big*) eine Kiste [*kist-uh*]
box lunch ein Mittagessen (*nt*) zum Mitnehmen [*mittahk-essen tsoom*

box office   9   **browse**

mitnaymen]
box office die Kasse [kass-uh]
boy ein Junge (m) [yoong-uh]
boyfriend: my boyfriend mein Freund [myne froynt]
bra ein BH (m) [bay-hah]
bracelet ein Armband (nt) [armbant]
brake die Bremse [bremz-uh]; **there's something wrong with the brakes** mit den Bremsen stimmt etwas nicht [mit dayn bremzen shtimmt etvass nicht]; **can you check the brakes?** können Sie die Bremsen überprüfen? [kurnen zee dee bremzen ooberproofen]; **I had to brake suddenly** ich mußte plötzlich bremsen [ich moost-uh plurtslich]
brake fluid die Bremsflüssigkeit [bremsfloossichkyte]
brake lining der Bremsbelag [bremsbelahk]
brandy ein Weinbrand (m) [vyne-brant]
brave mutig [mootich]
bread das Brot [broht]; **could we have some bread and butter?** können wir etwas Brot und Butter haben? [kurnen veer etvass broht oont bootter hahben]; **some more bread, please** noch etwas Brot bitte; **white bread** das Weißbrot [vycebroht]; **brown bread** das Graubrot [growbroht]; **wholemeal bread** das Vollkornbrot [follkornbroht]; **rye bread** das Roggenbrot [roggenbroht]
break brechen [brechen]; **I think I've broken my ankle** ich glaube, ich habe mir den Knöchel gebrochen [ich glowb-uh ich hahb-uh meer dayn k-nurchel gebrochen]; **it keeps breaking** es geht dauernd kaputt [ess gayt dow-airnt kappoot]
breakdown die Panne [pann-uh]; **I've had a breakdown** ich habe eine Panne; **nervous breakdown** der Nervenzusammenbruch [nairfen-tsoozammenbrooch]
breakfast das Frühstück [frooshtook]; **English/full breakfast** ein englisches Frühstück; **continental breakfast** ein kleines Frühstück [ine klyne-ess]
break in: somebody's broken in es ist eingebrochen worden [ess ist inegebrochen vorden]
breast die Brust [broost]
breast-feed stillen [shtillen]

breath der Atem [ahtem]; **out of breath** außer Atem [owsser ahtem]
breathe atmen [ahtmen]; **I can't breathe** ich bekomme keinen Atem [ich bekommuh kynen ahtem]
breathtaking (view etc) atemberaubend [ahtem-berrowbent]
breeze die Brise [breez-uh]
breezy (cool) kühl [kool]
bride die Braut [browt]
bridegroom der Bräutigam [broytigam]
bridge die Brücke [brook-uh]; (card game) Bridge
brief kurz [koorts]
briefcase eine Aktentasche [akten-tash-uh]
bright (light etc) hell; **bright red** hellrot [hell-roht]
brilliant (idea) glänzend [glentsent]; (person) großartig [grohss-ahrtich]
bring bringen; **could you bring it to my hotel?** können Sie es in mein Hotel bringen lassen? [kurnen zee ess in myne hotel bringen lassen]; **I'll bring it back** ich bringe es zurück [ich bring-uh ess tsoorook]; **can I bring a friend too?** kann ich einen Freund mitbringen? [kan ich ine-en froynt mitbringen]
Britain Großbritannien [grohss-britanee-en]
British britisch
brochure eine Broschüre [broshoor-uh]; **do you have any brochures on ...?** haben Sie Broschüren über ...? [hahben zee broshooren oober]
broke: I'm broke ich bin pleite [ich bin plyte-uh]
broken kaputt; **you've broken it** Sie haben es kaputtgemacht [zee hahben ess kappoot-gemacht]; **it's broken** es ist kaputt; **broken nose** eine gebrochene Nase [gebrochen-uh nahz-uh]
brooch eine Brosche [brosh-uh]
brother: my brother mein Bruder [myne brooder]
brother-in-law: my brother-in-law mein Schwager [myne shvahger]
brown braun [brown]; **I don't go brown** ich werde nicht braun [vaird-uh]
brown paper das Packpapier [packpappeer]
browse: may I just browse around? kann ich mich nur mal umsehen? [kan

bruise 10 **bypass**

ich mich noor mahl oomzayen]
bruise ein blauer Fleck *[blower fleck]*
brunette eine Brünette *[brœnett-uh]*
brush eine Bürste *[bœrst-uh]*; (*artist's*) ein Pinsel (*m*)
Brussels sprouts der Rosenkohl *[rohzenkohl]*
bubble bath das Schaumbad *[showmbaht]*
bucket ein Eimer (*m*) *[ime-er]*
buffet das Büfett *[bœfett]*
bug (*insect*) die Wanze *[vants-uh]*; **she's caught a bug** sie hat sich angesteckt *[zee hat zich angeshteckt]*
building das Gebäude *[geboyd-uh]*
bulb eine Birne *[beern-uh]*; **we need a new bulb** wir brauchen eine neue Birne
bump: I bumped my head ich habe mir den Kopf gestoßen *[ich hahb-uh meer dayn kopf geshtohssen]*
bumper die Stoßstange *[shtohss-shtang-uh]*
bumpy (*road*) holprig *[hollprich]*
bunch of flowers ein Blumenstrauß (*m*) *[bloomen-shtrowss]*
bungalow der Bungalow *[boongalo]*
bunion ein Ballen (*m*) *[bal-en]*
bunk das Bett
bunk beds ein Etagenbett (*nt*) *[etahjen-bet]*
buoy eine Boje *[boh-yuh]*
burglar ein Einbrecher (*m*) *[ine-brecher]*
burn: do you have an ointment for burns? haben Sie eine Salbe für Brandwunden? *[hahben zee ine-uh zalb-uh fœr brant-voonden]*
burnt: this meat is burnt das Fleisch ist angebrannt; **my arms are so burnt** meine Arme sind ganz verbrannt *[myne-uh arm-uh zint gants fairbrannt]*
burst: a burst pipe ein geplatztes Rohr *[ine geplatstes]*
bus der Bus *[booss]*; **is this the bus for ...?** ist das der Bus nach ...?; **when's the next bus?** wann fährt der nächste Bus? *[van fairt dair naychst-uh booss]*
bus driver der Busfahrer *[booss-fahrer]*
business das Geschäft *[gesheft]*; **I'm here on business** ich bin geschäftlich hier *[ich bin gesheftlich heer]*
bus station der Busbahnhof *[boossbahn-hohf]*
bus stop die Bushaltestelle *[booss-hallt-uh-shtell-uh]*; **will you tell me which bus stop I get off at?** können Sie mir sagen, wo ich aussteigen muß? *[kurnen zee meer zahgen voh ich owss-shtygen mooss]*
bust (*of woman*) der Busen *[boozen]*
bus tour eine Busreise *[booss-ryze-uh]*
busy (*street*) belebt *[belaypt]*; (*restaurant etc*) vielbesucht *[feel-bezoocht]*; **I'm busy this evening** ich habe heute Abend keine Zeit *[ich hahb-uh hoyt-uh ahbent kyne-uh tsyte]*; **the line was busy** es war besetzt *[ess vahr bezetst]*
but aber *[ahber]*; **not ... but ...** nicht ... sondern ... *[nicht ... zondern]*
butcher der Metzger
butter die Butter *[bootter]*
butterfly ein Schmetterling (*m*) *[shmetterling]*
button ein Knopf (*m*) *[k-nopf]*
buy: I'll buy it ich kaufe es *[ich kowf-uh ess]*; **where can I buy ...?** wo kann ich ... bekommen? *[voh kan ich]*
by: by train/car/plane mit dem Zug/Auto/Flugzeug *[mit daym]*; **who's it written by?** wer hat das geschrieben? *[vair hat dass geshreeben]*; **it's by Mahler** es ist von Mahler *[fon]*; **I came by myself** ich bin allein gekommen *[ich bin al-ine]*; **a seat by the window** ein Platz am Fenster; **by the sea** am Meer *[am mair]*; **can you do it by Wednesday?** können Sie es bis Mittwoch machen?
bye-bye auf Wiedersehen *[owff-veeder-zayn]*
bypass eine Umgehungsstraße *[oom-gayoongs-shtrahss-uh]*

C

cab ein Taxi (*nt*)
cabaret das Varieté [*varee-etay*]
cabbage der Kohl
cabin eine Kabine [*kabeen-uh*]
cable (*elec*) ein Kabel (*nt*) [*kahbel*]
cablecar die Drahtseilbahn [*dr**ah**tzylebahn*]
café das Café [*kaffay*]
caffeine das Koffein [*koffay-een*]
cake der Kuchen [*k**oo**chen*]; **a piece of cake** ein Stück Kuchen [*ine shtœck k**oo**chen*]
calculator ein Rechner (*m*) [*r**e**chner*]
calendar ein Kalender (*m*) [*kal**e**nder*]
call: what is this called? wie heißt das [*vee hyst dass*]; **call the police!** rufen Sie die Polizei! [*r**oo**fen zee dee polits'eye'*]; **call the manager!** ich möchte den Geschäftsführer sprechen [*ich m**u**rcht-uh dayn gesh**e**fts-f**œ**rer shpr**e**chen*]; **I'd like to make a call to England** ich möchte gern nach England anrufen [*gairn nach eng-lant anr**oo**fen*]; **I'll call back later** (*come back*) ich komme später noch einmal wieder [*ich k**o**mm-uh shp**a**yter noch ine-mahl v**ee**der*]; (*phone back*) ich rufe später noch einmal an [*ich r**oo**f-uh shp**a**yter ... an*]; **I'm expecting a call from London** ich erwarte einen Anruf aus London [*ich airv**a**rt-uh **ine**-en anr**oo**f owss*]; **would you give me a call at 7.30 tomorrow morning?** könnten Sie mich morgen früh um 7.30 Uhr wecken? [*k**u**rn-ten zee mich m**o**rgen frœ ... v**e**cken*]; **it's been called off** es ist abgesagt worden [*ess ist **a**pgezahgt vorden*]
call box eine Telefonzelle [*telef**oh**ntselluh*]
calm ruhig [*r**oo**ich*]; **calm down!** beruhigen Sie sich! [*ber**oo**igen zee zich*]
Calor gas (*tm*) das Butangas [*b**oo**t**ah**n-gahss*]
calories Kalorien [*kal**o**ree-en*]
camera eine Kamera
camp: is there somewhere we can camp? können wir hier irgendwo zelten? [*k**u**rnen veer heer **ee**rgentvoh ts**e**lten*]; **can we camp here?** können wir hier zelten?
campbed eine Campingliege [*k**e**mping-leeg-uh*]
camping das Camping [*k**e**mping*]
campsite ein Campingplatz (*m*) [*k**e**mpingplats*]
can eine Dose [*d**oh**z-uh*]; **a can of beer** eine Dose Bier
can: can I ...? kann ich ...? [*ich*]; **can you ...?** (*singular polite form*) können Sie ...? [*k**u**rnen zee*]; (*singular familiar form*) kannst du ...? [*d**oo**]; **can he ...?** kann er ...? [*kan air*]; **can we ...?** können wir ...? [*k**u**rnen veer*]; **can they ...?** können sie ...?; **I can't ...** ich kann nicht ... [*nicht*]; **he can't ...** er kann nicht ...; **can I keep it?** kann ich es behalten?; **if I can** wenn ich kann [*ven*]; **that can't be right** das kann nicht stimmen [*dass kan nicht shtimmen*]
Canada Kanada
Canadian (*adj*) kanadisch [*kan**ah**dish*]; (*man*) der Kanadier [*kan**ah**dee-er*]; (*woman*) die Kanadierin
canal der Kanal [*kan**ah**l*]
cancel streichen [*shtr**y**chen*]; **can I cancel my reservation?** kann ich meine Reservierung rückgängig machen? [*kan ich myne-uh rezairveeroong rœckgengich machen*]; **can we cancel dinner for tonight?** können wir das Abendessen heute ausfallen lassen? [*k**u**rnen veer dass **ah**bentessen hoyt-uh **ow**ssfal-en lassen*]; **I cancelled it** ich habe es abgesagt [*ich h**ah**b-uh ess **a**pgezahkt*]
cancellation die Streichung [*shtr**y**choong*]
candle eine Kerze [*k**ai**rts-uh*]
candy ein Bonbon (*m*); **a piece of candy** ein Bonbon
canoe ein Kanu (*nt*) [*kahn**oo**]
can-opener ein Dosenöffner (*m*)

[dohzenurfner]
cap (*yachting etc*) eine Mütze *[moots-uh]*; (*of bottle*) der Deckel; (*of radiator*) der Verschluß *[fairshlooss]*; **bathing cap** eine Badekappe *[bahd-uh-kap-uh]*
capital city die Haupstadt *[howpt-shtat]*
capital letters die Blockbuchstaben *[blockboochshtahben]*
capsize: it capsized es ist gekentert
captain (*of ship, of plane*) der Kapitän *[kapitayn]*
car das Auto *[owto]*
carafe eine Karaffe *[karaff-uh]*
carat: is it 9/14 carat gold? ist es 9/14-karätiges Gold? *[ist ess noyn/feertsayn karaytiges golt]*
caravan der Wohnwagen *[vohnvahgen]*
caravan site ein Campingplatz (*m*) *[kempingplats]*
carbonated mit Kohlensäure *[kohlenzoyr-uh]*
carburettor, carburetor der Vergaser *[fairgahzer]*
card: do you have a (business) card? haben Sie eine Karte? *[hahben zee ine-uh kart-uh]*
cardboard box ein Pappkarton (*m*)
cardigan eine Strickjacke *[shtrickyack-uh]*
cards die Karten; **do you play cards?** spielen Sie Karten? *[shpeelen zee]*
care: goodbye, take care auf Wiedersehen, mach's gut *[owff veedertzayn, machss goot]*; **will you take care of this bag for me?** können Sie bitte auf diese Tasche aufpassen? *[kurnen zee bitt-uh owff deez-uh ... owff-passen]*; **care of ...** bei ... *[by]*
careful: be careful seien Sie vorsichtig *[zy-en zee forzichtich]*
careless: that was careless of you das war unvorsichtig von Ihnen *[dass vahr oonforzichtich fon eenen]*; **careless driving** leichtsinniges Autofahren *[lychtzinniges owto-fahren]*
car ferry die Autofähre *[owto-fair-uh]*
car hire eine Autovermietung *[owto-fairmeetoong]*
car keys die Autoschlüssel *[owto-shloossel]*
carnation eine Nelke *[nelk-uh]*
carnival ein Volksfest (*nt*) *[follksfest]*
car park ein Parkplatz (*m*) *[parkplats]*

carpet der Teppich *[teppich]*
car rental (*shop*) eine Autovermietung *[owto-fairmeetoong]*
carrot eine Möhre *[mur-uh]*
carry tragen *[trahgen]*; **could you carry this for me?** können Sie das für mich tragen?
carry-all eine Tasche *[tash-uh]*
carry-cot eine Säuglingstragetasche *[zoyglingstrahg-uh-tash-uh]*
carry-on: what a carry-on! so ein Theater! *[zoh ine tayahter]*
car-sick: I get car-sick beim Autofahren wird mir schlecht *[byme owtofahren veert meer schlecht]*
carton (*of cigarettes*) eine Stange *[shtang-uh]*; **a carton of milk** eine Tüte Milch *[ine-uh toot-uh milch]*
carving die Schnitzerei *[shnitser'eye']*
carwash (*place*) die Autowaschanlage *[owto-vashanlahg-uh]*
case (*suitcase*) ein Koffer (*m*); **in any case** in jedem Fall *[in yaydem fal]*; **in that case** in dem Fall *[in daym fal]*; **it's a special case** das ist ein besonderer Fall *[dass ist ine bezonderer fal]*; **in case he comes back** falls er zurückkommt *[falss air tsoorock-komt]*; **I'll take two just in case** ich nehme zwei, für alle Fälle *[ich naym-uh tsvy foor al-uh fel-uh]*
cash das Bargeld *[bargelt]*; **I don't have any cash** ich habe kein Bargeld; **I'll pay cash** ich zahle in bar *[ich tsahl-uh]*; **will you cash a cheque/check for me?** können Sie mir einen Scheck einlösen? *[kurnen zee meer ine-en sheck ine-lurzen]*
cashdesk die Kasse *[kass-uh]*
cash dispenser ein Geldautomat (*m*) *[gelt-owtomaht]*
cash register die Kasse *[kass-uh]*
casino ein Spielkasino (*nt*) *[shpeel-kazeenoh]*
cassette eine Kassette *[kassett-uh]*
cassette player ein Kassettenrecorder (*m*)
cassette recorder ein Kassettenrecorder (*m*)
castle das Schloß *[shloss]*
casual: casual clothes legere Kleidung *[layjair-uh klydoong]*
cat eine Katze *[kats-uh]*
catastrophe die Katastrophe *[katastrohf-uh]*

catch: the catch has broken der Verschluß ist kaputt *[fairshlooss ist kapoott]*; **where do we catch the bus?** wo können wir den Bus bekommen? *[vo kurnen veer dayn booss bekommen]*; **he's caught some strange illness** er hat sich eine seltsame Krankheit geholt *[air hat ziCH ine-uh zeltzam-uh krankhyte gehohlt]*
catching: is it catching? ist es ansteckend? *[ist ess anshteckent]*
cathedral der Dom *[dohm]*
Catholic katholisch *[kattohlish]*
cauliflower der Blumenkohl *[bloomenkohl]*
cause der Grund *[groont]*
cave eine Höhle *[hurl-uh]*
caviar der Kaviar
ceiling die Decke *[deck-uh]*
celebrations die Feiern *[fy-ern]*
celery der Sellerie *[zelleree]*
cellophane das Cellophan (tm) *[tsellofahn]*
cemetery der Friedhof *[freet-hohf]*
center das Zentrum *[tsentroom]*; *see also* **centre**
centigrade Celsius *[zelzee-oss]*; *see page 121*
centimetre, centimeter der Zentimeter *[tsentimayter]*; *see page 119*
central zentral *[tsentrahl]*; **we'd prefer something more central** wir möchten gern etwas zentraler wohnen *[veer murCHten gairn etvass tsentrahler vohnen]*
central heating die Zentralheizung *[tsentrahlhytsoong]*
central station der Hauptbahnhof *[howpt-bahnhohf]*
centre das Zentrum *[tsentroom]*; **how do we get to the centre?** wie kommt man zum Zentrum? *[tsoom]*; **in the centre (of town)** im Stadtzentrum *[im shtat—]*
century das Jahrhundert *[yahr-hoondert]*; **in the 19th/20th century** im 19./20. Jahrhundert *[noyntsaynten/tsvantsiCHsten]*
ceramics die Keramik *[kairahmik]*
certain sicher *[ziCHer]*; **are you certain?** sind Sie sicher?; **I'm absolutely certain** ich bin absolut sicher
certainly sicher *[ziCHer]*; **certainly not** ganz bestimmt nicht! *[gants beshtimmt niCHt]*

certificate eine Bescheinigung; *[beshynigoong]*; **birth certificate** die Geburtsurkunde *[geboorts-oorkoond-uh]*
chain eine Kette *[kett-uh]*
chair ein Stuhl (m) *[shtool]*
chairlift der Sessellift *[zessel-lift]*
chalet ein Chalet (nt)
chambermaid das Zimmermädchen *[tsimmer-maydCHen]*
champagne der Champagner *[shampanyer]*
chance: quite by chance durch Zufall *[doorCH tsoofal]*; **no chance!** kommt nicht in Frage! *[komt niCHt in frahg-uh]*
change: could you change this into marks? können Sie das in Mark umtauschen? *[kurnen zee dass in mark oomtowshen]*; **I haven't any change** ich habe kein Kleingeld *[iCH hahb-uh kyne klyne-gelt]*; **can you give me change for a 50 mark note?** können Sie mir einen 50-Mark-Schein wechseln? *[kurnen zee meer ine-en foonftsiCH mark shyne veckseln]*; **can I change this for ...?** kann ich das gegen ... umtauschen? *[kan iCH dass gaygen ... oomtowshen]*; **do we have to change (trains)?** müssen wir umsteigen? *[moossen veer oomshtygen]*; **for a change** zur Abwechslung *[tsoor apveckslong]*; **you haven't changed the sheets** die Laken sind nicht gewechselt worden *[dee lahken zint niCHt geveckselt vorden]*; **the place has changed so much** der Ort hat sich sehr verändert *[hat ziCH zair fairendert]*; **do you want to change places with me?** möchten Sie den Platz mit mir tauschen? *[murCHten zee dayn plats mit meer towshen]*
changeable (person) unbeständig *[oonbeshtendiCH]*; (weather) veränderlich *[fairenderliCH]*
channel: the English Channel der Ärmelkanal *[airmel-kanahl]*
chaos das Chaos *[kah-oss]*
chap: he's a nice chap er ist ein netter Kerl *[kairl]*; **the chap at reception** der Mann am Empfang
chapel die Kapelle *[kapell-uh]*
charge: is there an extra charge? muß man eine Zusatzgebühr bezahlen? *[mooss man ine-uh tsoozatsgeboor betsahlen]*; **what do you charge?** wieviel

charmer berechnen Sie? *[veeſeel berechnen zee]*; **who's in charge here?** wer ist hier zuständig? *[vair ist heer tsooshtendich]*
charmer: he's a real charmer er ist wirklich charmant *[air ist veerklich sharmant]*
charming (*person*) reizend *[rytsent]*
chart die Tabelle *[tabell-uh]*
charter flight ein Charterflug (*m*) *[sharterflook]*
chassis das Chassis
cheap billig *[billich]*; **do you have something cheaper?** haben Sie etwas billigeres? *[hahben zee etvass billigeress]*
cheat: I've been cheated ich bin betrogen worden *[ich bin betrohgen vorden]*
check: will you check? könnten Sie das nachprüfen? *[kurnten zee dass nach-prœfen]*; **will you check the steering?** könnten Sie die Lenkung überprüfen?; **we checked in** wir haben uns angemeldet *[veer hahben oonss angemeldet]*; **we checked out** wir haben uns abgemeldet *[veer hahben oonss apgemeldet]*; **I've checked it** ich habe es nachgeprüft *[ich hahb-uh ess nach-geprooft]*
check (*money*) der Scheck *[sheck]*; **will you take a check?** nehmen Sie Schecks? *[naymen zee shecks]*
check (*bill*) die Rechnung *[rechnoong]*; **may I have the check please?** kann ich bitte die Rechnung haben?
checkbook das Scheckheft *[sheckheft]*
checked (*shirt etc*) kariert *[karreert]*
checkers Dame *[dahm-uh]*
check-in (*at airport*) die Abfertigung *[apfairtigoong]*
checkroom die Garderobe *[garderohb-uh]*
cheek die Backe *[back-uh]*; **what a cheek!** so eine Frechheit! *[zoh ine-uh frech-hyte]*
cheeky frech *[frech]*
cheerio tschüs *[tshœss]*
cheers (*thank you*) danke *[dank-uh]*; (*toast*) prost! *[prohst]*
cheer up! lassen Sie den Kopf nicht hängen! *[zee dayn kopf nicht hengen]*
cheese der Käse *[kayz-uh]*
cheesecake der Käsekuchen *[kayz-uh-koochen]*
chef der Chefkoch *[shefkoch]*
chemist eine Apotheke *[apotayk-uh]*

cheque der Scheck *[sheck]*; **will you take a cheque?** nehmen Sie Schecks? *[naymen zee shecks]*
cheque book das Scheckheft *[sheckheft]*
cheque card die Scheckkarte *[sheck-kart-uh]*
cherry eine Kirsche *[keersh-uh]*
chess Schach *[shach]*
chest die Brust *[broost]*
chewing gum ein Kaugummi (*m*) *[kow-goomee]*
chicken ein Hähnchen (*nt*) *[haynchen]*
chickenpox die Windpocken *[vintpocken]*
child das Kind *[kint]*; **children** die Kinder
child minder eine Tagesmutter *[tahgessmootter]*
child minding service der Babysitterdienst *[—deenst]*
children's playground ein Kinderspielplatz (*m*) *[kindershpeelplats]*
children's pool das Kinderschwimmbecken *[kindershvimmbecken]*
children's portion (*of food*) ein Kinderteller (*m*)
children's room das Kinderzimmer *[kindertsimmer]*
chilled (*wine*) gekühlt *[gekœlt]*; **it's not properly chilled** es ist nicht kühl genug *[ess ist nicht kœl genook]*
chilly (*weather*) kühl *[kœl]*
chimney der Schornstein *[shornshtyne]*
chin das Kinn
china das Porzellan *[portsellahn]*; (*adj*) Porzellan-
chips die Pommes frites *[pom frit]*; **(potato) chips** die Chips
chiropodist der Fußpfleger *[foosspflayger]*
chocolate die Schokolade *[shockolahd-uh]*; **a chocolate bar** eine Tafel Schokolade *[ine-uh tahfel shockolahd-uh]*; **a box of chocolates** eine Pralinenschachtel *[␣␣␣␣␣ernshachtel]*; **hot chocolate** der Kakao *[kackow]*
choke (*car*) der Choke
choose: it's hard to choose die Auswahl ist schwer *[dee owssvahl ist shvair]*; **you choose for us** entscheiden Sie für uns *[entshyden zee fœr oonss]*
chop: pork/lamb chop ein Schweine-/Lammkotelett (*nt*) *[shvyne-uh-/lamm-*

Christian name

kotlett]
Christian name der Vorname [fornahm-uh]
Christmas Weihnachten [vynacHten]; **merry Christmas** frohe Weihnachten [froh-uh]; **Christmas Eve** der Heiligabend [hylicHahbent]
church die Kirche [keercH-uh]; **where is the Protestant/Catholic Church?** wo ist die evangelische/katholische Kirche? [dee ayfangaylish-uh/katohlish-uh]
cider der Apfelwein [apfel-vyne]
cigar eine Zigarre [tsigarr-uh]
cigarette eine Zigarette [tsigarett-uh]; **tipped/plain cigarettes** Zigaretten mit/ohne Filter
cigarette lighter ein Feuerzeug (nt) [foy-er-tsoyk]
cine-camera eine Schmalfilmkamera [shmahl-filmkamerah]
cinema das Kino [keeno]
circle der Kreis [kryce]; (cinema: seats) der Balkon [balkong]
citizen der Bürger [boorger]; **I'm a British/American citizen** ich bin britischer/amerikanischer Staatsbürger [icH bin britisher/amerikahnisher shtahtsboorger]
city die Stadt [shtatt]
city centre, city center die Innenstadt [innenshtatt]
claim (insurance) der Anspruch [anshproocH]
claim form (insurance) ein Antragsformular (nt) [antrahks-formoolahr]
clarify klären [klairen]
classical (music) klassisch [klassish]
clean sauber [zowber]; **may I have some clean sheets?** kann ich neue Bettlaken bekommen? [kan icH noy-uh bettlahken bekommen]; **our room hasn't been cleaned today** unser Zimmer ist heute nicht gesäubert worden [oonzer tsimmer ist hoyt-uh nicHt gezoybert vorden]; **it's not clean** es ist nicht sauber; **can you clean this for me?** (clothes) können Sie das für mich reinigen? [kurnen zee dass for micH rynigen]
cleaning solution (for contact lenses) die Reinigungslösung [rynigoongs-lurzoong]
cleansing cream die Reinigungscreme [rynigoongs-kraym-uh]

clear: it's not very clear (meaning) das ist nicht sehr deutlich [dass ist nicHt zair doytlicH]; **ok, that's clear** (understood) okay, alles klar [okay al-ess klahr]
clever klug [klook]
cliff die Klippe [klipp-uh]
climate das Klima [kleema]
climb: it's a long climb to the top der Aufstieg dauert sehr lang [dair owffshteek dowert zair]; **we're going to climb ...** wir wollen ... besteigen [veer vollen ... beshtygen]
climber der Bergsteiger [bairkshtyger]
climbing boots die Bergstiefel [bairk-shteefel]
climbing holiday: we're going on a climbing holiday wir gehen im Urlaub Bergsteigen [veer gayen im oorlowp bairkshtygen]
clinic die Klinik
clips (ski) die Clips
cloakroom (for coats) die Garderobe [garderohb-uh]; (WC) die Toilette [twalett-uh]
clock die Uhr [oor]
close: is it close? ist es in der Nähe? [ist ess in dair nay-uh]; **close to the hotel** in der Nähe des Hotels; **close by** in der Nähe; (weather) schwül [shvool]
close: when do you close? wann schließen Sie? [van shleessen zee]
closed geschlossen [geshlossen]; **they were closed** sie hatten geschlossen
closet der Schrank [shrank]
cloth (material) der Stoff [shtoff]; (rag etc) ein Lappen (m)
clothes die Kleider [klyder]
clothes line die Wäscheleine [vesh-uh-lyne-uh]
clothes peg, clothes pin eine Wäscheklammer [vesh-uh-klammer]
cloud die Wolke [volk-uh]; **it's clouding over** es bewölkt sich [ess bevurlkt zicH]
cloudy wolkig [volkicH]
club der Klub [kloob]
clubhouse das Klubhaus [kloobhowss]
clumsy ungeschickt [oongeshickt]
clutch (car) die Kupplung [kooploong]; **the clutch is slipping** die Kupplung schleift [shlyft]
coach der Bus [booss]
coach party die Busreisegruppe [booss-ryze-uh-groop-uh]

coach trip eine Busreise [booss-ryze-uh]
coast die Küste [koost-uh]; **at the coast** an der Küste [an dair]
coastguard die Küstenwache [koosten-vach-uh]
coat (overcoat etc) ein Mantel (m); (jacket) eine Jacke [yack-uh]
coathanger ein Kleiderbügel (m) [klyder-boogel]
cobbled street eine Straße mit Kopfsteinpflaster [shtrahss-uh mit kopfshtyne-pflaster]
cobbler der Schuster [shooster]
cockroach eine Küchenschabe [koochenshahb-uh]
cocktail ein Cocktail (m)
cocktail bar die Cocktailbar
cocoa (drink) der Kakao [kackow]
coconut eine Kokosnuß [kohkossnooss]
cod der Kabeljau [kahbel-yow]
code: what's the (dialling) code for ...? was ist die Vorwahl für ...? [vass ist dee forvahl foor]
coffee der Kaffee [kaffay]; **white coffee, coffee with milk** Kaffee mit Milch [mit milch]; **black coffee** schwarzer Kaffee [shvartser]; **two coffees, please** zwei Kaffee bitte
coin eine Münze [moonts-uh]
Coke (tm) eine Cola
cold kalt; **I'm cold** mir ist kalt [meer]; **I have a cold** ich bin erkältet [ich bin airkeltet]
coldbox (for carrying food) eine Kühltasche [kooltash-uh]
cold cream die Feuchtigkeitscreme [foychtichkytes-kraym-uh]
collapse: he's collapsed er ist zusammengebrochen [air ist tsoozammen-gebrochen]
collar der Kragen [krahgen]
collar bone das Schlüsselbein [shloossel-byne]
colleague: my colleague mein Kollege [myne kollayg-uh]; **your colleague** (woman) Ihre Kollegin
collect: I've come to collect ... ich komme, um ... abzuholen [ich komm-uh oom ... ap-tsoo-hohlen]; **I collect ...** (stamps etc) ich sammle ... [ich zammluh]; **I want to call New York collect** ich möchte ein R-Gespräch nach New York führen [ich murcht-uh ine air-geshpraych nach ... fooren]
collect call ein R-Gespräch (nt) [air-geshpraych]
college das College
collision ein Zusammenstoß (m) [tsoo-zammenshtohss]
Cologne Köln [kurln]
cologne (eau de ...) das Eau de Cologne
colo(u)r die Farbe [farb-uh]; **do you have any other colours?** haben Sie noch andere Farben? [hahben zee noch ander-uh farben]
colo(u)r film ein Farbfilm (m)
comb ein Kamm (m)
come kommen; **I come from London** ich komme aus London [ich komm-uh owss]; **where do you come from?** woher kommen Sie? [vohair kommen zee]; **when are they coming?** wann werden sie kommen? [van vairden zee]; **come here** kommen Sie her [zee hair]; **come with me** kommen Sie mit mir [meer]; **come back!** kommen Sie zurück! [tsoo-roock]; **I'll come back later** ich komme später wieder [ich komm-uh shpayter veeder]; **come in!** herein! [hairyne]; **it just came off** es ist einfach abgegangen [ess ist ine-fach apgegangen]; **he's coming on very well** (improving) er macht sich [air macht zich]; **it's coming on nicely** es entwickelt sich ganz gut [ess entvickelt zich gants goot]; **come on!** kommen Sie!; **do you want to come out this evening?** möchten Sie heute abend ausgehen? [murchten zee hoyt-uh ahbent owssgayen]; **these two pictures didn't come out** diese zwei Bilder sind nichts geworden [deez-uh tsvy bilder zint nichts gevorden]; **the money hasn't come through yet** das Geld ist noch nicht angekommen [dass gelt ist noch nicht angekommen]
comfortable bequem [bekvaym]; **the hotel's not very comfortable** das Hotel ist nicht sehr komfortabel [nicht zair komfortahbel]
Common Market der Gemeinsame Markt [dair gemyne-zahm-uh markt]
company (firm) die Firma [feerma]
comparison: there's no comparison das ist kein Vergleich [kyne fairglyche]
compartment (train) das Abteil [aptyle]
compass ein Kompaß (m)

compensation die Entschädigung [entshaydigoong]
complain sich beschweren [zicH beshvairen]; **I want to complain about my room** ich möchte mich über mein Zimmer beschweren [icH murcHt-uh micH oober myne tsimmer]
complaint die Beschwerde [beshvairduh]
complete vollständig [follshtendicH]; **the complete set** das ganze Set [dass gantsuh set]; **it's a complete disaster** es ist eine totale Katastrophe [ess ist ine-uh totahl-uh katastrohf-uh]
completely (finished) völlig [furlicH]; (different) vollkommen [follkommen]
complicated: it's very complicated es ist sehr kompliziert [ess ist zair komplitseert]
compliment: my compliments to the chef mein Kompliment dem Koch [myne kompliment daym kocH]
comprehensive (insurance) Vollkasko [follkasko]
compulsory obligatorisch [obligatohrish]
computer der Computer [komp-yooter]
concern: we are very concerned wir sind sehr besorgt [veer zint zair bezorkt]
concert das Konzert [kontsairt]
concrete der Beton [betohn]
concussion die Gehirnerschütterung [geheern-airshootteroong]
condenser (car) der Kondensator [kondenzahtor]
condition der Zustand [tsooshtant]; **it's not in very good condition** es ist nicht in sehr gutem Zustand [nicHt in zair gootem]
conditioner (for hair) der Festiger
condom ein Kondom (nt) [kondohm]
conductor (on train) der Zugführer [tsookforer]
conference die Konferenz [konfairents]
confirm: can you confirm that? können Sie das bestätigen? [kurnen zee dass beshtaytigen]
confuse: it's very confusing es ist sehr verwirrend [ess ist zair fairvirrent]
congratulations! herzlichen Glückwunsch! [hairtslicHen glooockvoonsh]
conjunctivitis die Bindehautentzündung [bind-uh-howtentsoondoong]

connecting flight der Anschlußflug [anshlooss-flook]
connection die Verbindung [fairbindoong]
connoisseur der Kenner
conscious bei Bewußtsein [bevoostzyne]
consciousness: he's lost consciousness er hat das Bewußtsein verloren [air hat dass bevoostzyne fairlohren]
constipation die Verstopfung [fairshtopfoong]
consul der Konsul [konzool]
consulate das Konsulat [konzoolaht]
contact: how can I contact ...? wie kann ich ... erreichen? [vee kan icH ... airrycHen]; **I'm trying to contact ...** ich versuche, ... zu erreichen [icH fairzoocH-uh]
contact lenses die Kontaktlinsen
continent: over here on the continent hier im Ausland [heer im owsslant]
contraceptive ein Verhütungsmittel (nt) [fairhootoongsmittel]
contract der Vertrag [fairtrahk]
convenient günstig [goonsticH]
cook: it's not properly cooked es ist nicht gar [ess ist nicHt gar]; **it's beautifully cooked** es ist hervorragend zubereitet [ess ist hairfor-rahgent tsooberytet]; **he's a good cook** er ist ein guter Koch [air ist ine gooter kocH]
cooker der Herd [hairt]
cookie ein Plätzchen (nt) [plets-cHen]
cool kühl [kool]
corduroy der Kord [kort]
cork der Korken
corkscrew ein Korkenzieher (m) [korkentsee-er]
corn (foot) ein Hühnerauge (nt) [hoonerowg-uh]
corner: on the corner an der Ecke [eck-uh]; **in the corner** in der Ecke; **a corner table** ein Ecktisch [ecktish]
cornflakes die Corn-flakes (tm)
coronary ein Herzinfarkt (m) [hairtsinfarkt]
correct richtig [ricHticH]; **please correct me if I make a mistake** bitte korrigieren Sie mich, wenn ich einen Fehler mache [bitt-uh korrigeeren zee micH ven icH ine-en fayler macH-uh]
corridor der Gang
corset das Korsett [korzet]

cosmetics die Kosmetika *[kosmaytika]*
cost: what does it cost? was kostet das? *[vass kostet dass]*
cot ein Kinderbett *(nt)*
cotton die Baumwolle *[bowmvoll-uh]*
cotton buds die Wattestäbchen *[vat-uh-shtaypchen]*
cotton wool die Watte *[vat-uh]*
couch *(sofa)* die Couch
couchette ein Liegewagen *(m)* *[leeg-uh-vahgen]*
cough der Husten *[hoosten]*
cough drops die Hustendrops *[hoosten-drops]*
cough medicine ein Hustenmittel *(nt)* *[hoostenmittel]*
could: could you ...? könnten Sie ...? *[kurnten zee]*; **could I have ...?** könnte ich ... haben? *[kurnt-uh ich ... hahben]*; **I couldn't ...** ich konnte nicht ... *[ich konnt-uh nicht]*
country das Land *[lant]*; **in the country** auf dem Land *[owff daym lant]*
countryside die Landschaft *[lantshafft]*
couple *(man and woman)* das Paar *[pahr]*; **a couple of ...** ein paar ...
courier der Reiseleiter *[ryze-uh-lyter]*
course *(of meal)* der Gang; **of course** natürlich *[natoorlich]*
court *(law)* das Gericht *[gericht]*; *(tennis)* der Platz *[plats]*
courtesy bus *(hotel to airport etc)* ein gebührenfreier Bus *[geboorenfryer booss]*
cousin: my cousin mein Vetter *[fetter]*
cover charge das Gedeck
cow die Kuh *[koo]*
crab die Krabbe *[krab-uh]*
cracked: it's cracked es ist gebrochen *[ess ist gebrochen]*
cracker *(biscuit)* ein Kräcker *(m)* *[krecker]*
craftshop ein Handwerksladen *(m)* *[hantvairkslahden]*
cramp *(in leg etc)* ein Krampf *(m)*
crankshaft die Kurbelwelle *[koorbel-vell-uh]*
crash: there's been a crash es hat einen Zusammenstoß gegeben *[ess hat ine-en tsoozammenstohss gegayben]*
crash course ein Schnellkurs *(m)* *[shnell-koorss]*
crash helmet ein Sturzhelm *(m)* *[shtoorts-helm]*
crawl *(swimming)* das Kraulen *[krowlen]*

crazy verrückt *[fair-rockt]*
cream *(on milk)* der Rahm; *(on cakes)* die Sahne *[zahn-uh]*: *(for skin)* die Creme *[kraym-uh]*; *(colour)* cremefarben *[kraym-uh-farben]*
cream cheese der Frischkäse *[frishkayz-uh]*
crèche eine Kinderkrippe *[kinderkripp-uh]*
credit card die Kreditkarte *[kredeet-kart-uh]*
crib *(for baby)* das Kinderbett
crisis die Krise *[kreez-uh]*
crisps die Chips *[ships]*
crockery das Geschirr *[gesheer]*
crook: he's a crook er ist ein Gauner *[air ist ine gowner]*
crossing *(by sea)* die Überfahrt *[ooberfart]*
crossroads die Kreuzung *[kroytsoong]*
crosswalk der Fußgängerüberweg *[fooss-genger-oobervayk]*
crowd die Menge *[meng-uh]*
crowded voll *[foll]*
crown *(on tooth)* eine Krone *[krohn-uh]*
crucial: it's absolutely crucial es ist äußerst wichtig *[ess ist oysserst vichtich]*
cruise eine Kreuzfahrt *[kroytsfart]*
crutch die Krücke *[krock-uh]*; *(of body)* der Unterleib *[oonterlype]*
cry weinen *[vynen]*; **don't cry** weinen Sie nicht *[zee nicht]*
cuckoo clock eine Kuckucksuhr *[koockoocksoor]*
cucumber eine Gurke *[goork-uh]*
cuisine die Küche *[kooch-uh]*
cultural kulturell *[kooltoorel]*
cup eine Tasse *[tass-uh]*; **a cup of coffee** eine Tasse Kaffee *[ine-uh tass-uh kaffay]*
cupboard der Schrank *[shrank]*
cure: have you got something to cure it? haben Sie etwas dagegen? *[hahben zee etvass dagaygen]*
curlers die Lockenwickler *[lockenvickler]*
current *(elec)* der Strom *[shtrohm]*; *(in sea)* die Strömung *[shtrurmoong]*
curry der Curry
curtains die Vorhänge *[forheng-uh]*
curve die Kurve *[koorv-uh]*
cushion ein Kissen *(nt)*
custom der Brauch *[browch]*
Customs der Zoll *[tsoll]*
cut: I've cut myself ich habe mich geschnitten *[ich hahb-uh mich geshnit-*

cutlery   19   **dealer**

ten]; **could you cut a little off here?** könnten Sie hier etwas abschneiden? [k*urn*ten zee heer *e*tvass *a*pshnyden]; **we were cut off** wir wurden unterbrochen [veer v*oo*rden *oo*nterbro*ch*en]; **the engine keeps cutting out** der Motor setzt ständig aus [dair mot*oh*r zetst sht*e*ndi*ch* owss]
cutlery das Besteck [b*e*shteck]
cutlet ein Schnitzel (nt) [shn*i*tsel]
cycle: can we cycle there? kann man dorthin mit dem Rad fahren? [kan man dort-h*i*n mit daym raht f*a*hren]
cycling das Radfahren [r*a*htfahren]
cyclist der Radfahrer [r*a*htfahrer]
cylinder (car) der Zylinder [ts*oo*linder]; (for Calor gas) eine Flasche [fl*a*sh-uh]
cylinder-head gasket die Zylinderkopfdichtung [ts*oo*linderkopf-di*ch*toong]
cynical zynisch [ts*oo*nish]
cystitis eine Blasenentzündung [blahzenents*oo*ndoong]

D

damage: you've damaged it Sie haben es beschädigt [zee h*a*hben ess beshay-di*ch*t]; **it's damaged** es ist beschädigt; **there's no damage** es ist kein Schaden entstanden [kyne sh*a*hden entsht*a*nden]
damn! verdammt! [faird*a*mt]
damp feucht [f*oy*cht]
dance der Tanz [tants]; **do you want to dance?** möchten Sie tanzen? [m*urch*ten zee t*a*ntsen]
dancer: he's a good dancer er ist ein guter Tänzer [air ist ine g*oo*ter t*e*ntser]
dancing: we'd like to go dancing wir möchten gern tanzen gehen [veer m*urch*ten gairn t*a*ntsen g*a*yen]
dandruff die Schuppen [sh*oo*ppen]
Dane (man) der Däne [d*a*yn-uh]; (woman) die Dänin [d*a*ynin]
dangerous gefährlich [gef*air*li*ch*]
Danish dänisch [d*a*ynish]
Danube die Donau [d*oh*now]
dare: I don't dare ich traue mich nicht [i*ch* tr*o*w-uh mi*ch* ni*ch*t]
dark dunkel [d*oo*nkel]; **dark blue** dunkelblau; **when does it get dark?** wann wird es dunkel? [van veert]; **after dark** nach Einbruch der Dunkelheit [na*ch* ine*b*roo*ch* dair d*oo*nkel-hyte]
darling Liebling [l*ee*pling]
dashboard das Armaturenbrett [arma-t*oo*ren-bret]
date: what's the date? welches Datum ist heute? [v*elch*es d*a*htoom ist h*oy*t-uh]; **on what date?** wann? [van]; **can we make a date?** können wir einen Termin vereinbaren? [k*urn*en veer *ine*-en tairm*ee*n fair*y*ne-bahren]; (romantic) können wir uns verabreden? [*oo*nss fair*a*p-rayden]
dates (to eat) die Datteln
daughter: my daughter meine Tochter [m*yne*-uh t*och*ter]
daughter-in-law die Schwiegertochter [shv*ee*gerto*ch*ter]
dawn das Morgengrauen [m*o*rgen-growen]; **at dawn** bei Tagesanbruch [by t*a*hgesanbroo*ch*]
day der Tag [tahk]; **the day after** am Tag danach [am tahk dan*ach*]; **the day before** am Tag zuvor [ts*oo*for]; **every day** jeden Tag [y*a*yden]; **one day** eines Tages [*ine*-ess t*a*hgess]; **can we pay by the day?** können wir tageweise bezahlen? [k*urn*en veer t*a*hg-uh-vyze-uh bets*ah*len]; **have a good day!** einen schönen Tag! [*ine*-en sh*urn*en tahk]
daylight robbery die Halsabschneiderei [halssapshnyder-*eye*']
day trip ein Tagesausflug (m) [t*a*hgessowssfl*oo*k]
dead tot [toht]
deaf taub [towp]
deaf-aid ein Hörgerät (nt) [h*ur*gerayt]
deal (business) das Geschäft [gesh*e*ft]; **it's a deal** abgemacht [*a*pgema*ch*t]; **will you deal with it?** können Sie sich darum kümmern? [k*urn*en zee zi*ch*]
dealer (agent) der Händler [h*e*ndler]

dear lieb *[leep]*; (*expensive*) teuer *[t**o**yer]*; **Dear Sir** Sehr geehrter Herr X *[zair ge-**air**ter hair]*; **Dear Madam** Sehr geehrte Frau X *[zair ge-**air**t-uh fr**o**w]*; **Dear Klaus** Lieber Klaus *[l**ee**ber kl**o**wss]*
death der Tod *[toht]*
decadent dekadent *[dek**a**dent]*
December der Dezember *[d**ay**ts**e**mber]*
decent: that's very decent of you das ist sehr nett von Ihnen *[dass ist zair net fon **ee**nen]*
decide: we haven't decided yet wir haben uns noch nicht entschieden *[veer h**a**hben oonss noch nicht entsh**ee**den]*; **you decide for us** entscheiden Sie für uns *[entsh**y**den zee f**œ**r oonss]*; **it's all decided** es steht alles schon fest *[ess shtayt **a**l-ess shohn fest]*
decision die Entscheidung *[entsh**y**doong]*
deck das Deck
deckchair ein Liegestuhl (*m*) *[l**ee**g-uh-sht**oo**l]*
declare: I have nothing to declare ich habe nichts zu verzollen *[ich h**a**hb-uh nichts ts**oo** fairts**o**llen]*
decoration (*in room*) die Ausstattung *[**o**wss-sht**a**ttoong]*
deduct abziehen *[**a**ptsee-en]*
deep tief *[teef]*; **is it deep?** ist es tief?
deep-freeze die Tiefkühltruhe *[t**ee**fk**œ**ltr**oo**-uh]*
definitely bestimmt *[besht**i**mmt]*; **definitely not** ganz bestimmt nicht
degree (*university*) der Abschluß *[**a**pshlooss]*; (*temperature*) der Grad *[graht]*
dehydrated (*person*) ausgetrocknet *[**o**wssgetrocknet]*
de-icer ein Defroster (*m*)
delay: the flight was delayed der Flug hatte Verspätung *[dair fl**oo**k h**a**tt-uh fairshp**ay**toong]*
deliberately absichtlich *[**a**pzichtlich]*
delicacy: a local delicacy eine Spezialität dieser Gegend *[**ine**-uh shpetsee-alit**ay**t d**ee**zer g**ay**gent]*
delicious köstlich *[k**u**rstlich]*
deliver: will you deliver it? können Sie es zustellen? *[k**u**rnen zee ess ts**oo**shtellen]*
delivery: is there another mail delivery? kommt noch eine Postzustellung? *[kommt noch **ine**-uh posst-ts**oo**shtel-loong]*
de luxe Luxus-
denims die Jeans
Denmark Dänemark *[d**ay**n-uh-mark]*
dent: there's a dent in it es hat eine Beule *[ess hat **ine**-uh b**oy**l-uh]*
dental floss die Zahnseide *[ts**ah**nzyde-uh]*
dentist der Zahnarzt *[ts**ah**nartst]*
dentures das Gebiß *[geb**i**ss]*
deny: he denies it er bestreitet es *[air beshtr**y**tet ess]*
deodorant ein Deodorant (*m*)
department store ein Kaufhaus (*nt*) *[k**o**wfhowss]*
departure die Abreise *[**a**pryze-uh]*
departure lounge die Abflughalle *[**a**pfl**oo**khal-uh]*
depend: it depends es kommt darauf an *[ess kommt dar**o**wff an]*; **it depends on ...** es hängt von ... ab *[ess hengt fon ... ap]*
deposit (*downpayment*) die Anzahlung *[**a**ntsahloong]*
depressed bedrückt *[bedr**œ**ckt]*
depth die Tiefe *[t**ee**f-uh]*
description die Beschreibung *[beshr**y**boong]*
deserted (*beach etc*) verlassen *[fairl**a**ssen]*
dessert der Nachtisch *[n**a**chtish]*
destination das Reiseziel *[r**y**ze-uh-tseel]*
detergent ein Reinigungsmittel (*nt*) *[r**y**nigoongsmittel]*
detour ein Umweg (*m*) *[**oo**mvayk]*
devalued abgewertet *[**a**pgevairtet]*
develop: could you develop these films? können Sie diese Filme entwickeln? *[k**u**rnen zee d**ee**z-uh film-uh entv**i**ckeln]*
diabetic der Diabetiker *[dee-ab**ay**tiker]*
diagram das Diagramm *[dee-**a**gram]*
dialect der Dialekt *[dee-al**e**kt]*
dialling code die Vorwahl *[f**o**rvahl]*
diamond ein Diamant (*m*) *[dee-am**a**nt]*
diaper eine Windel *[v**i**ndel]*
diarrhoea, diarrhea der Durchfall *[d**oo**rchfal]*; **do you have something to stop diarrhoea?** haben Sie etwas gegen Durchfall? *[h**a**hben zee **e**tvass g**ay**gen]*
diary der Terminkalender *[tairm**ee**nkalender]*; (*for personal thoughts*) das Tagebuch *[t**ah**g-uh-b**oo**ch]*
dictionary ein Wörterbuch (*nt*) *[v**u**rterb**oo**ch]*; **a German/English dictionary**

ein deutsch-englisches Wörterbuch [doytsh-eng-lishess]

didn't see **not** and page 117

die sterben [shtairben]; **I'm absolutely dying for a drink** ich brauche unbedingt etwas zu trinken [iCH browCH-uh oonbedingt etvass tsoo trinken]

diesel (fuel) der Diesel

diet die Diät [dee-ayt]; **I'm on a diet** ich mache eine Diät [iCH maCH-uh ine-uh]

difference der Unterschied [oontersheet]; **what's the difference between …?** was ist der Unterschied zwischen …? [tsvishen]; **it doesn't make any difference** das ist egal [aygahl]; **I can't tell the difference** ich kann keinen Unterschied erkennen [iCH kan kynen … airkennen]

different: they are very different sie sind sehr verschieden; **it's different from this one** es ist anders als dieses [ess ist anders als deezess]; **may we have a different table?** können wir einen anderen Tisch haben? [kurnen veer ine-en anderen tish hahben]; **ah well, that's different** ah, das ist etwas anderes [ah, dass ist etvass anderess]

difficult schwer [shvair]

difficulty die Schwierigkeit [shveeriCHkyte]; **without any difficulty** ohne Schwierigkeit; **I'm having difficulties with …** ich habe Schwierigkeiten mit …

digestion die Verdauung [fairdowoong]

dinghy (rubber) ein Schlauchboot (nt) [shlowCHboht]; (sailing) ein Dingi (nt) [dingee]

dining car der Speisewagen [shpyze-uh-vahgen]

dining room das Speisezimmer [shpyze-uh-tsimmer]

dinner (evening meal) das Abendessen [ahbentessen]

dinner jacket eine Smokingjacke [smohkingyack-uh]

dinner party die Abendgesellschaft [ahbentgezelshafft]

dipped headlights das Abblendlicht [apblentliCHt]

dipstick der Ölmeßstab [urlmess-shtahp]

direct direkt [deerekt]; **does it go direct?** ist es eine Direktverbindung? [ist ess ine-uh deerekt-fairbindoong]

direction die Richtung [riCHtoong]; **in which direction is it?** in welcher Richtung ist es?; **is it in this direction?** ist es in dieser Richtung?

directory: telephone directory das Telefonbuch [telefohnbooCH]; **directory enquiries** die Auskunft [owsskoonft]

dirt der Schmutz [shmoots]

dirty schmutzig [shmootsiCH]

disabled behindert

disagree: it disagrees with me (food) es bekommt mir nicht [meer niCHt]

disappear verschwinden [fairshvinden]; **it's just disappeared** es ist einfach verschwunden [ine-faCH fairshvoonden]

disappointed: I was disappointed ich war enttäuscht [iCH var ent-toysht]

disappointing enttäuschend [ent-toyshent]

disaster die Katastrophe [katastrohf-uh]

discharge (pus) der Eiter ['eye'ter]

disc jockey der Diskjockey

disco eine Diskothek [diskotayk]

disco dancing das Disco-Tanzen [—tantsen]

discount ein Rabatt (m) [rabbat]

disease die Krankheit [krankhyte]

disgusting widerlich [veederliCH]

dish (plate) der Teller; (meal) das Gericht [geriCHt]

dishcloth ein Spültuch (nt) [shpooltooCH]

dishonest unehrlich [oonairliCH]

dishwashing liquid ein Spülmittel (nt) [shpoolmittel]

disinfectant ein Desinfektionsmittel (nt) [dezinfekts-yohnsmittel]

disk: disk film eine Film-Disc

dislocated shoulder ein ausgekugelter Arm [ine owssgekoogelter arm]

dispensing chemist eine Apotheke [apotayk-uh]

disposable nappies Papierwindeln [pappeervindeln]

distance die Entfernung [entfairnoong]; **what's the distance from … to …?** wie weit ist es von … nach …? [vee vyte ist ess fon … naCH]; **in the distance** weit weg [vyte veck]

distilled water destilliertes Wasser [destilleertess vasser]

distributor (in car) der Verteiler [fairtyler]

disturb: the disco is disturbing us die Diskothek stört uns [dee diskotayk shturt oonss]
diversion eine Umleitung [oomlytoong]
diving board das Sprungbrett [shproongbret]
divorced geschieden [gesheeden]
dizzy: I feel dizzy mir ist schwindlig [meer ist shvindlicH]; **dizzy spells** Schwindelanfälle [shvindel-anfell-uh]
do tun [tōōn]; **what do you do?** (job) was machen Sie beruflich? [vass macHen zee berōōflicH]; **what shall I do?** was soll ich tun? [zoll icH tōōn]; **what are you doing tonight?** was machen Sie heute abend? [macHen zee hoyt-uh ahbent]; **how do you do it?** wie machen Sie das? [vee]; **will you do it for me?** können Sie das für mich tun? [kurnen zee]; **who did it?** wer hat es getan? [vair hat ess getahn]; **the meat's not done** das Fleisch ist nicht durch [dass flyshe ist nicHt doorcH]; **do you have ...?** haben Sie ...?
docks der Hafen [hahfen]
doctor der Arzt [artst]; **he needs a doctor** er braucht einen Arzt [air browcHt ine-en]; **can you call a doctor?** können Sie einen Arzt rufen? [kurnen zee ... rōōfen]
document das Dokument [dokōōment]
dog der Hund [hoont]
doll eine Puppe [poop-uh]
dollar der Dollar
donkey ein Esel (m) [ayzel]
don't! nicht! [nicHt]; see **not** and page 117
door die Tür [tœr]
doorman der Portier [portyay]
dormobile (tm) das Campomobil [kempomobeel]
dosage die Dosis [dohzis]
double: double room ein Doppelzimmer (nt) [doppel-tsimmer]; **double bed** ein Doppelbett (nt); **double brandy** ein doppelter Weinbrand [vynebrant]; **double r** (in spelling name) Doppel-r [air]; **it's all double dutch to me** ich verstehe nur Bahnhof [icH fairshtay-uh nōōr bahnhohf]
doubt: I doubt it ich bezweifle das [icH betsvyfe-luh dass]
douche die Spülung [shpœloong]
doughnut ein Berliner (m) [bairleener]
down: get down! runter da! [roonter da]; **he's not down yet** (out of bed) er ist noch nicht aufgestanden [air ist nocH nicHt owffgeshtanden]; **further down the road** weiter die Straße entlang [vyter dee shtrahss-uh entlang]; **I paid 20% down** ich habe 20% angezahlt [icH hahb-uh tsvantsicH protsent angetsahlt]
downmarket (hotel etc) weniger anspruchsvoll [vayniger anshproocHsfoll]
downstairs unten [oonten]
dozen ein Dutzend (nt) [dootsent]; **half a dozen** 6 Stück [zecks shtœck]
drain der Abfluß [apflooss]
draughts (game) Dame [dahm-uh]
draughty: it's rather draughty es zieht sehr [ess tseet zair]
drawing pin eine Heftzwecke [hefttsveck-uh]
dreadful furchtbar [foorcHtbar]
dream der Traum [trowm]; **it's like a bad dream** es ist wie ein böser Traum [ess ist vee ine burzer trowm]; **sweet dreams** träume süß [troym-uh sœss]
dress (woman's) ein Kleid (nt) [klyte]; **I'll just get dressed** ich ziehe mich nur schnell an [icH tsee-uh micH nōōr shnell an]
dressing (for wound) ein Verband (m) [fairbant]; (for salad) die Soße [zohss-uh]
dressing gown ein Bademantel (m) [bahd-uh-mantel]
drink trinken; (alcoholic) ein Drink (m); **what are you drinking?** (can I get you one) was möchten Sie zu trinken? [vass murcHten zee tsōō trinken]; **I don't drink** ich trinke keinen Alkohol [icH trink-uh kynen alkohohl]; **a long cool drink** ein kühler Longdrink [ine kœler]; **may I have a drink of water?** kann ich ein Glas Wasser haben? [ine glahss vasser hahben]; **drink up!** trinken Sie aus! [zee owss]; **I had too much to drink** ich habe zuviel getrunken [icH hahb-uh tsōōveel getroonken]
drinkable trinkbar
drive: we drove here wir sind mit dem Auto gekommen [veer zint mit daym owto gekommen]; **I'll drive you home** ich fahre Sie nach Hause [icH fahr-uh zee nacH howz-uh]; **do you want to come for a drive?** kommen Sie mit auf eine Spazierfahrt? [kommen zee mit owff ine-uh shpatseerfahrt]; **is it a very long drive?** muß man lange fahren? [mooss

man *lang*-uh *fahren]*
driver der Fahrer
driver's license der Führerschein *[foorershyne]*
drive shaft die Kardanwelle *[kardanvell-uh]*
driving licence der Führerschein *[foorershyne]*
drizzle: it's drizzling es nieselt *[ess neezelt]*
drop: just a drop nur ein Tropfen *[noor ine tropfen]*; **I dropped it** ich habe es fallenlassen *[iCH hahb-uh ess fal-en lassen]*; **drop in some time** kommen Sie doch einmal vorbei *[kommen zee doCH ine-mahl for-by]*
drown: he's drowning er ist am Ertrinken *[air ist am airtrinken]*
drug ein Medikament *(nt) [medikament]*; *(hashish etc)* eine Droge *[drohg-uh]*
drugstore eine Drogerie *[drohger-ee]*
drunk betrunken *[betroonken]*
drunken driving Trunkenheit am Steuer *[troonkenhyte am shtoyer]*

dry trocken
dry-clean chemisch reinigen *[kaymish rynigen]*
dry-cleaner eine chemische Reinigung *[kaymish-uh rynigoong]*
duck eine Ente *[ent-uh]*
due: when is the bus due? wann kommt der Bus? *[van kommt dair booss]*
dumb stumm *[shtoom]*; *(stupid)* blöd *[blurt]*
dummy *(for baby)* ein Schnuller *(m) [shnooler]*
durex *(tm)* ein Kondom *(nt) [kondohm]*
during während *[vairent]*
dust der Staub *[shtowp]*
dustbin die Mülltonne *[mooltonn-uh]*
Dutch holländisch *[hollendish]*
Dutchman der Holländer *[hollender]*
Dutchwoman die Holländerin *[hollenderin]*
duty-free zollfrei *[tsollfry]*; **duty-free goods** zollfreie Waren *[—uh vahren]*
duvet das Federbett *[fayderbet]*
dynamo der Dynamo *[doonamo]*

E

each: each of them jeder von ihnen *[yayder fon eenen]*; **one for each of us** eins für jeden von uns *[ine-ss for yayden fon oonss]*; **how much are they each?** was kosten sie pro Stück *[vass kosten zee pro shtock]*; **each time** jedesmal *[yaydess-mahl]*; **we know each other** wir kennen uns *[veer kennen oonss]*
ear das Ohr
earache die Ohrenschmerzen *[ohrenshmairtsen]*
early früh *[froo]*; **early in the morning** früh am Morgen; **it's too early** es ist zu früh *[tsoo]*; **a day earlier** ein Tag früher *[ine tahk froo-er]*; **I need an early night** ich muß früh ins Bett *[iCH mooss]*
early riser: I'm an early riser ich bin Frühaufsteher *[iCH bin froo-owfshtayer]*
earring ein Ohrring *(m)*
earth *(soil)* die Erde *[aird-uh]*
earthenware die Tonware *[tohnvahr-uh]*

earwig der Ohrwurm *[ohrvoorm]*
east der Osten; **to the east** nach Osten
Easter Ostern *[ohstern]*
East Germany die DDR *[day-day-air]*
easy leicht *[lyCHte]*; **easy with the cream!** seien Sie sparsam mit der Sahne! *[zy-en zee shpahrzahm mit dair zahn-uh]*
eat essen; **something to eat** etwas zu essen; **we've already eaten** wir haben schon gegessen *[veer hahben shohn gegessen]*
eau-de-Cologne das Eau de Cologne
eccentric exzentrisch *[extsentrish]*
edible eßbar *[essbahr]*
efficient *(staff)* tüchtig *[tooCHtiCH]*; *(hotel etc)* leistungsfähig *[lystoongs-fayiCH]*
egg ein Ei *(nt) ['eye']*
eggplant eine Aubergine *[ohbairjeen-uh]*
Eire Irland *[eerlant]*
either: either ... or ... entweder ... oder ... *[entvayder ... ohder]*; **I don't like either**

elastic 24 **even**

of them ich mag keinen von ihnen *[ich mahk kynen fon eenen]*
elastic elastisch *[elastish]*
elastic band ein Gummiband (*nt*) *[goomeebant]*
Elastoplast (*tm*) das Hansaplast (*tm*)
elbow der Ellbogen *[ellbohgen]*
electric elektrisch *[elektrish]*
electric blanket eine Heizdecke *[hytesdeck-uh]*
electric cooker der Elektroherd *[elektrohairt]*
electric fire ein elektrisches Heizgerät *[elektrishes hytes-gerayt]*
electrician der Elektriker
electricity der Strom *[shtrohm]*
electric outlet die Steckdose *[shteckdohz-uh]*
elegant elegant *[elegant]*
elevator der Aufzug *[owftsook]*
else: something else etwas anderes *[etvass anderess]*; **somewhere else** woanders *[vo-anders]*; **let's go somewhere else** gehen wir woanders hin *[gayen veer]*; **what else?** was sonst? *[vass zonst]*; **nothing else, thanks** danke, das ist alles *[dank-uh dass ist al-ess]*
embarrassed verlegen *[fairlaygen]*
embarrassing peinlich *[pyne-lich]*
embassy die Botschaft *[bohtshafft]*
emergency ein Notfall (*m*) *[noht-fal]*; dies ist ein Notfall *[deess ist ine]*
emery board die Sandblattfeile *[zantblatfyle-uh]*
emotional emotional *[emotsyohnahl]*
empty leer *[lair]*
end das Ende *[end-uh]*; **at the end of the road** am Ende der Straße *[dair shtrahss-uh]*; **when does it end?** wann ist es zu Ende? *[van ist ess tsoo]*
energetic energiegeladen *[energeegelahden]*
energy die Energie *[energee]*
engaged (*toilet, telephone*) besetzt *[bezetst]*; (*person*) verlobt *[fairlohpt]*
engagement ring der Verlobungsring *[fairlohboongs-ring]*
engine der Motor *[motohr]*
engine trouble der Motorschaden *[motohrshahden]*
England England *[eng-lant]*
English englisch *[eng-lish]*; **the English** die Engländer *[eng-lender]*; **I'm English** ich bin Engländer; (*woman*) ich bin Engländerin; **do you speak English?** sprechen Sie englisch? *[shprechen zee]*
enjoy: I enjoyed it very much es hat mir sehr gefallen *[meer zair gefal-en]*; **enjoy yourself!** viel Spaß! *[feel shpahss]*
enjoyable unterhaltsam *[oonterhal-tzam]*; **that was a very enjoyable meal** das hat sehr gut geschmeckt *[zair goot geshmeckt]*
enlargement (*of photo*) die Vergrößerung *[fairgrurseroong]*
enormous enorm *[aynorm]*
enough genug *[genook]*; **there's not enough ...** es ist nicht genug ... da *[ess ist nicht]*; **it's not big enough** es ist nicht groß genug; **thank you, that's enough** danke, das genügt *[dass genookt]*
entertainment die Unterhaltung *[oonterhal-toong]*
enthusiastic begeistert *[begystert]*
entrance der Eingang *[ine-gang]*
envelope ein Umschlag (*m*) *[oomshlahk]*
epileptic der Epileptiker
equipment (*in flat*) die Einrichtung *[inerichtoong]*; (*climbing etc*) die Ausrüstung *[owss-rœstoong]*
eraser ein Radiergummi (*nt*) *[radeergoomee]*
erotic erotisch *[erohtish]*
error ein Fehler (*m*) *[fayler]*
escalator die Rolltreppe *[rol-trepp-uh]*
especially besonders *[bezonders]*
espresso (coffee) ein Espresso (*m*)
essential wesentlich *[vayzentlich]*; **it is essential that ...** es ist unbedingt notwendig, daß ... *[ess ist oonbedinkt nohtvendich dass]*
estate agent der Grundstücksmakler *[groontshtœksmahkler]*
ethnic (*restaurant*) typisch deutsch *[tœpish doytsh]*
Eurocheque der Euroscheck *[oyrosheck]*
Eurocheque card die Euroscheckkarte *[oyro-sheck-kart-uh]*
Europe Europa *[oyro-pa]*
European europäisch *[oyropayish]*
European plan Halbpension *[halp-pangz-yohn]*
even: even the Germans sogar die Deutschen *[zogahr dee doytshen]*; **even if ...** selbst wenn ... *[zelpst ven]*

evening der Abend *[ahbent]*; **good evening** guten Abend *[gōōten]*; **this evening** heute Abend *[hoyt-uh]*; **in the evening** am Abend; **evening meal** das Abendessen *[ahbentessen]*
evening dress der Abendanzug *[ahbentantsōōk]*; *(woman's)* das Abendkleid *[ahbentklyte]*
eventually schließlich *[shleesslicH]*
ever: have you ever been to …? waren Sie schon einmal in …? *[vahren zee shohn ine-mahl]*; **if you ever come to London** sollten Sie einmal nach London kommen *[zolten zee ine-mahl nacH]*
every jeder *[yayder]*; **every day** jeden Tag *[yayden tahk]*
everyone jeder *[yayder]*
everything alles *[al-ess]*
everywhere überall *[oober-al]*
exact genau *[genow]*
exactly! genau! *[genow]*
exam die Prüfung *[prœfoong]*
example ein Beispiel *(nt)* *[byshpeel]*; **for example** zum Beispiel *[tsoom]*
excellent hervorragend *[hairforrahgent]*
except außer *[owsser]*; **except Sunday** außer Sonntag
exception die Ausnahme *[owssnahmuh]*; **as an exception** ausnahmsweise *[owssnahms-vyze-uh]*
excess baggage das Übergewicht *[oobergevicHt]*
excessive *(bill etc)* zu teuer *[tsōō toyer]*; **that's a bit excessive** das ist ein bißchen viel *[dass ist ine biss-cHen feel]*
exchange *(money)* umtauschen *[oomtowshen]*; *(telephone)* das Fernamt *[fairnamt]*; **in exchange** im Tausch *[towsh]*
exchange rate: what's the exchange rate? was ist der Wechselkurs *[vass ist dair veckselkoorss]*
exciting aufregend *[owff-raygent]*; *(film etc)* spannend *[shpannent]*
exclusive *(club etc)* exklusiv *[exklōōzeef]*
excursion der Ausflug *[owssflōōk]*; **is there an excursion to …?** gibt es Ausflugsmöglichkeiten nach …? *[gipt ess owssflōōks-murglicHkyten nacH]*
excuse me *(to get past etc)* entschuldigen Sie! *[entshooldigen zee]*; *(to get attention)* Entschuldigung! *[entshooldigoong]*; *(apology)* Verzeihung *[fair-tsy-oong]*
exhaust *(car)* der Auspuff *[owsspooff]*
exhausted erschöpft *[airshurpft]*
exhibition die Ausstellung *[owssshtelloong]*
exist: does it still exist? *(café etc)* gibt es das noch? *[gipt ess dass nocH]*
exit der Ausgang *[owssgang]*
expect: what do you expect! was erwarten Sie! *[vass airvarten zee]*; **I expect so** ich glaube ja *[icH glowb-uh yah]*; **she's expecting** sie erwartet ein Kind *[zee airvartet ine kint]*
expensive teuer *[toyer]*
experience: an absolutely unforgettable experience ein absolut unvergeßliches Erlebnis *[ine absolōōt oonfairgesslicHess airlaypnis]*
experienced erfahren *[airfahren]*
expert der Experte *[expairt-uh]*
expire ablaufen *[aplowffen]*; **it's expired** es ist abgelaufen *[ess ist apgelowffen]*
explain erklären *[airklairen]*; **would you explain that to me?** könnten Sie mir das erklären? *[kurnten zee meer]*
explore erforschen *[airforshen]*; **I just want to go and explore** ich möchte mich nur mal da umsehen *[icH murcHt-uh micH nōōr mahl da oomzayen]*
export der Export *[export]*
exposure meter der Belichtungsmesser *[belicHtoongsmesser]*
express *(mail)* per Expreß *[pair]*
extra: can we have an extra chair? können wir noch einen Stuhl haben? *[kurnen veer nocH ine-en shtōōl hahben]*; **is that extra?** wird das extra berechnet? *[veert dass extra berecHnet]*
extraordinary außergewöhnlich *[owsser-gevurnlicH]*
extremely äußerst *[oysserst]*
extrovert extrovertiert *[extrovairteert]*
eye das Auge *[owg-uh]*; **will you keep an eye on it for me?** könnten Sie für mich darauf aufpassen? *[kurnten zee foor micH darowff owffpassen]*
eyebrow die Augenbraue *[owgenbrow-uh]*
eyebrow pencil ein Augenbrauenstift *(m)* *[owgenbrowen-shtift]*
eye drops die Augentropfen *[owgentropfen]*
eyeliner der Eyeliner

F

eye shadow der Lidschatten [*leed-shatten*]

eye witness der Augenzeuge [*owgen-tsoyg-uh*]

fabulous toll [*tol*]
face das Gesicht [*gezicht*]
face pack die Gesichtspackung [*gezichts-packoong*]
facilities: the hotel's facilities are excellent das Hotel ist hervorragend eingerichtet [*hairfor-rahgent ine-gerichtet*]
facing: facing the river mit Blick auf den Fluß [*mit blick owff dayn flooss*]
fact die Tatsache [*tahtzach-uh*]
factory die Fabrik [*fabreek*]
Fahrenheit *see page 121*
faint: she's fainted sie ist ohnmächtig geworden [*zee ist ohnmechtich gevorden*]; **I think I'm going to faint** ich glaube, ich falle in Ohnmacht [*ich glowb-uh ich fal-uh in ohnmacht*]
fair (*fun-*) der Jahrmarkt [*yahrmarkt*]; (*commercial*) die Messe [*mess-uh*]; **it's not fair** das ist nicht fair [*dass ist nicht fair*]; **ok, fair enough** na gut [*na goot*]
fake eine Fälschung [*felshoong*]
fall: he's had a fall er ist hingefallen [*air ist hin-gefal-en*]; **he fell off his bike** er ist vom Rad gefallen [*fom raht*]; **in the fall** (*autumn*) im Herbst [*hairpst*]
false falsch [*falsh*]
false teeth das Gebiß [*gebiss*]
family die Familie [*fameelee-uh*]
family hotel eine Familienpension [*fameelee-en-pangz-yohn*]
family name der Familienname [*fameelee-en-nahm-uh*]
famished: I'm famished ich sterbe vor Hunger [*ich shtairb-uh for hoong-er*]
famous berühmt [*beroomt*]
fan (*mechanical*) der Ventilator [*ventilahtor*]; (*hand held*) der Fächer [*fecher*]; (*football etc*) der Fan [*fen*]
fan belt der Keilriemen [*kyle-reemen*]
fancy: he fancies you du gefällst ihm [*doo gefelst eem*]
fancy dress das Kostüm [*kostoom*]

fantastic fantastisch [*fantastish*]
far weit [*vyte*]; **is it far?** ist es weit?; **how far is it to ...?** wie weit ist es nach ...? [*vee ... nach*]; **as far as I'm concerned** was mich betrifft [*vass mich*]
fare der Fahrpreis [*fahrpryce*]; **what's the fare to ...?** was kostet eine Fahrt nach ...? [*vass kostet ine-uh fahrt nach*]
farewell party die Abschiedsparty [*apsheetsparty*]
farm der Bauernhof [*bowernhohf*]
farther weiter [*vyter*]; **farther than ...** weiter als ...
fashion die Mode [*mohd-uh*]
fashionable modisch [*mohdish*]
fast schnell [*shnell*]; **not so fast** nicht so schnell [*nicht zo shnell*]
fastener (*on clothes etc*) der Verschluß [*fairshlooss*]
fat (*adjective*) dick; (*on meat*) das Fett
father: my father mein Vater [*myne fahter*]
father-in-law der Schwiegervater [*shveeger-fahter*]
fathom der Faden [*fahden*]
fattening: it's fattening das macht dick
faucet der Hahn
fault der Fehler [*fayler*]; **it was my fault** es war mein Fehler; **it's not my fault** es ist nicht meine Schuld [*ess ist nicht myne-uh shoolt*]
faulty defekt [*dayfekt*]
favo(u)rite Lieblings- [*leeplings-*]; **this beer's my favourite** dieses Bier habe ich am liebsten [*hahb-uh ich am leepsten*]
fawn (*colour*) beige
February der Februar [*faybroo-ar*]
fed up: I'm fed up ich habe die Nase voll [*ich hahb-uh dee nahz-uh foll*]; **I'm fed up with ...** ich habe ... satt [*zatt*]
feeding bottle die Flasche [*flash-uh*]
feel: I feel hot/cold mir ist heiß/kalt [*meer ist hyce/kalt*]; **I feel like a sausage**

felt-tip / **first class**

ich habe Lust auf eine Wurst *[ich hahb-uh loost owfl]*; **I don't feel like it** mir ist nicht danach *[meer ist nicht danach]*; **how are you feeling today?** wie fühlen Sie sich heute? *[vee foolen zee zich hoyt-uh]*; **I'm feeling a lot better** es geht mir viel besser *[ess gayt meer feel]*
felt-tip *(pen)* ein Filzstift *(m)* *[filts-shtift]*
fence der Zaun *[tsown]*
fender *(of car)* der Kotflügel *[kohtfloogel]*
ferry die Fähre *[fair-uh]*; **what time's the last ferry?** wann geht die letzte Fähre? *[van gayt dee letst-uh]*
festival das Festival *[festivahl]*
fetch: I'll go and fetch it ich gehe es holen *[ich gay-uh ess hohlen]*; **will you come and fetch me?** können Sie mich abholen? *[kurnen zee mich aphohlen]*
fever das Fieber *[feeber]*
feverish: I'm feeling feverish ich glaube, ich habe Fieber *[ich glowb-uh ich hahb-uh feeber]*
few: only a few nur ein paar *[noor ine pahr]*; **a few minutes** ein paar Minuten; **he's had a good few** *(to drink)* er hat einiges intus *[air hat ine-iges intooss]*
fiancé: my fiancé mein Verlobter *[myne fairlohpter]*
fiancée: my fiancée meine Verlobte *[myne-uh fairlohpt-uh]*
fiasco: what a fiasco! was für ein Fiasko!
fiddle: it's a fiddle das ist Schiebung *[dass ist sheeboong]*
field das Feld *[felt]*
fifty-fifty halbe-halbe *[halb-uh halb-uh]*
fight der Kampf
figs die Feigen *[fygen]*
figure die Figur *[figoor]*; *(number)* die Zahl *[tsahl]*; **I have to watch my figure** ich muß auf meine Figur achten *[ich mooss owfl myne-uh figoor achten]*
fill füllen *[foollen]*; **fill her up please** volltanken bitte *[folltanken bitt-uh]*; **will you help me fill out this form?** können Sie mir helfen, dieses Formular auszufüllen *[kurnen zee meer helfen deezess formoolahr owss-tsoofoollen]*
fillet das Filet *[fillay]*
filling *(tooth)* die Füllung *[foolloong]*
filling station die Tankstelle *[tankshtell-uh]*
film *(phot, movie)* der Film; **do you have this type of film?** haben Sie diesen Film?; **16mm film** ein 16-mm-Film *[sech-tsayn millimayter]*; **35mm film** ein 35-mm-Film *[foonf-oont-drysich]*
film processing die Filmentwicklung *[film-entvickloong]*
filter der Filter
filter-tipped Filter-
filthy dreckig *[dreckich]*
find finden *[finnden]*; **I can't find it** ich kann es nicht finden; **if you find it** wenn Sie es finden; **I've found a ...** ich habe ... gefunden *[ich hahb-uh ... gefoonden]*
fine: it's fine weather das Wetter ist schön *[dass vetter ist shurn]*; **a 200 mark fine** eine Geldstrafe in Höhe von 200 Mark *[ine-uh geltshrahf-uh in hur-uh fon]*; **thank you, that's fine** *(to waiter etc)* vielen Dank, das ist genug *[feelen dank dass ist genook]*; **that's fine by me** das ist mir recht *[meer recht]*; **how are you?** — **fine thanks** wie geht's? — danke, gut *[goot]*
finger der Finger *[fing-er]*
fingernail der Fingernagel *[fing-ernahgel]*
finish: I haven't finished ich bin noch nicht fertig *[ich bin noch nicht fairtich]*; **when I've finished** wenn ich fertig bin *[ven]*; **when does it finish?** wann ist es zu Ende? *[van ist ess tsoo end-uh]*; **finish off your drink** trinken Sie aus *[zee owss]*
Finland Finnland *[finlant]*
fire: fire! Feuer! *[foy-er]*; **may we light a fire here?** können wir hier ein Feuer machen? *[kurnen veer heer ine foy-er machen]*; **it's on fire** es brennt; **it's not firing properly** mit der Zündung stimmt etwas nicht *[mit dair tsoondoong shtimmt etvass nicht]*
fire alarm der Feueralarm *[foy-er-alarm]*
fire brigade, fire department die Feuerwehr *[foy-er-vair]*
fire escape die Feuerleiter *[foy-er-lyter]*
fire extinguisher der Feuerlöscher *[foy-er-lursher]*
firm *(company)* die Firma *[feerma]*
first erster *[airster]*; **I was first** ich war der/die erste; **at first** zuerst *[tsoo-airst]*; **this is the first time** dies ist das erste Mal *[deess ist dass airst-uh mahl]*
first aid Erste Hilfe *[airst-uh hilf-uh]*
first aid kit die Erste-Hilfe-Ausrüstung *[airst-uh hilf-uh owssroostoong]*
first class *(travel)* erste Klasse *[airst-uh*

klass-uh]
first name der Vorname [fornahm-uh]
fish der Fisch [fish]
fish and chips Fisch mit Pommes frites [fish mit pom frit]
fisherman der Angler [ang-ler]; (at sea) der Fischer [fisher]
fishing das Angeln [ang-eln]
fishing boat das Fischerboot [fisherboht]
fishing net das Fischnetz [fishnets]
fishing rod die Angelrute [ang-el-root-uh]
fishing tackle das Angelzeug [ang-eltsoyk]
fishing village das Fischerdorf [fisherdorf]
fit (healthy) gesund [gezoont]; **I'm not very fit** ich bin nicht sehr gut in Form [iCH bin niCHt zair goot]; **a keep fit fanatic** ein Fitness-Fanatiker (m); **it doesn't fit** es paßt nicht [ess passt niCHt]
fix: can you fix it? (arrange) können Sie das regeln? [kurnen zee dass raygeln]; (repair) können Sie das reparieren? [repareeren]; **let's fix a time** können wir eine Zeit ausmachen? [veer ine-uh tsyte owssmaCHen]; **it's all fixed up** es ist alles arrangiert [ess ist al-ess arrongjeert]; **I'm in a bit of a fix** ich sitze ein bißchen in der Klemme [iCH zits-uh ine bisschen in dair klemm-uh]
fizzy sprudelnd [shproodelnt]
fizzy drink ein kohlensäurehaltiges Getränk (m) [kohlenzoy-ruh-haltiges getrenk]
flab (on body) der Speck [shpeck]
flag die Fahne [fahn-uh]
flannel (for washing) der Waschlappen [vashlappen]
flash (phot) der Blitz
flashcube ein Blitzwürfel (m) [blitzvoerfel]
flashlight eine Taschenlampe [tashenlamp-uh]
flashy (clothes) auffallend [owffal-ent]
flat (adjective) flach [flaCH]; **this beer is flat** das Bier ist schal [dass beer ist shahl]; **I've got a flat (tyre)** ich habe einen Platten; (apartment) die Wohnung [vohnoong]
flatterer der Schmeichler [shmyCHler]
flatware (cutlery) das Besteck [beshteck]; (plates) das Geschirr [gesheer]

flavo(u)r der Geschmack [geshmack]
flea ein Floh (m)
flexible flexibel [flexeebel]
flies (on trousers) der Schlitz; (zip) der Reißverschluß [ryce-fairshlooss]
flight der Flug [flook]
flippers die Schwimmflossen [shvimflossen]
flirt flirten [flurten]
float schwimmen [shvimmen]
flood die Flut [floot]
floor der Fußboden [foossbohden]; (storey) der Stock [shtock]; **on the floor** auf dem Boden [owff daym]; **on the second floor** (UK) im zweiten Stock; (USA) im ersten Stock
floorshow die Show
flop (failure) ein Reinfall (m) [ryne-fal]
florist ein Blumenhändler (m) [bloomenhendler]
flour das Mehl [mayl]
flower die Blume [bloom-uh]
flu die Grippe [grip-uh]
fluent: he speaks fluent German er spricht fließend Deutsch [air shpriCHt fleessent doytsh]
fly fliegen [fleegen]; **can we fly there?** können wir dorthin fliegen? [kurnen]
fly (insect) die Fliege [fleeg-uh]
fly spray das Fliegenspray [fleegenshpray]
foggy: it's foggy es ist neblig [naybliCH]
fog light die Nebellampe [naybellamp-uh]
folk dancing der Volkstanz [follks-tants]
folk music die Volksmusik [follksmoozeek]
follow folgen; **follow me** folgen Sie mir [zee meer]
fond: I'm quite fond of ... ich mag ... sehr gern [iCH mahk ... zair gairn]
food das Essen; **the food's excellent** das Essen ist hervorragend
food poisoning eine Lebensmittelvergiftung [laybensmittel-fairgiftoong]
food store ein Lebensmittelgeschäft [laybensmittel-gesheft]
fool der Idiot [idioht]
foolish dumm [doom]
foot der Fuß [fooss]; **on foot** zu Fuß; see page 119
football der Fußball [foossbal]
for: is that for me? ist das für mich? [ist

forbidden dass foor mıcH]; **what's this for?** wozu dient das? [vohtsoo deent dass]; **I've been here for a week** ich bin seit einer Woche hier [zyte ine-er voCH-uh heer]; **a bus for ...** ein Bus nach ... [naCH]
forbidden verboten [fairbohten]
forehead die Stirn [shteern]
foreign ausländisch [owsslendish]
foreigner der Ausländer [owsslender]; (woman) die Ausländerin
foreign exchange die Devisen [deveezen]
forest der Wald [vallt]
forget vergessen [fairgessen]; **I forget, I've forgotten** ich habe es vergessen [icH hahb-uh ess]; **don't forget** vergessen Sie (es) nicht
fork eine Gabel [gahbel]; (in road) die Abzweigung [aptsvygoong]
form (document) das Formular [formoolahr]
formal (person) förmlich [furmlicH]; (dress) formell [formel]
fortnight zwei Wochen [tsvy vocHen]
fortunately glücklicherweise [glœcklicHer-vyze-uh]
fortune-teller die Wahrsagerin [vahrzahgerin]
forward: could you forward my mail? könnten Sie mir meine Post nachsenden? [kurnten zee meer myne-uh posst naCH-zenden]
forwarding address die Nachsendeadresse [naCHzend-uh-address-uh]
foundation cream die Grundierungscreme [groondeeroongs-kraym-uh]
fountain der Brunnen [broonnen]
foyer (of cinema etc) das Foyer
fracture der Bruch [brooCH]
fractured skull der Schädelbruch [shaydel-brooCH]
fragile zerbrechlich [tsairbrecHlicH]
frame (picture) der Rahmen
France Frankreich [frankrycHe]
fraud ein Betrug [betrook]
free frei [fry]; (no charge) gratis [grahtiss]; **admission free** Eintritt frei [ine-tritt fry]
freeway die Schnellstraße [shnelshtrahss-uh]
freezer die Gefriertruhe [gefreertroo-uh]
freezing cold eiskalt [ice-kalt]
French französisch [frantsurzish]

French fries die Pommes frites [pom frit]
Frenchman ein Franzose (m) [frantsohzuh]
Frenchwoman eine Französin [frantsurzin]
frequent häufig [hoyficH]
fresh frisch [frish]; **don't get fresh with me** werden Sie bloß nicht frech! [vairden zee blohss nicHt frecH]
fresh orange juice ein natürlicher Orangensaft (m) [natœrlicHer oronjenzaft]
friction tape das Isolierband [eezohleerbant]
Friday Freitag [frytahk]
fridge der Kühlschrank [kœlshrank]
fried egg ein Spiegelei (nt) [shpeegel-'eye']
friend der Freund/die Freundin [froynt/froyndin]
friendly freundlich [froyntlicH]
frog der Frosch [frosh]
from: I'm from New York ich bin aus New York [icH bin owss]; **from here to the station** von hier zum Bahnhof [fon heer tsoom]; **the next train from ...** der nächste Zug aus ...; **as from Tuesday** ab Dienstag [ap]
front die Vorderseite [forderzyte-uh]; **in front** vorn [forn]; **in front of us** vor uns [for oonss]; **at the front** vorn
frost der Frost
frostbite die Frostbeulen [frostboylen]
frozen gefroren [gefroren]
frozen food die Tiefkühlkost [teefkœlkost]
fruit das Obst [ohpst]
fruit juice ein Fruchtsaft (m) [frooCHtzaft]
fruit machine der Spielautomat [shpeelowtohmaht]
fruit salad der Obstsalat [ohpst-zalaht]
frustrating: it's very frustrating es ist sehr frustrierend [zair froostreerent]
fry braten [brahten]; **nothing fried** nichts Gebratenes [nicHts gebrahtenes]
frying pan die Bratpfanne [brahtpfan-uh]
full voll [foll]; **it's full of ...** es ist voller ... [ess ist foller]; **I'm full** ich bin satt [icH bin zatt]
full-board Vollpension [follpangz-yohn]
full-bodied (wine) vollmundig [follmoondicH]

fun: it's fun es macht Spaß [ess macht shpahss]; **it was great fun** es hat viel Spaß gemacht [feel]; **just for fun** nur aus Spaß [noor owss]; **have fun!** viel Spaß!
funeral die Beerdigung [be-airdigoong]
funny (strange) seltsam [zeltzam]; (comical) komisch [kohmish]
furniture die Möbel [murbel]
further weiter [vyter]; **2 kilometres further** 2 Kilometer weiter; **further down the road** weiter die Straße entlang
fuse die Sicherung [zicheroong]; **the lights have fused** die Sicherung ist durchgebrannt [doorchgebrant]
fuse wire der Schmelzdraht [shmeltsdraht]
future die Zukunft [tsookoonft]; **in future** in Zukunft

G

gale der Sturm [shtoorm]
gallon see page 121
gallstone der Gallenstein [gal-enshtyne]
gamble spielen [shpeelen]; **I don't gamble** ich bin kein Spieler [ich bin kyne shpeeler]
game (sport) das Spiel [shpeel]; (meat) das Wild [vilt]
games room das Spielezimmer [shpeel-uh-tsimmer]
gammon der Schinken [shinken]
garage (repair) Werkstatt [vairkshtatt]; (petrol) eine Tankstelle [tankshtell-uh]; (parking) eine Garage [garahj-uh]
garbage der Abfall [apfal]
garden der Garten
garlic der Knoblauch [k-nohblowch]
gas das Gas [gahss]; (gasoline) das Benzin [bentseen]
gas cylinder die Gasflasche [gahssflash-uh]
gasket die Dichtung [dichtoong]
gas pedal das Gaspedal [gahss-pedahl]
gas permeable lenses luftdurchlässige Kontaktlinsen [looftdoorchlessig-uh kontakt-linzen]
gas station eine Tankstelle [tankshtell-uh]
gas tank der Tank
gastroenteritis die Magen-Darm-Entzündung [mahgen-darm-entsoondoong]
gate das Tor [tohr]; (at airport) der Flugsteig [flookshtyke]
gauge (oil) der Ölstandanzeiger [urlshtant-antsyger]; (fuel) die Benzinuhr [bentseenoor]
gay (homosexual) schwul [shvool]
gear (car) der Gang; (equipment) die Ausrüstung [owssroostoong]; **the gears stick** die Gangschaltung klemmt
gearbox: I have gearbox trouble ich habe einen Getriebeschaden [ich hahb-uh ine-en getreeb-uh-shahden]
gear lever, gear shift der Schaltknüppel [shaltknoppel]
general delivery postlagernd [posstlahgernt]
generous: that's very generous of you das ist sehr großzügig von Ihnen [dass ist zair grohsstsoogich fon eenen]
gentleman: that gentleman over there der Herr dort [dair hair]; **he's such a gentleman** er ist wirklich ein Gentleman [air ist veerklich ine]
gents die Herrentoilette [hairentwalett-uh]
genuine (antique etc) echt [echt]
German (adj) deutsch [doytsh]; (man) der Deutsche [doytsh-uh]; (woman) die Deutsche; **the Germans** die Deutschen; **in German** auf Deutsch [owff]
German measles die Röteln [rurteln]
Germany Deutschland [doytsh-lant]
get: have you got ...? haben Sie ...? [hahben zee]; **how do I get to ...?** wie komme ich nach ...? [vee komm-uh ich nach]; **where do I get them from?** wo kann ich sie bekommen? [vo kan ich zee]; **can I get you a drink?** kann ich Ihnen etwas zu trinken besorgen? [kan ich eenen etvass tsoo trinken bezorgen]; **will you**

ghastly   31   **grapes**

get it for me? können Sie es mir besorgen? *[kurnen zee ess meer]*; **when do we get there?** wann kommen wir dort an? *[van kommen veer]*; **I've got to go** ich muß gehen *[ich mooss gayen]*; **where do I get off?** wo muß ich aussteigen? *[owss-shtygen]*; **it's difficult to get to** es ist schwer erreichbar *[shvair air-rychbar]*; **when I get up** (*in morning*) wenn ich aufstehe *[ven ich owff-shtay-uh]*
ghastly entsetzlich *[entsetslich]*
ghost das Gespenst *[geshpenst]*
giddy: it makes me giddy mir wird davon schwindlig *[meer veert dafon shvindlich]*
gift ein Geschenk (*nt*) *[geshenk]*
gigantic riesig *[reezich]*
gin der Gin; **a gin and tonic** ein Gin Tonic
girl ein Mädchen (*nt*) *[maydchen]*
girlfriend die Freundin *[froyndin]*
give geben *[gayben]*; **will you give me ...?** können Sie mir ... geben? *[kurnen zee meer]*; **I gave it to him** ich habe es ihm gegeben *[ich hahb-uh ess eem gegayben]*; **I'll give you 30 marks** ich gebe Ihnen 30 Mark dafür *[dafoor]*; **will you give it back?** kann ich es zurückhaben? *[tsoorockhahben]*
glad froh; **I'm so glad** das freut mich *[dass froyt mich]*
glamorous sehr attraktiv *[zair attrakteef]*
gland die Drüse *[drooz-uh]*
glandular fever das Drüsenfieber *[droozenfeeber]*
glass das Glas *[glahss]*; **a glass of water** ein Glas Wasser
glasses eine Brille *[brill-uh]*
gloves die Handschuhe *[hantshoo-uh]*
glue der Leim *[lyme]*
gnat die Mücke *[mock-uh]*
go gehen *[gayen]*; (*by train, car etc*) fahren; **we want to go to ...** wir möchten nach ... gehen/fahren *[veer murchten nach]*; **I'm going there tomorrow** ich gehe/fahre morgen dorthin *[ich gay-uh/fahr-uh]*; **I'm going back to Chicago tomorrow** (*by plane*) ich fliege morgen nach Chicago zurück *[fleeg-uh]*; **when does the train go?** wann fährt der Zug ab? *[van fairt dair tsook ap]*; **when does the plane go?** wann fliegt die Maschine ab? *[fleekt dee masheen-uh ap]*; **where are you going?** wohin gehen Sie? *[vohin gayen zee]*; **let's go** gehen wir; **he's gone** (*left*) er ist gegangen; **it's all gone** es ist alles weg *[ess ist al-ess veck]*; **I went there yesterday** ich war gestern da *[ich vahr]*; **a hotdog to go** ein Hot dog zum Mitnehmen *[tsoom mitnaymen]*; **go away!** gehen Sie weg!; **it's gone off** (*food*) es ist schlecht geworden *[shlecht gevorden]*; **we're going out tonight** wir gehen heute abend aus *[hoyt-uh ahbent owss]*; **do you want to go out tonight?** möchten Sie heute abend ausgehen? *[murchten zee ... owss-gayen]*; **has the price gone up?** ist der Preis gestiegen? *[ist dair pryce gesht**ee**gen]*
goal (*sport*) das Tor
goat die Ziege *[tseeg-uh]*
God Gott
goggles (*ski*) die Schneebrille *[shnay-brill-uh]*
gold das Gold *[gollt]*
golf Golf
golf clubs die Golfschläger *[golfshlayger]*
golf course der Golfplatz *[golf-plats]*
good gut *[goot]*; **good!** gut!; **that's no good** das ist nichts *[nichts]*; **good heavens!** du lieber Himmel! *[doo leeber]*
goodbye auf Wiedersehen *[owff-veeder-zayn]*
good-looking gutaussehend *[gootowss-zayent]*
gooey (*food etc*) matschig *[matshich]*
goose die Gans *[ganss]*
gooseberries die Stachelbeeren *[shtachel-bairen]*
gorgeous großartig *[grohssartich]*
gourmet der Feinschmecker *[fyne-shmecker]*
gourmet food Essen für Feinschmecker *[essen foor fyne-shmecker]*
government die Regierung *[regeeroong]*
grammar die Grammatik *[grammatik]*
gram(me) das Gramm
granddaughter die Enkelin *[enkelin]*
grandfather der Großvater *[grohss-fahter]*
grandmother die Großmutter *[grohss-mootter]*
grandson der Enkel
grapefruit eine Grapefruit
grapefruit juice ein Grapefruitsaft (*m*) *[—zaft]*
grapes die Trauben *[trowben]*

grass das Gras *[grahss]*
grateful dankbar; **I'm very grateful to you** ich bin Ihnen sehr dankbar *[ich bin eenen zair dankbar]*
gravy die Soße *[zohss-uh]*
gray grau *[grow]*
grease (*on food*) das Fett; (*for car*) das Schmierfett *[shmeerfet]*
greasy (*cooking*) fett
great groß *[grohss]*; (*very good*) großartig *[grohssartich]*; **that's great!** das ist toll!
Great Britain Großbritannien *[grohss-britannee-en]*
Greece Griechenland *[greechenlant]*
greedy (*for food*) gefräßig *[gefrayssich]*
green grün *[grœn]*
green card (*insurance*) die grüne Karte *[dee grœn-uh kart-uh]*
greengrocer der Gemüsehändler *[gemœz-uh-hendler]*
grey grau *[grow]*
grilled gegrillt
gristle (*on meat*) der Knorpel *[knorpel]*
grocer der Lebensmittelhändler *[laybensmittel-hendler]*
ground der Boden *[bohden]*; **on the ground** auf dem Boden; **on the ground floor** im Erdgeschoß *[im airtgeshoss]*

ground beef das Gehackte
group die Gruppe *[groop-uh]*
group insurance die Gruppenversicherung *[groopenfairzicheroong]*
group leader der Gruppenführer *[groopen-fœrer]*
guarantee die Garantie *[garantee]*; **is it guaranteed?** ist darauf Garantie? *[ist darowff]*
guardian (*of child*) der Erziehungsberechtigte *[airtsee-oongsberechticht-uh]*
guest der Gast
guesthouse die Pension *[pangz-yohn]*
guest room das Gästezimmer *[gest-uh-tsimmer]*
guide (*tourist*) der Reiseleiter *[ryze-uh-lyter]*
guidebook der Reiseführer *[ryze-uh-fœrer]*
guilty schuldig *[shooldich]*
guitar die Gitarre *[gitarr-uh]*
gum (*in mouth*) das Zahnfleisch *[tsahnflyshe]*
gun das Gewehr *[gevair]*
gymnasium die Turnhalle *[toornhal-uh]*
gyn(a)ecologist der Frauenarzt *[frowenartst]*

H

hair das Haar *[hahr]*
hairbrush die Haarbürste *[hahrbœrst-uh]*
haircut der Haarschnitt *[hahrshnit]*; **I need a haircut** ich muß mir die Haare schneiden lassen *[ich mooss meer dee hahr-uh shnyden]*; **just an ordinary haircut please** nur etwas beischneiden bitte *[nœr etvass byshnyden bitt-uh]*
hairdresser der Frisör *[frizur]*
hairdryer der Fön (*tm*) *[furn]*
hair foam der Schaumfestiger *[showmfestiger]*
hair gel das Haargel *[hahr-gayl]*
hair grip die Haarklemme *[hahrklem-uh]*
hair lacquer das Haarspray *[hahrshpray]*

half halb *[halp]*; **half an hour** eine halbe Stunde *[ine-uh halb-uh shtoond-uh]*; **a half portion** eine halbe Portion *[portsyohn]*; **half a litre** ein halber Liter; **half as much** halb so viel *[zo feel]*; **half as much again** nochmal halb so viel *[nochmahl]*; *see page 118*
halfway: halfway to Cologne auf halbem Weg nach Köln *[owff halbem vayk nach kurln]*
ham der Schinken *[shinken]*
hamburger ein Hamburger (*m*) *[hemburger]*
hammer der Hammer
hand die Hand *[hant]*; **will you give me a hand?** könnten Sie mir helfen? *[kurnten zee meer]*

handbag die Handtasche [hant-tash-uh]
hand baggage das Handgepäck [hant-gepeck]
handbrake die Handbremse [hantbremzuh]
handkerchief ein Taschentuch (nt) [tashentooch]
handle (door) die Klinke [klink-uh]; (cup) der Henkel; **will you handle it?** können Sie das regeln? [kurnen zee dass raygeln]
hand luggage das Handgepäck [hantgepeck]
handmade handgearbeitet [hantge-arbytet]
handsome gutaussehend [gootowsszayent]
hanger (for clothes) der Bügel [boogel]
hangover der Kater [kahter]; **I've got a terrible hangover** ich habe einen fürchterlichen Kater [ich hahb-uh ine-en foorchterlichen kahter]
happen geschehen [geshayen]; **how did it happen?** wie ist es passiert? [vee ist ess passeert]; **what's happening** was ist los? [lohss]; **it won't happen again** es wird nicht wieder vorkommen [ess veert nicht veeder forkommen]
happy glücklich [glooclich]; **we're not happy with the room** wir sind mit dem Zimmer nicht zufrieden [veer zint mit daym tsimmer nicht tsoofreeden]
harbo(u)r der Hafen [hahfen]
hard hart; (difficult) schwer [shvair]
hard-boiled egg ein hartgekochtes Ei [hartgekochtess 'eye']
hard lenses harte Kontaktlinsen [hart-uh kontakt-linzen]
hardly kaum [kowm]; **hardly ever** fast nie [fast nee]
hardware store die Eisenwarenhandlung ['eye'zenvahren-handloong]
harm der Schaden [shahden]
hassle: it's too much hassle es ist zu mühsam [ess ist tsoo moozam]; **a hassle-free holiday** ein problemfreier Urlaub [ine problaymfryer oorlowp]
hat ein Hut (m) [hoot]
hatchback ein Auto (nt) mit Hecktür [owto mit hecktoor]
hate: I hate ... ich kann ... nicht leiden [ich kan ... nicht lyden]
have haben [hahben]; **do you have ...?** haben Sie ...? [zee]; **can I have some water?** kann ich etwas Wasser haben?; **I have ...** ich habe ... [ich hahb-uh]; **I don't have ...** ich habe kein(e) ... [kyne (-uh)]; **can we have breakfast in our room?** können wir auf unserem Zimmer frühstücken? [kurnen veer owff oonzerem tsimmer frooshtoocken]; **have another** (drink etc) noch eins? [noch ine-ss]; **I have to leave early** ich muß früh gehen [ich mooss froo gayen]; **do I have to ...?** muß ich ...?; see pages 113, 114
hay fever der Heuschnupfen [hoyshnoopfen]
he er [air]; **is he here?** ist er hier? [ist air heer]; see page 111
head der Kopf; **we're heading for Munich** wir wollen nach München [veer vollen nach]
headache die Kopfschmerzen [kopfshmairtsen]
headlight der Scheinwerfer [shynevairfer]
headphones die Kopfhörer [kopfhurer]
head waiter der Oberkellner [ohberkellner]
health die Gesundheit [gezoont-hyte]; **your health!** zum Wohl! [tsoom vohl]
healthy gesund [gezoont]
hear: can you hear me? können Sie mich hören? [kurnen zee mich huren]; **I can't hear you** ich kann Sie nicht verstehen [ich kan zee nicht fairshtayen]; **I've heard about it** ich habe davon gehört [ich hahb-uh dafon gehurt]
hearing aid das Hörgerät [hurgerayt]
heart das Herz [hairts]
heart attack ein Herzinfarkt (m) [hairtsinfarkt]
heat die Hitze [hits-uh]
heater die Heizung [hyte-soong]
heating die Heizung [hyte-soong]
heat rash der Hitzeausschlag [hits-uh-owss-shlahk]
heatwave die Hitzewelle [hits-uh-vell-uh]
heavy schwer [shvair]
hectic hektisch [hecktish]
heel (of foot) die Ferse [fairz-uh]; (of shoe) der Absatz [apzats]; **could you put new heels on these?** können Sie mir hier die Absätze erneuern? [kurnen zee meer heer dee apsets-uh airnoyern]
heel bar die Absatzbar [apzatsbar]
height (of mountain) die Höhe [hur-uh];

helicopter (*of person*) die Größe [grurss-uh]
helicopter der Hubschrauber [hoopshrowber]
hell: oh hell! verdammt noch mal! [fairdamt noCH mahl]; **go to hell!** gehen Sie zum Teufel! [gayen zee tsoom toyfel]
hello guten Tag [gooten tahk]; (*to get attention*) hallo; (*in surprise*) nanu! [nanoo]
helmet der Helm
help helfen; **can you help me?** können Sie mir helfen? [kurnen zee meer]; **thanks for your help** vielen Dank für Ihre Hilfe [feelen dank foor eer-uh hilf-uh]; **help!** Hilfe!
helpful: he was very helpful er war sehr hilfsbereit [air vahr zair hilfsberyte]; **that's helpful** das ist hilfreich [dass ist hilfryCHe]
helping (*of food*) eine Portion [portsyohn]
hepatitis die Hepatitis [hepateetis]
her: I don't know her ich kenne sie nicht [iCH kenn-uh zee niCHt]; **will you send it to her?** können Sie es ihr schicken? [kurnen zee ess eer shicken]; **it's her** sie ist es [zee ist ess]; **with her** mit ihr; **for her** für sie; **that's her suitcase** das ist ihr Koffer; *see pages 110, 111*
herbs die Kräuter [kroyter]
here hier [heer]; **here you are** (*giving something*) bitte [bitt-uh]; **here he comes** da kommt er
hers: that's hers das gehört ihr [dass gehurt eer]; *see page 112*
hey! he! [hay]
hi hallo
hiccups der Schluckauf [shloockowff]
hide verstecken [fairshtecken]
hideous scheußlich [shoyssliCH]
high hoch [hohCH]
high beam das Fernlicht [fairnliCHt]
highchair (*for baby*) ein Hochstuhl (*m*) [hohCHstool]
highlighter (*cosmetics*) der Töner [turner]
highway die Landstraße [lantshtrahss-uh]; (*with lanes*) die Autobahn [owtobahn]
hiking das Wandern [vandern]
hill der Berg [bairk]; **it's further up the hill** es ist weiter oben [vyter ohben]
hillside der Hang
hill walking: to go hill walking eine Bergwanderung machen [bairkvanderoong maCHen]
hilly hügelig [hoogeliCH]
him: I don't know him ich kenne ihn nicht [iCH kenn-uh een niCHt]; **will you send it to him?** können Sie es ihm schicken? [kurnen zee ess eem shicken]; **it's him** er ist es [air ist ess]; **with him** mit ihm; **for him** für ihn; *see page 111*
hip die Hüfte [hooft-uh]
hire: can I hire a car? kann ich ein Auto mieten? [kan iCH ine owto meeten]; **do you hire them out?** verleihen Sie sie? [fairlyen zee zee]
his: it's his drink das ist sein Drink [zyne]; **it's his** es gehört ihm [ess gehurt eem]; *see pages 110, 112*
history: the history of Berlin die Geschichte Berlins [dee geshiCHt-uh bairleenss]
hit: he hit me er hat mich geschlagen [air hat miCH geshlahgen]; **I hit my head** ich habe mir den Kopf gestoßen [iCH hahb-uh meer dayn kopf gestohssen]
hitch: is there a hitch? gibt es da einen Haken? [gipt ess da ine-en hahken]
hitch-hike trampen [trempen]
hitch-hiker der Tramper [tremper]; (*girl*) die Tramperin
hit record der Hit
hock der Rheinwein [ryne-vyne]
hole das Loch [loCH]
holiday der Urlaub [oorlowp]; (*single day*) der Feiertag [fy-er-tahk]; **I'm on holiday** ich bin im Urlaub
Holland Holland [hollant]
home (*house*) das Zuhause [tsoohowz-uh]; **at home** zu Hause; (*in my own country*) bei uns [by oonss]; **I go home tomorrow** ich fahre morgen nach Hause [iCH fahr-uh morgen naCH howz-uh]; **home sweet home!** daheim ist daheim [dahyme]
home address die Heimatadresse [hymataddress-uh]
homemade selbstgemacht [zelpstgemaCHt]
homesick: I'm homesick ich habe Heimweh [iCH hahb-uh hyme-vay]
honest ehrlich [airliCH]
honestly? ehrlich? [airliCH]
honey der Honig [hohniCH]
honeymoon die Flitterwochen [flittervoCHen]; **it's our honeymoon** es ist unsere Hochzeitsreise [oonzer-uh

hood ... **35** ... **identity papers**

hoCHtsytes-ryze-uh]; **a second honeymoon** zweite Flitterwochen [tsvyte-uh]
hood (of car) die Haube [howb-uh]
hoover (tm) der Staubsauger [shtowp-zowger]
hope hoffen; **I hope so** hoffentlich [hoffentlicH]; **I hope not** hoffentlich nicht [nicHt]
horn (car) die Hupe [hoop-uh]
horrible schrecklich [shrecklicH]
hors d'oeuvre die Vorspeise [forshpyze-uh]
horse das Pferd [pfairt]
horse riding Reiten [ryten]
hose (for car) der Schlauch [shlowcH]
hospital das Krankenhaus [krankenhowss]
hospitality die Gastfreundschaft [gastfroyntshafft]; **thank you for your hospitality** vielen Dank für Ihre Gastfreundschaft [feelen dank foor eer-uh]
hostel die Herberge [hairbairg-uh]
hot heiß [hyce]; (curry etc) scharf [sharf]; **I'm hot** mir ist heiß; **something hot to eat** etwas Warmes zu essen [etvass varmess tsoo essen]; **it's so hot today** es ist so heiß heute
hotdog ein Hot dog (m)
hotel das Hotel; **at my hotel** in meinem Hotel
hotel clerk der Mann am Empfang
hotplate die Kochplatte [kocHplat-uh]
hot-water bottle eine Wärmflasche [vairm-flash-uh]
hour die Stunde [shtoond-uh]; **on the hour** zur vollen Stunde [tsoor follen]
house das Haus [howss]

housewife die Hausfrau [howssfrow]
hovercraft das Luftkissenboot [looftkissenboht]
how wie [vee]; **how many?** wie viele? [feel-uh]; **how much?** wieviel? [veefeel]; **how often?** wie oft?; **how come?** wieso? [veezo]; **how are you?** wie geht es Ihnen? [vee gayt ess eenen]; **how do you do?** guten Tag! [gooten tahk]; **how about a beer?** wie wär's mit einem Bier? [vee vairss]; **how nice!** wie schön! [vee shurn]; **would you show me how to ...?** könnten Sie mir zeigen, wie man ...? [kurnten zee meer tsygen]
humid feucht [foycHt]
humidity die Luftfeuchtigkeit [looftfoycHticHkyte]
humo(u)r: where's your sense of humo(u)r? haben Sie keinen Sinn für Humor? [hahben zee kynen zin foor hoomohr]
hundredweight see page 120
hungry: I'm hungry ich habe Hunger [icH hahb-uh hoonger]; **I'm not hungry** ich bin nicht hungrig [nicHt hoongricH]
hurry: I'm in a hurry ich habe es eilig [icH hahb-uh ess 'eye'licH]; **hurry up!** beeilen Sie sich! [be-'eye'len zee zicH]; **there's no hurry** es eilt nicht [ess 'eye'lt nicHt]
hurt: it hurts es tut weh [ess toot vay]; **my back hurts** mir tut der Rücken weh [meer toot dair roocken vay]
husband: my husband mein Mann [myne man]
hydrofoil das Tragflächenboot [trahkflecHenboht]

I

I ich [icH]; **I am** ich bin; see page 111
ice das Eis [ice]; **with ice** mit Eis; **with ice and lemon** mit Eis und Zitrone [oont tsitrohn-uh]
ice-ax(e) ein Eispickel (m) [ice-pickel]
ice-cream ein Eis (nt) [ice]
ice-cream cone eine Tüte Eiskrem [toot-uh ice-kraym]

iced coffee ein Eiskaffee (m) [ice-kaffay]
ice-lolly ein Eis (nt) am Stiel [ice am shteel]
idea die Idee [eeday]; **good idea!** eine gute Idee! [ine-uh goot-uh eeday]
ideal ideal [iday-ahl]
identity papers die Ausweispapiere [owssvyce-papeer-uh]

idiot der Idiot [id*ee***oh**t]
idyllic idyllisch [id**ɵ**llish]
if wenn [ven]; **if you could** wenn Sie können [zee k**u**rnen]; **if not** wenn nicht
ignition die Zündung [ts**ɵɵ**ndoong]
ill krank; **I feel ill** ich fühle mich krank [ichɪ f**ɵɵ**l-uh michɪ]
illegal illegal [ill**ay**g**ah**l]
illegible unleserlich [**oo**nlayzerlichɪ]
illness die Krankheit [kr**a**nkhyte]
imitation (*leather* *etc*) nachgemacht [n**a**chɪgem**a**chɪt]
immediately sofort [zo**f**ort]
immigration die Einwanderung [**ine**-vanderoong]
import importieren [import**ee**ren]
important wichtig [v**i**chɪtichɪ]; **it's very important** es ist sehr wichtig [zair]; **it's not important** es ist nicht wichtig
import duty der Einfuhrzoll [**ine**-f**oo**rtsoll]
impossible unmöglich [**oo**nm**u**rglichɪ]
impressive beeindruckend [be-**ine**-droockent]
improve: it's improving es wird besser [veert]; **I want to improve my German** ich möchte mein Deutsch verbessern [ichɪ m**u**rchɪt-uh myne doytsh fairb**e**ssern]
improvement die Verbesserung [fairb**e**sseroong]
in: in my room in meinem Zimmer [in mynem ts**i**mmer]; **in the town centre** im Stadtzentrum [im sht**a**t-tsentroom]; **in London** in London; **in one hour's time** in einer Stunde; **in August** im August; **in English/German** auf englisch/deutsch [owff]; **is he in?** ist er da?
inch der Zoll [tsoll]; *see page 119*
include enthalten [ent-h**a**l-ten]; **does that include meals?** ist das einschließlich Mahlzeiten? [**ine**-shleeslichɪ m**ah**l-tsyten]; **is that included in the price?** ist das im Preis enthalten? [pryce]
inclusive inklusive [inkl**oo**zeev-uh]
incompetent unfähig [**oo**nf**a**yichɪ]
inconvenient ungünstig [oong**ɵ**nstichɪ]
increase die Zunahme [ts**oo**nahm-uh]
incredible unglaublich [oongl**ow**plichɪ]
indecent unanständig [**oo**nanshtendichɪ]
independent unabhängig [**oo**naphengichɪ]
India Indien [**i**ndee-en]
Indian (*adj*) indisch [**i**ndish]; (*man*) der Inder; (*woman*) die Inderin
indicator der Blinker
indigestion die Magenverstimmung [m**ah**genfairshtimmoong]
indoor pool das Hallenbad [h**a**l-enbaht]
indoors drinnen; **let's go indoors** gehen wir nach drinnen
industry die Industrie [indoostr**ee**]
inefficient nicht leistungsfähig [nichɪt l**y**stoongsfayichɪ]
infection die Infektion [infekts-y**oh**n]
infectious ansteckend [**a**nshteckent]
inflammation die Entzündung [entsɵndoong]
inflation die Inflation [inflats-y**oh**n]
informal (*dress, function*) zwanglos [tsv**a**nglos]
information die Informationen [informats-y**oh**n-en]
information desk der Informationsschalter [informats-y**oh**ns-shallter]
information office das Auskunftsbüro [**ow**sskoonftsb**ɵ**ro]
injection eine Spritze [shpr**i**ts-uh]
injured verletzt [fairl**e**tst]; **she's been injured** sie wurde verletzt [zee v**oo**rd-uh]
injury die Verletzung [fairl**e**tsoong]
innocent unschuldig [**oo**nshooldichɪ]
inquisitive neugierig [n**oy**geerichɪ]
insect ein Insekt (*nt*) [inz**e**kt]
insect bite ein Insektenstich (*m*) [inz**e**ktenshtichɪ]
insecticide das Insektengift [inz**e**ktengift]
insect repellent das Insektenbekämpfungsmittel [inz**e**kten-bek**e**mpfoongsmittel]
inside: inside the tent im Zelt; **let's sit inside** setzen wir uns nach drinnen [z**e**tsen veer oonss nachɪ dr**i**nnen]
insincere unaufrichtig [**oo**nowfrichɪtichɪ]
insist: I insist ich bestehe darauf [ichɪ besht**ay**-uh dar**ow**ff]
insomnia die Schlaflosigkeit [shl**ah**flohzichɪkyte]
instant coffee der Pulverkaffee [p**oo**lverkaffay]
instead: I'll have that one instead ich nehme statt dessen das da [ichɪ n**ay**m-uh shtat d**e**ssen dass da]; **instead of ...** anstelle von ... [ansht**e**ll-uh fon]
insulating tape das Isolierband [eezol**ee**rbant]

insulin das Insulin *[inzōōleen]*
insult die Beleidigung *[belydigoong]*
insurance die Versicherung *[fairzicheroong]*; **write the name of your insurance company here** schreiben Sie den Namen Ihrer Versicherung hierhin *[shryben zee dayn nahmen eerer ... heerhin]*
insurance policy die Versicherungspolice *[fairzicheroongs-poleess-uh]*
intellectual der/die Intellektuelle *[intellektōō-el-uh]*
intelligent intelligent *[intelligent]*
intentional: it wasn't intentional es war keine Absicht *[ess var kyne-uh apzicht]*
interest: places of interest Sehenswürdigkeiten *[zayens-voordichkyten]*
interested: I'm very interested in ... ich interessiere mich sehr für ... *[ich interesseer-uh mich zair foor]*
interesting interessant; **that's very interesting** das ist sehr interessant
international international *[internatsyonahl]*
interpret dolmetschen *[dolmetshen]*; **would you interpret?** könnten Sie für mich dolmetschen? *[kurnten zee foor mich]*
interpreter der Dolmetscher *[dolmetsher]*
intersection die Kreuzung *[kroytsoong]*
interval *(in play etc)* die Pause *[powz-uh]*
into in; **I'm not into that** *(don't like)* darauf stehe ich nicht so *[darowff shtay-uh ich nicht zo]*
introduce: may I introduce ...? kann ich Ihnen ... vorstellen? *[kan ich eenen ... forshtellen]*
introverted introvertiert *[—vairteert]*
invalid ein Behinderter

invalid chair der Rollstuhl *[rolshtōōl]*
invitation die Einladung *[ine-lahdoong]*; **thank you for the invitation** vielen Dank für die Einladung *[feelen dank foor dee]*
invite einladen *[ine-lahden]*; **can I invite you out?** darf ich Sie einladen? *[zee]*
involved: I don't want to get involved in it ich möchte nicht darin verwickelt werden *[ich murcht-uh nicht darin fairvickelt vairden]*
iodine das Jod *[yoht]*
Ireland Irland *[eerlant]*
Irish irisch *[eerish]*
Irishman der Ire *[eer-uh]*
Irishwoman die Irin *[eerin]*
iron *(for clothes)* ein Bügeleisen *(nt)* *[boogel-'eye'-zen]*; **can you iron these for me?** könnten Sie diese Sachen für mich bügeln? *[kurnten zee deez-uh zachen foor mich boogeln]*
ironmonger der Eisenwarenhändler *['eye'-zenvahrenhendler]*
is ist; *see page 113*
island die Insel *[inzel]*; **on the island** auf der Insel *[owff dair]*
isolated isoliert *[eezoleert]*
it es *[ess]*; **is it ...?** ist es ...?; **where is it?** wo ist es?; **it's her** sie ist es; **it's only me** ich bin es nur *[nōōr]*; **that's just it!** *(just the problem)* das ist es ja gerade *[dass ist ess ya gerahd-uh]*; **that's it** *(that's right)* genau! *[genow]*; *see page 111*
Italian *(adj)* italienisch *[italee-aynish]*; *(man)* der Italiener *[italee-ayner]*; *(woman)* die Italienerin
Italy Italien *[itahlee-en]*
itch: it itches es juckt *[ess yoockt]*
itinerary die Reiseroute *[ryze-uh-rōōt-uh]*

J

jack *(for car)* ein Wagenheber *(m)* *[vahgenhayber]*
jacket eine Jacke *[yack-uh]*
jacuzzi der Whirlpool
jam die Marmelade *[marmelahd-uh]*;

traffic jam ein Stau *(m)* *[shtow]*; **I jammed on the brakes** ich machte eine Vollbremsung *[ich macht-uh ine-uh follbremzoong]*
January der Januar *[yanōōar]*

jaundice die Gelbsucht *[gelpzoocht]*
jaw der Kiefer *[keefer]*
jazz der Jazz
jazz club ein Jazzklub (*m*) *[—kloob]*
jealous (*in love*) eifersüchtig *['eye'-ferzoochtich]*
jeans eine Jeans
jellyfish eine Qualle *[kval-uh]*
jet-setter ein Mitglied des Jet-set *[ine mitgleet dess jet set]*
jetty der Steg *[shtayk]*
Jew der Jude *[yood-uh]*; (*woman*) die Jüdin *[yoodin]*
jewel(le)ry der Schmuck *[shmoock]*
Jewish jüdisch *[yoodish]*
jiffy: just a jiffy! kleinen Moment! *[klynen mohment]*
job die Arbeit *[arbyte]*; **just the job!** genau das richtige! *[genow dass richtiguh]*; **it's a good job you told me!** nur gut, daß Sie mir das gesagt haben! *[noor goot dass zee meer dass gezahkt hahben]*
jog: I'm going for a jog ich gehe joggen *[ich gay-uh joggen]*
jogging das Joggen
join (*a club*) beitreten *[by-trayten]*; **I'd like to join** ich möchte gern Mitglied werden *[ich murcht-uh gairn mitgleet vairden]*; **can I join you?** (*go with*) kann ich mitkommen?; (*sit with*) kann ich mich zu Ihnen setzen? *[tsoo eenen zetsen]*
joint (*in bone*) das Gelenk; (*to smoke*) der Joint
joke der Witz *[vits]*; **you've got to be joking!** Sie machen wohl Witze! *[zee machen vohl vits-uh]*; **it's no joke** es ist kein Witz *[ess ist kyne]*
jolly: it was jolly good es war prima *[ess vahr preema]*; **jolly good!** toll!
journey die Reise *[ryze-uh]*; **have a good journey!** gute Reise! *[goot-uh ryze-uh]*
jug die Kanne *[kann-uh]*; **a jug of water** ein Krug mit Wasser *[ine krook]*
July der Juli *[yoolee]*
jump: you made me jump Sie haben mich erschreckt *[zee hahben mich airshreckt]*; **jump in!** (*to car*) steigen Sie ein! *[shtygen zee ine]*
jumper ein Pullover (*m*) *[pooll-ohver]*
jump leads, jumper cables ein Starthilfekabel (*nt*) *[shtart-hilf-uh-kahbel]*
junction die Kreuzung *[kroytsoong]*
June der Juni *[yoonee]*
junior: Mr Jones junior Herr Jones junior *[yoonyohr]*
junk das Gerümpel *[geroompel]*
just: just one nur eins *[noor ine-ss]*; **just me** nur ich; **just for me** nur für mich *[foor mich]*; **just a little** nur ein bißchen *[ine bisschen]*; **just here** genau hier *[genow heer]*; **not just now** nicht jetzt *[nicht yetst]*; **he was here just now** er war gerade noch hier *[air vahr gerahd-uh noch heer]*; **that's just right** das ist genau richtig *[dass ist genow richtich]*; **it's just as good** das ist genauso gut *[genowzo goot]*; **that's just as well** das ist auch besser so *[owch besser zo]*

K

kagul ein Windhemd (*nt*) *[vinthemt]*
keen: I'm not keen ich habe keine Lust *[ich hahb-uh kyne-uh loost]*
keep: can I keep it? kann ich es behalten? *[kan ich ess]*; **please keep it** bitte behalten Sie es; **keep the change** der Rest ist für Sie *[dair rest ist foor zee]*; **will it keep?** (*food*) hält es sich? *[helt ess zich]*; **it's keeping me awake** es hält mich wach *[ess helt mich vach]*; **it keeps on breaking** es geht dauernd kaputt *[ess gayt dowernt kappoot]*; **I can't keep anything down** (*food*) ich kann nichts bei mir behalten *[ich kan nichts by meer]*
kerb der Straßenrand *[shtrahssenrant]*
ketchup der Ketchup
kettle ein Wasserkessel (*m*) *[vasser—]*
key der Schlüssel *[shloossel]*
kid: the kids (*children*) die Kinder *[kinder]*; **I'm not kidding** ich meine das im Ernst *[ich myne-uh dass im airnst]*
kidneys die Nieren *[neeren]*

kill töten *[turten]*
kilo ein Kilo (*nt*); *see page 120*
kilometre, kilometer ein Kilometer (*m*) *[keelomayter]*; *see page 119*
kind: that's very kind of you das ist sehr freundlich von Ihnen *[zair froyntlich fon eenen]*; **this kind of ...** diese Art von ... *[deez-uh art fon]*
kiss ein Kuß (*m*) *[kooss]*
kitchen die Küche *[kooch-uh]*
kitchenette die Kochnische *[kochnish-uh]*
Kleenex (*tm*) ein Tempotaschentuch *[tempo-tashentoōch]*
knackered kaputt *[kappoot]*
knee das Knie *[k-nee]*
knickers ein Schlüpfer (*m*) *[shloopfer]*
knife ein Messer (*nt*)
knitting das Stricken *[shtricken]*
knitting needles die Stricknadeln *[shtricknahdeln]*
knobbly knees Knubbelknie *[k-noobel-k-nee-uh]*
knock: there's a knocking noise from the engine der Motor klopft *[dair motohr]*; **he's had a knock on the head** er hat einen Schlag auf den Kopf bekommen *[air hat ine-en shlahk owff dayn kopf bekommen]*; **he's been knocked over** er ist angefahren worden *[air ist angefahren vorden]*
knot (*in rope*) der Knoten *[k-nohten]*
know (*somebody, a city etc*) kennen; (*something*) wissen *[vissen]*; **I don't know** ich weiß nicht *[ich vyce nicht]*; **do you know a good restaurant?** kennen Sie ein gutes Restaurant? *[kennen zee ine]*; **who knows?** wer weiß? *[vair vyce]*; **I didn't know that** das habe ich nicht gewußt *[hahb-uh ... gevoost]*

L

label das Etikett *[ettikett]*
laces (*shoes*) die Schnürsenkel *[shnoorzenkel]*
lacquer (*hair*) das Haarspray *[hahrshpray]*
ladies' (room) die Damentoilette *[dahmentwalett-uh]*
lady die Dame *[dahm-uh]*; **ladies and gentlemen!** meine Damen und Herren! *[myne-uh dahmen oont herren]*
lager ein helles Bier *[beer]*; **lager and lime** (*nearest equivalent*) ein Bier (*nt*) mit Limonade *[ine beer mit limonahd-uh]*
lake der See *[zay]*
lamb das Lamm
lamp die Lampe *[lamp-uh]*
lamppost der Laternenpfahl *[lattairnenpfahl]*
lampshade der Lampenschirm *[lampensheerm]*
land (*not sea*) das Land *[lant]*; **when does the plane land?** wann landet das Flugzeug? *[van landet dass flooktsoyk]*
landscape die Landschaft *[lantshafft]*
lane (*car*) die Spur *[shpoor]*; (*narrow road*) die kleine Straße *[klyne-uh shtrahss-uh]*
language die Sprache *[sprahch-uh]*
language course ein Sprachkurs (*m*) *[shprachkoorss]*
large groß *[grohss]*
laryngitis die Kehlkopfentzündung *[kaylkopfentsoondoong]*
last letzter *[letster]*; **last year** letztes Jahr *[letstess yahr]*; **last Wednesday** letzten Mittwoch; **last night** gestern abend *[gestern ahbent]*; **when is the last bus?** wann fährt der letzte Bus? *[van fairt dair letst-uh booss]*; **one last drink** noch einen allerletzten Drink *[noch ine-en alerletsten]*; **when were you last in London?** wann waren Sie zuletzt in London? *[van vahren zee tsooletst]*; **at last!** endlich! *[entlich]*; **how long does it last?** wie lange dauert es? *[vee lang-uh dowert]*
last name der Nachname *[nachnahm-uh]*
late spät *[shpayt]*; **sorry I'm late** tut mir leid, daß ich zu spät komme *[toot meer lyte dass ich tsoo]*; **don't be late** seien Sie pünktlich *[zy-en zee poonktlich]*; **the**

lately

train was late der Zug hatte Verspätung *[dair tsook hatt-uh fairshpaytoong]*; **we'll be back late** wir kommen erst spät zurück *[tsoorœck]*; **it's getting late** es wird spät *[veert]*; **is it that late!** ist es schon so spät?; **I'm a late riser** ich bin ein Langschläfer *[langshlayfer]*
lately in letzter Zeit *[in letster tsyte]*
later später *[shpayter]*; **later on** nachher *[nach-hair]*; **I'll come back later** ich komme später wieder *[veeder]*; **see you later** bis später *[biss]*; **no later than Tuesday** nicht später als Dienstag
latest: the latest news die neuesten Nachrichten *[dee noy-esten nachrichten]*; **at the latest** spätestens *[shpaytestens]*
laugh lachen *[lachen]*; **don't laugh** lachen Sie nicht *[zee]*; **it's no laughing matter** das ist nicht zum Lachen *[tsoom]*
launderette, laundromat der Waschsalon *[vashzallong]*
laundry (*clothes*) die Wäsche *[vesh-uh]*; (*place*) die Wäscherei *[vesher'eye']*; **could you get the laundry done?** könnten Sie die Wäsche waschen lassen? *[kurnten zee dee vesh-uh vashen]*
lavatory die Toilette *[twalett-uh]*
law das Gesetz *[gezets]*
lawn der Rasen *[rahzen]*
lawyer der Rechtsanwalt *[rechtsanvallt]*
laxative ein Abführmittel (*nt*) *[apfoormittel]*
lay-by der Rastplatz
laze around: I just want to laze around ich möchte nur faulenzen *[ich murcht-uh noor fowlentsen]*
lazy faul *[fowl]*; **don't be lazy** seien Sie nicht so träge *[zy-en zee nicht zo trayg-uh]*; **a nice lazy holiday** ein schöner Urlaub zum Faulenzen *[ine shurner oorlowp tsoom fowlentsen]*
lead (*elec*) das Kabel *[kahbel]*; **where does this road lead?** wohin führt diese Straße? *[vohin foort deez-uh shtrahss-uh]*
leaf das Blatt
leaflet der Handzettel *[hant-tsettel]*; **do you have any leaflets on ...?** haben Sie Prospekte über ...? *[hahben zee prospekt-uh ooober]*
leak eine undichte Stelle *[oondicht-uh shtell-uh]*; **the roof leaks** das Dach ist undicht *[oondicht]*; **the petrol tank is leaking** der Benzintank ist nicht dicht
learn: I want to learn ... ich möchte ... lernen *[ich murcht-uh ... lairnen]*
learner: I'm just a learner ich lerne erst *[ich lairn-uh airst]*
lease mieten *[meeten]*
least: not in the least nicht im mindesten; **at least 50** mindestens 50
leather das Leder *[layder]*
leave: when does the train leave? wann fährt der Zug ab? *[van fairt dair tsook ap]*; **I leave tomorrow** ich reise morgen ab *[ich ryze-uh morgen ap]*; **he left this morning** er ist heute morgen abgereist *[air ist hoyt-uh morgen apgeryste]*; **may I leave this here?** kann ich das hierlassen? *[heerlassen]*; **I left my bag in the bar** ich habe meine Tasche in der Bar liegenlassen *[leegenlassen]*; **she left her bag here** sie hat ihre Tasche hiergelassen *[heergelassen]*; **leave the window open please** lassen sie das Fenster bitte geöffnet *[ge-urfnet]*; **there's not much left** es ist nicht viel übrig *[nicht feel ooobrich]*; **I've hardly any money left** ich habe kaum noch Geld *[kowm noch gelt]*; **I'll leave it up to you** ich überlasse das Ihnen *[ich ooberlass-uh dass eenen]*
lecherous geil *[gyle]*
left links; **on the left** links
lefthand drive die Linkssteuerung *[links-shtoyeroong]*
left-handed linkshändig *[links-hendich]*
left luggage (office) die Gepäckaufbewahrung *[gepeckowffbevahroong]*
leg das Bein *[byne]*
legal legal *[laygahl]*
legal aid die Rechtshilfe *[rechts-hilf-uh]*
lemon eine Zitrone *[tsitrohn-uh]*
lemonade die Limonade *[limonahd-uh]*
lemon tea der Zitronentee *[tsitrohnentay]*
lend: would you lend me your ...? könnten Sie mir Ihr ... leihen? *[kurnten zee meer eer ... ly-en]*
lens die Linse *[linz-uh]*
lens cap die Verschlußkappe *[fairshloosskap-uh]*
Lent die Fastenzeit *[fastentsyte]*
lesbian die Lesbierin *[lesbee-erin]*
less: less than an hour weniger als eine Stunde *[vayniger alss]*; **less than that**

lesson   41   **lilo**

nicht so viel *[nicht zo feel]*; **less hot** nicht so heiß
lesson die Stunde *[shtoond-uh]*; **do you give lessons?** geben Sie Unterricht? *[gayben zee oonterricht]*
let: would you let me use it? könnte ich es benutzen? *[kurnt-uh ich ess benootsen]*; **will you let me know?** können Sie mir Bescheid sagen? *[kurnen zee meer beshyte zahgen]*; **I'll let you know** ich werde Ihnen Bescheid sagen *[ich vaird-uh eenen]*; **let me try** lassen Sie es mich versuchen *[lassen zee ess mich fairzoochen]*; **let me go!** lassen Sie mich gehen! *[gayen]*; **let's leave now** wir sollten jetzt gehen *[veer zollten yetst gayen]*; **let's not go yet** bleiben wir noch ein bißchen *[blyben veer noch ine bisschen]*; **will you let me off at ...?** können Sie mich an ... aussteigen lassen? *[kurnen zee mich an ... owss-shtygen]*; **room to let** Zimmer zu vermieten *[tsoo fairmeeten]*
letter ein Brief (*m*) *[breef]*; **are there any letters for me?** ist Post für mich angekommen? *[posst foor mich angekommen]*
letterbox der Briefkasten *[breef—]*
lettuce der Kopfsalat *[kopfzalaht]*
level crossing der Bahnübergang *[bahnoobergang]*
lever der Hebel *[haybel]*
liable (*responsible*) haftbar
liberated: a liberated woman eine emanzipierte Frau *[ine-uh emantsipeert-uh frow]*
library die Bücherei *[boocher'eye']*
licence, license eine Genehmigung *[genaymigoong]*; (*driving*) der Führerschein *[foorershyne]*
license plate das Nummernschild *[noomernshilt]*
lid der Deckel
lido das Freibad *[frybaht]*
lie (*untruth*) die Lüge *[loog-uh]*; **can she lie down for a while?** kann sie sich ein bißchen hinlegen? *[kan zee zich ine bisschen hinlaygen]*; **I want to go and lie down** ich möchte mich gern hinlegen *[ich murcht-uh mich gairn]*
lie-in: I'm going to have a lie-in tomorrow ich werde mich morgen ausschlafen *[ich vaird-uh mich morgen owssshlahfen]*
life das Leben *[layben]*; **not on your life!** nie im Leben! *[nee]*; **that's life** so ist das Leben! *[zo]*
lifebelt der Rettungsgürtel *[rettoongsgoortel]*
lifeboat das Rettungsboot *[rettoongsboht]*
lifeguard (*on beach*) der Rettungsschwimmer *[rettoongs-shvimmer]*
life insurance die Lebensversicherung *[laybensfairzicheroong]*
life jacket die Schwimmweste *[shvimvest-uh]*
lift (*in hotel*) der Aufzug *[owftsook]*; **could you give me a lift?** könnten Sie mich mitnehmen? *[kurnten zee mich mitnaymen]*; **do you want a lift?** kann ich Sie mitnehmen?; **thanks for the lift** danke fürs Mitnehmen; **I got a lift** ich bin mitgenommen worden *[vorden]*
lift pass ein Liftpaß (*m*) *[liftpas]*
light das Licht *[licht]*; (*not heavy*) leicht *[lycht]*; **the light was on** das Licht brannte; **do you have a light?** haben Sie Feuer? *[hahben zee foy-er]*; **a light meal** eine leichte Mahlzeit *[ine-uh lychte-uh mahltsyte]*; **light blue** hellblau *[hellblow]*
light bulb eine Glühbirne *[gloobeern-uh]*
lighter (*cigarette*) ein Feuerzeug (*nt*) *[foyer-tsoyk]*
lighthouse der Leuchtturm *[loychttoorm]*
light meter der Belichtungsmesser *[belichtoongsmesser]*
lightning der Blitz
like: I'd like a beer ich möchte gern ein Bier *[ich murcht-uh gairn]*; **I'd like to ...** ich möchte gern ...; **would you like a ...?** möchten Sie ein ...? *[zee]*; **would you like to come too?** möchten Sie auch kommen?; **I like it** es gefällt mir *[ess gefelt meer]*; **I like you** ich mag dich *[ich mahk dich]*; **I don't like it** es gefällt mir nicht; **he doesn't like it** es gefällt ihm nicht; **do you like ...?** mögen Sie ...? *[murgen zee]*; **I like swimming** ich schwimme gern *[ich shvimm-uh gairn]*; **OK, if you like** gut, wenn Sie möchten *[ven]*; **what's it like?** wie ist es? *[vee]*; **do it like this** machen Sie es so *[zo]*; **one like that** so einen *[ine-en]*
lilo (*tm*) eine Luftmatratze *[looftmatratsuh]*

lime cordial, lime juice ein Limonensaft (*m*) [*lim***oh***nenzaft*]
line (*on paper, road*) die Linie [*l***ee***nee-uh*]; (*of people*) die Reihe [*ry-uh*]; (*telephone*) die Leitung [*lytoong*]; **would you give me a line?** (*tel*) könnten Sie mir ein Amt geben? [*k***ur***nten zee meer ... g***ay***ben*]
linen (*for beds*) die Bettwäsche [*betvesh-uh*]
linguist der Sprachforscher [*shpr***a**CH*forsher*]; **I'm no linguist** ich bin nicht sprachbegabt [*niCHt shpr***a**CH*begahpt*]
lining das Futter [*f***oo***ter*]
lip die Lippe [*lip-uh*]
lip brush der Lippenpinsel [*lippenpinzel*]
lip gloss der Lip-Gloss
lip pencil der Konturenstift [*kont***oo***renshtift*]
lip salve der Lippen-Fettstift [*lippen-fetshtift*]
lipstick der Lippenstift [*lippenshtift*]
liqueur der Likör [*lik***ur**]
liquor der Alkohol [*alkoh***oh***l*]
liquor store eine Spirituosenhandlung [*shpirit***oo***ohzen-h***a***ndloong*]
list die Liste [*list-uh*]
listen: I'd like to listen to ... ich möchte gern ... hören [*iCH m***ur**CH*-uh gairn ... h***u***ren*]; **listen!** hören Sie! [*h***u***ren zee*]
liter, litre der Liter; *see page 120*
litter der Abfall [*apfal*]
little klein [*klyne*]; **just a little, thanks** danke, nur ein bißchen [*n***oo***r ine biss*CH*en*]; **just a very little** nur ein ganz kleines bißchen [*gants klyness*]; **a little cream** ein bißchen Sahne [*ine*]; **a little more** ein bißchen mehr; **a little better** etwas besser [*etvass*]; **that's too little** (*not enough*) das ist zu wenig [*ts***oo*** vay-ni*CH*]
live leben [*l***ay***ben*]; **I live in Manchester/Texas** ich wohne in Manchester/Texas [*iCH v***oh***n-uh in*]; **where do you live?** wo wohnen Sie [*vo v***oh***nen zee*]; **where does he live?** wo wohnt er? [*vo v***oh***nt air*]; **we live together** wir wohnen zusammen [*veer v***oh***nen ts***oo***zammen*]
lively lebhaft [*l***ay***p-haft*]
liver die Leber [*l***ay***ber*]
loaf ein Brot (*nt*) [*broht*]
lobby das Foyer [*foy***ay**]
lobster der Hummer [*h***oo***mmer*]

local: a local wine ein hiesiger Wein [*ine h***ee***ziger vyne*]; **a local newspaper** eine Lokalzeitung [*ine-uh lok***ah***ltsytoong*]; **a local restaurant** ein Restaurant am Ort
lock das Schloß [*shloss*]; **it's locked** es ist abgeschlossen [*ess ist ***a***pgeshlossen*]; **I've locked myself out of my room** ich habe mich aus meinem Zimmer ausgesperrt [*iCH h***a***hb-uh mi*CH* owss mynem tsimmer ***ow***ssgeshpairt*]
locker (*for luggage etc*) das Schließfach [*shl***ee***ssfaCH*]
log: I slept like a log ich habe geschlafen wie ein Klotz [*iCH h***a***hb-uh geshl***ah***fen vee ine klots*]
lollipop ein Lutscher (*m*) [*l***oo***tsher*]
London London [*l***on***-don*]
lonely einsam [*ine-zam*]; **are you lonely?** fühlen Sie sich einsam? [*f***oo***len zee ziCH*]
long lang; **how long does it take?** wie lange dauert es? [*vee lang-uh d***ow***ert ess*]; **is it a long way?** ist es weit? [*vyte*]; **a long time** eine lange Zeit [*ine-uh lang-uh tsyte*]; **I won't be long** ich bin gleich zurück [*gly*CH*e ts***oo**r**ck***]; **don't be long** bleiben Sie nicht so lange [*blyben zee niCHt zo*]; **that was long ago** das ist lange her [*hair*]; **I'd like to stay longer** ich möchte gern länger bleiben [*iCH m***ur**CH*-uh gairn lenger blyben*]; **long time no see!** lange nicht gesehen! [*niCHt gezayen*]; **so long!** tschüs! [*tsh***oo***ss*]
long distance call ein Ferngespräch (*nt*) [*fairn-gespray*CH*]
long drink ein Longdrink (*m*)
loo: where's the loo? wo ist die Toilette [*twalett-uh*]; **I want to go to the loo** ich möchte aufs Klo [*iCH m***ur**CH*-uh owfss*]; **she's in the loo** sie ist auf dem Klo
look: that looks good das sieht gut aus [*dass zeet g***oo***t owss*]; **you look tired** Sie sehen müde aus [*zee z***ay***en m***oo***d-uh owss*]; **I'm just looking, thanks** danke, ich sehe mich nur um [*iCH z***ay***-uh mi*CH* n***oo***r oom*]; **you don't look it** (*your age*) das sieht man Ihnen nicht an [*dass zeet man ***ee***nen ni*CH*t an*]; **look at me** sehen Sie mich an [*z***ay***en zee mi*CH* an*]; **I'm looking for ...** ich suche ... [*z***oo**CH*-uh*]; **look out!** passen Sie auf! [*owff*]; **can I have a look?** kann ich mal sehen?; **can I have a look around?** kann ich mich mal

loose

umsehen? [**oo**mzayen]
loose (button, handle etc) lose [l**oh**z-uh]
loose change das Kleingeld [kl**y**ne-gelt]
lorry der Lastwagen [l**a**sstvahgen]
lorry driver der Lastwagenfahrer [l**a**sstvahgenfahrer]
lose verlieren [fairl**ee**ren]; **I've lost ...** ich habe ... verloren; **I've lost my way** ich habe mich verlaufen [fairl**ow**fen]; (driving) ich habe mich verfahren [fairf**ah**ren]
lost property office, lost and found das Fundbüro [f**oo**ntb**oo**ro]
lot: a lot, lots viel [feel]; **not a lot** nicht sehr viel [ni**cH**t zair]; **a lot of money** eine Menge Geld; **a lot of women** viele Frauen; **a lot cooler** viel kühler; **I like it a lot** ich mag es sehr [i**CH** m**ah**k ess zair]; **is it a lot further?** ist es noch sehr weit? [no**CH** zair v**y**te]; **I'll take the (whole) lot** ich nehme alles [n**ay**m-uh al-ess]
lotion die Lotion [lohts-y**oh**n]
loud laut [lowt]; **the music is rather loud** die Musik ist ziemlich laut
lounge (in hotel) der Gesellschaftsraum [gez**e**lshafftsrowm]; (airport) der Warteraum [v**ah**rt-uh-rowm]
lousy saumäßig [z**ow**mayssi**CH**]
love: I love you ich liebe dich [i**CH** leeb-uh di**CH**]; **he's fallen in love** er hat sich verliebt [air hat zi**CH** fairl**ee**pt]; **I love Germany** ich mag Deutschland sehr gern [i**CH** m**ah**k d**oy**tshlant zair gairn]; **let's make love** willst du mit mir schlafen? [villst d**oo** mit meer shl**ah**fen]
lovely herrlich [h**ai**rli**CH**]
low niedrig [n**ee**dri**CH**]
low beam das Abblendlicht [apbl**e**ntli**CH**t]
LP eine LP [el-pay]
luck das Glück [gl**œ**ck]; **hard luck!** Pech! [pe**CH**]; **good luck!** viel Glück [feel]; **just my luck!** ich habe immer Pech! [i**CH** h**ah**b-uh]; **it was pure luck** es war reines Glück [ess vahr r**y**ness]
lucky: that's lucky! Glück gehabt! [gl**œ**ck geh**ah**pt]
lucky charm ein Talisman (m)
luggage das Gepäck [gep**e**ck]
lumbago der Hexenschuß [h**e**cksenshooss]
lump die Beule [b**oy**l-uh]
lunch das Mittagessen [m**i**ttahkessen]
lungs die Lungen [l**oo**ng-en]
Luxembourg Luxemburg [l**oo**ksembo**o**rk]
luxurious luxuriös [looks**oo**reeurss]
luxury der Luxus [l**oo**ksooss]

M

macho chauvinistisch [shohveen**i**stish]
mad verrückt [fair**œ**ckt]
madam: excuse me madam entschuldigen Sie bitte [entsh**oo**ldigen zee]
magazine eine Zeitschrift [ts**y**te-shrift]
magnificent großartig [gr**oh**ssarti**CH**]
maid (in hotel) das Zimmermädchen [tsimmerm**ay**d**CH**en]
maiden name der Mädchenname [m**ay**d**CH**en-n**ah**m-uh]
mail: is there any mail for me? ist Post für mich da? [posst f**œ**r mi**CH**]
mailbox der Briefkasten [br**ee**fkassten]
main: where's the main post office? wo ist die Hauptpost? [dee h**ow**ptposst]; **that's the main thing** das ist die Hauptsache [dee h**ow**ptza**CH**-uh]; **main road** die Hauptstraße [h**ow**ptshtrahss-uh]
make machen [m**a**CHen]; **do you make them yourself?** machen Sie sie selbst? [zee zee z**e**lpst]; **it's very well made** es ist sehr gut gemacht [zair g**oo**t gem**a**CHt]; **what does that make altogether?** was macht das zusammen [vass m**a**CHt dass ts**oo**zammen]; **I make it only 30 marks** nach meiner Rechnung sind das nur 30 Mark [na**CH** m**y**ner re**CH**noong zint dass n**oo**r]
make-up das Make-up
make-up remover der Make-up-Entferner [entf**ai**rner]
male chauvinist pig der Chauvi

[sh*oh*vee]
man der Mann
manager der Geschäftsführer [gesh*eh*ftsf*œ*rer]; **may I see the manager?** kann ich den Geschäftsführer sprechen? [dayn ... shpr*e*cHen]
manicure die Maniküre [manik*œ*r-uh]
many viele [f*ee*l-uh]
map: a map of ... eine Karte von ... [*ine*-uh k*a*rt-uh fon]; **it's not on this map** es ist nicht auf dieser Karte [n*i*cHt owff d*ee*zer k*a*rt-uh]
March der März [mairts]
marijuana das Marihuana
mark: there's a mark on it es ist ein Fleck darauf [ine fleck dar*owff*]; **could you mark it on the map for me?** können Sie es mir auf der Karte anstreichen? [k*ur*nen zee ess meer owff dair k*a*rt-uh *a*nshtrycHen]
market der Markt
marmalade die Orangenmarmelade [or*o*njen-marmel*a*hd-uh]
married: are you married? Sind Sie verheiratet? [zint zee fairh*y*rahtet]; **I'm married** ich bin verheiratet
mascara die Wimperntusche [v*i*mperntoosh-uh]
mass: I'd like to go to mass ich möchte gern zur Messe gehen [icH m*u*rcHt-uh gairn tsoor m*e*ss-uh g*a*yen]
mast der Mast
masterpiece das Meisterwerk [m*y*stervairk]
matches die Streichhölzer [shtr*y*cHehurltser]
material (cloth) der Stoff [shtoff]
matter: it doesn't matter das macht nichts [dass m*a*cHt n*i*cHts]; **what's the matter?** was ist los? [vass ist lohss]
mattress die Matratze [matr*a*ts-uh]
maximum das Maximum
May der Mai [my]
may: may I have another bottle? kann ich noch eine Flasche haben? [nocH *ine*-uh fl*a*sh-uh h*ah*ben]; **may I?** darf ich?
maybe vielleicht [f*ee*lycHte]; **maybe not** vielleicht nicht
mayonnaise die Mayonnaise [my-on*a*yz-uh]
me: come with me kommen Sie mit mir [k*o*mmen zee mit meer]; **it's for me** es ist für mich [f*œ*r micH]; **it's me** ich bin's [icH binns]; **me too** ich auch [owcH]; see page 111
meal die Mahlzeit [m*ah*ltsyte]; **that was an excellent meal** das war ein herrliches Essen [dass vahr ine h*ai*rlicHess *e*ssen]
mean: what does this word mean? was bedeutet dieses Wort? [vass bed*oy*tet d*ee*zes vort]; **what does he mean?** was meint er? [vass mynt air]
measles die Masern [m*ah*zern]
measurements die Maße [m*ah*ss-uh]
meat das Fleisch [flyshe]
mechanic: do you have a mechanic here? gibt es hier einen Mechaniker? [gipt ess heer *ine*-en mech*a*hniker]
medicine die Medizin [medits*ee*n]
medieval mittelalterlich [—licH]
Mediterranean das Mittelmeer [m*i*ttelmair]
medium mittlerer; (meat) medium [m*a*ydee-oom]
medium dry halbtrocken [halp—]
medium-sized mittelgroß [m*i*ttelgrohss]
meet: pleased to meet you angenehm [*a*ngenaym]; **where shall we meet?** wo sollen wir uns treffen? [vo z*o*llen veer oonss tr*e*ffen]; **let's meet up again** wir sollten uns irgendwann wiedersehen [*ee*rgentvan v*ee*derzayen]
meeting (business etc) die Besprechung [beshpr*e*cHoong]
meeting place der Treffpunkt [—poonkt]
melon eine Melone [mel*oh*n-uh]
member das Mitglied [m*i*tgleet]; **I'd like to become a member** ich möchte gern Mitglied werden [icH m*u*rcHte gairn m*i*tgleet v*a*irden]
mend: can you mend this? können Sie das reparieren? [k*u*rnen zee dass repahr*ee*ren]
men's room die Herrentoilette [h*e*rrentwal*e*tt-uh]
mention: don't mention it gern geschehen [gairn gesh*a*yen]
menu die Speisekarte [shp*y*ze-uh-kart-uh]
mess das Durcheinander [doorcHyne-*a*nder]
message: are there any messages for me? ist eine Nachricht für mich hinterlassen worden? [*ine*-uh n*a*cHricHt foor micH hinterl*a*ssen v*o*rden]; **I'd like to leave a**

message for ... ich möchte eine Nachricht für ... hinterlassen
metal das Metall [met*a*l]
metre, meter der Meter [m*ay*ter]; *see page 119*
midday: at midday mittags [m*i*ttahks]
middle: in the middle in der Mitte [in dair m*i*tt-uh]; **in the middle of the road** in der Mitte der Straße; **in the middle ages** im Mittelalter [im m*i*ttel-al-ter]
midnight: at midnight um Mitternacht [oom m*i*tternacht]
might: I might want to stay another 3 days vielleicht bleibe ich noch 3 Tage länger [f*ee*lyCHte bl*y*be-uh iCH noch ... lenger]; **you might have warned me!** sie hätten mich warnen können! [zee h*e*tten miCH v*ah*rnen k*u*rnen]
migraine die Migräne [migr*ay*n-uh]
mild mild [millt]
mile die Meile [m*y*le-uh]; **that's miles away!** das ist meilenweit entfernt! [m*y*len-vyte entf*ai*rnt]; *see page 119*
mileometer der Kilometerzähler [keelom*ay*tertsayler]
military militärisch [milit*ai*rish]
milk die Milch [milCH]
milkshake ein Milchshake (m)
millimetre, millimeter der Millimeter [millim*ay*ter]
minced meat das Hackfleisch [h*a*ckflyshe]
mind: I don't mind es macht mir nichts aus [ess m*a*cht meer n*i*chts owss]; (either will do etc) ist mir egal [meer ayg*ah*l]; **would you mind if I ...?** hätten Sie etwas dagegen, wenn ich ... [h*e*tten zee *e*tvass dag*ay*gen ven iCH]; **never mind** macht nichts [m*a*cht n*i*CHts]; **I've changed my mind** ich habe es mir anders überlegt [iCH h*ah*b-uh ess meer *a*nderss œberl*ay*kt]
mine: it's mine es gehört mir [ess geh*u*rt meer]; *see page 112*
mineral water das Mineralwasser [miner*ah*lvasser]
minimum das Minimum
mint (sweet) ein Pfefferminz (nt)
minus minus [m*ee*nooss]; **minus 3 degrees** minus 3 Grad [dry graht]
minute die Minute [min*oo*t-uh]; **in a minute** gleich [glyCHe]; **just a minute** Moment mal [m*oh*ment mahl]

mirror der Spiegel [shp*ee*gel]
Miss Fräulein [fr*oy*lyne]
miss: I miss you du fehlst mir [d*oo* faylst meer]; **there is a ... missing** ein(e) ... fehlt [*i*ne(-uh) ... faylt]; **we missed the train** wir haben den Zug verpaßt [veer h*ah*ben dayn ts*oo*k fairp*a*sst]
mist der Nebel [n*ay*bel]
mistake der Fehler [f*ay*ler]; **I think there's a mistake here** ich glaube, da ist ein Fehler [iCH gl*ow*b-uh]
misunderstanding das Mißverständnis [m*i*ssfairshtentniss]
mixture die Mischung [m*i*shoong]
mix-up: there's been a mix-up with ... mit ... ist irgendwas schiefgelaufen [*ee*rgentvass sh*ee*fgelowfen]
modern modern [mod*ai*rn]; **a modern art gallery** eine Galerie für moderne Kunst
moisturizer die Feuchtigkeitscreme [f*oy*CHtiCHkytes-kraym-uh]
moment ein Moment (m) [m*oh*ment]; **I won't be a moment** es dauert nur einen Moment [ess d*o*wert n*oo*r *i*ne-en]
monastery das Kloster [kl*oh*ster]
Monday der Montag [m*oh*ntahk]
money das Geld [gelt]; **I don't have any money** ich habe kein Geld [iCH h*ah*b-uh kyne]; **do you take English/American money?** nehmen Sie englisches/amerikanisches Geld? [n*ay*men zee *e*ng-lishess/amerik*ah*nishess]
month der Monat [m*oh*naht]
monument das Monument [mon*oo*ment]; (statue) das Denkmal [d*e*nkmahl]
moon der Mond [mohnt]
moorings der Ankerplatz
moped das Moped [m*oh*pet]
more mehr [mair]; **may I have some more?** kann ich etwas mehr haben? [kan iCH *e*tvass mair h*ah*ben]; **more water, please** noch etwas Wasser, bitte [noCH *e*tvass]; **no more** nichts mehr; **more expensive** teurer [t*oy*rer]; **more than 50** über 50 [*œ*ber]; **more than that** mehr als das; **a lot more** viel mehr [feel]; **I don't stay there any more** ich wohne nicht mehr da [v*oh*n-uh niCHt]
morning der Morgen; **good morning** guten Morgen [g*oo*ten]; **this morning** heute morgen [h*oy*t-uh]; **in the morning** am Morgen

mosquito die Stechmücke *[shtechmock-uh]*
most: I like this one most dies gefällt mir am besten *[deess gefelt meer am besten]*; **most of the time** die meiste Zeit *[dee myste-uh tsyte]*; **most of the hotels** die meisten Hotels
mother: my mother meine Mutter *[myne-uh mootter]*
motor der Motor *[motohr]*
motorbike das Motorrad *[motohrraht]*
motorboat das Motorboot *[motohrboht]*
motorist der Autofahrer *[owto-fahrer]*
motorway die Autobahn *[owto-bahn]*
motor yacht die Motorjacht *[motohryacht]*
mountain der Berg *[bairk]*; **up in the mountains** in den Bergen *[dayn bairgen]*; **a mountain village** ein Bergdorf *[ine bairkdorff]*
mountaineer der Bergsteiger *[bairkshtyger]*
mountaineering das Bergsteigen *[bairkshtygen]*
mouse eine Maus *[mowss]*
moustache der Schnurrbart *[shnoorbart]*
mouth der Mund *[moont]*
move: he's moved to another hotel er ist in ein anderes Hotel gezogen *[air ist in ine anderess hotel getsohgen]*; **could you move your car?** könnten Sie Ihr Auto wegfahren? *[kurnten zee eer owto veckfahren]*
movie der Film; **let's go to the movies** sollen wir ins Kino gehen? *[zollen veer inss keeno gayen]*

movie camera die Filmkamera
movie theater das Kino *[keeno]*
moving: a very moving tune eine sehr ergreifende Melodie *[zair airgryfend-uh melodee]*
Mr Herr *[hair]*
Mrs Frau *[frow]*
Ms Frau *[frow]*
much viel *[feel]*; **much better** viel besser; **not much** nicht viel *[nicht]*; **not so much** nicht so viel
muffler (*on car*) der Auspufftopf *[owsspoof-topf]*
mug: I've been mugged ich bin überfallen worden *[ooberfal-en vorden]*
muggy drückend *[drockent]*
Munich München *[moonchen]*
mumps die Mumps *[moomps]*
muscle der Muskel *[mooskel]*
museum das Museum *[moozayoom]*
mushrooms die Pilze *[pilts-uh]*
music die Musik *[moozeek]*; **do you have the sheet music for ...?** haben Sie die Noten für ...? *[hahben zee dee nohten foor]*
musician der Musiker *[mooziker]*
mussels die Muscheln *[moosheln]*
must: I must ... ich muß ... *[ich mooss]*; **I mustn't ...** ich darf nicht ...; **you mustn't forget** Sie dürfen nicht vergessen *[zee doorfen nicht fairgessen]*
mustache der Schnurrbart *[shnoorbart]*
mustard der Senf *[zenff]*
my mein *[myne]*; *see page 110*
myself: I'll do it myself ich mache es selbst *[ich mach-uh ess zelpst]*

N

nail (*finger, for wood*) der Nagel *[nahgel]*
nail clippers ein Nagelzwicker (*m*) *[nahgeltsvicker]*
nailfile eine Nagelfeile *[nahgelfyle-uh]*
nail polish der Nagellack *[nahgellack]*
nail polish remover der Nagellackentferner *[nahgellack-entfairner]*
nail scissors eine Nagelschere *[nahgelshair-uh]*

naked nackt
name der Name *[nahm-uh]*; **what's your name?** wie heißen Sie *[vee hyssen zee]*; **what's its name?** wie heißt es? *[hyste]*; **my name is ...** ich heiße *[hyce-uh]*
nap: he's having a nap er macht ein Nickerchen *[air macht ine nickerchen]*
napkin eine Serviette *[zairvee-ett-uh]*
nappy eine Windel *[vindel]*

nappy-liners die Windeleinlagen [v**i**ndel-ine-lahgen]
narrow eng
nasty (*person*) gemein [gem**y**ne]; (*weather, taste*) furchtbar [f**oo**rcHtbar]; (*cut*) schlimm [shl**i**m]
national national [nats-yohn**ah**l]
nationality die Staatsangehörigkeit [sh**ah**tsangehuricHkyte]
natural natürlich [nat**oo**rlicH]
naturally natürlich [nat**oo**rlicH]
nature die Natur [nat**oo**r]
naturist der FKK-Anhänger [eff-kah-kah **a**nhenger]
nausea die Übelkeit [**oo**belkyte]
near: is it near here? ist es in der Nähe? [dair n**a**y-uh]; **near the window** nahe am Fenster [n**a**h-uh]; **do you go near ...?** fahren Sie in die Nähe von ... [f**a**hren zee in dee]; **where is the nearest subway?** wo ist die nächste U-Bahn? [vo ... n**a**ycHst-uh]
nearby in der Nähe [in dair n**a**y-uh]
nearly fast [f**a**sst]
nearside: the nearside front wheel das rechte Vorderrad [r**e**cHt-uh f**o**rder-raht]
neat (*drink*) pur [p**oo**r]
necessary notwendig [n**oh**tvendicH]; **is it necessary to ...?** ist es nötig, zu ...? [n**u**rticH ts**oo**]; **it's not necessary** das ist nicht nötig [n**i**cHt n**u**rticH]
neck der Hals [h**a**lss]
necklace eine Halskette [h**a**lskett-uh]
necktie eine Krawatte [krav**a**tt-uh]
need: I need a ... ich brauche ein(e) ... [icH br**o**wcH-uh **i**ne(-uh)]; **it needs more salt** es muß mehr gesalzen werden [ess mooss mair gez**a**ltsen v**a**irden]; **do I need to ...?** muß ich ...? [mooss icH]; **there's no need** das ist nicht nötig [n**i**cHt n**u**rticH]; **there's no need to shout!** Sie brauchen nicht zu schreien! [zee br**o**wcHen n**i**cHt ts**oo** shr**y**en]
needle die Nadel [n**ah**del]
negative (*film*) das Negativ [n**a**ygateef]
negotiation die Verhandlung [fairh**a**nd-loong]
neighbo(u)r der Nachbar/die Nachbarin [n**a**cHbar(in)]
neighbo(u)rhood die Nachbarschaft [n**a**cHbarshafft]
neither: neither of us keiner von uns [k**y**ner fon oonss]; **neither one (of them)** keiner (von ihnen) [**ee**nen]; **neither ... nor ...** weder ... noch ... [v**a**yder ... n**o**cH]; **neither do I** ich auch nicht [icH **o**wcH n**i**cHt]

nephew: my nephew mein Neffe [myne n**e**ff-uh]
nervous nervös [nairv**u**rss]
net das Netz; **£100 net** £100 netto
nettle die Nessel
neurotic neurotisch [noyr**oh**tish]
neutral (*gear*) der Leerlauf [l**a**irlowff]
never nie [n**ee**]
new neu [n**oy**]
news (*TV etc*) die Nachrichten [n**a**cHricHten]; **is there any news?** gibt es etwas Neues? [gipt ess **e**tvass n**oy**ess]
newspaper eine Zeitung [ts**y**toong]; **do you have any English newspapers?** haben Sie englische Zeitungen [h**ah**ben zee **e**ng-lish-uh ts**y**toongen]
newsstand der Zeitungsstand [ts**y**toongs-shtant]
New Year Neujahr [n**oy**-yahr]; **Happy New Year** frohes neues Jahr [fr**oh**-ess n**oy**ess yahr]
New Year's Eve Silvester
New Zealand Neuseeland [n**oy**z**a**ylant]
New Zealander (*man*) der Neuseeländer [n**oy**z**a**ylender]; (*woman*) die Neeseeländerin
next nächster [n**a**ycHster]; **next to the post office** neben der Post [n**a**yben]; **the one next to that** der daneben [dair d**a**n**a**yben]; **it's at the next corner** es ist an der nächsten Ecke [dair n**a**ycHsten **e**ck-uh]; **next week/next Monday** nächste Woche/nächsten Montag
nextdoor nebenan [n**a**yb**e**n**a**n]
next of kin die nächsten Angehörigen [dee n**a**ycHsten **a**ngehurigen]
nice (*person, town*) nett; (*meal*) gut [g**oo**t]; **that's very nice of you** das ist sehr nett von Ihnen [fon **ee**nen]; **a nice cold drink** ein schöner kalter Drink [sh**u**rner]
nickname der Spitzname [shp**i**tsnahm-uh]
niece: my niece meine Nichte [m**y**ne-uh n**i**cHt-uh]
night die Nacht [n**a**cHt]; **for one night** für eine Nacht [f**u**r **i**ne-uh]; **for three nights** für drei Nächte [n**e**cHt-uh]; **good night** gute Nacht [g**oo**t-uh]; **at night** nachts

nightcap (*drink*) ein Schlummertrunk (*m*) [shl**oo**mertroonk]
nightclub ein Nachtklub (*m*) [n**a**CHtkloob]
nightdress das Nachthemd [n**a**CHt-hemt]
night flight der Nachtflug [n**a**CHtfl**oo**k]
nightie das Nachthemd [n**a**CHt-hemt]
night-life das Nachtleben [n**a**CHtlayben]
nightmare der Alptraum [**a**lptrowm]
night porter der Nachtportier [n**a**CHtportyay]
nit (*bug*) die Nisse [n**i**ss-uh]
no nein [nyne]; **I've no money** ich habe kein Geld [iCH h**a**hb-uh kyne gelt]; **there's no more** es ist nichts mehr da [niCHts mair]; **no more than ...** nicht mehr als ...; **oh no!** (*upset*) nein!
nobody keiner [kyner]
noise der Lärm [lairm]
noisy laut [lowt]; **it's too noisy** es ist zu laut
non-alcoholic alkoholfrei [alkoh**oh**lfry]
none keiner [kyner]; **none of them** keiner von ihnen [fon **ee**nen]
nonsense der Unsinn [**oo**nzin]
non-smoking Nichtraucher [n**i**CHtrowCHer]
non-stop (*drive etc*) nonstop
no-one keiner [kyner]
nor: nor do I ich auch nicht [iCH owCH niCHt]
normal normal [norm**ah**l]
north der Norden; **to the north** nach Norden
northeast der Nordosten [nort-**o**ssten]; **to the northeast** nach Nordosten
Northern Ireland Nordirland [nort**ee**rlant]
North Germany Norddeutschland [nort-doytshlant]

Norway Norwegen [n**o**rvaygen]
northwest der Nordwesten [nortv**e**sten]; **to the northwest** nach Nordwesten
nose die Nase [n**ah**z-uh]
nosebleed Nasenbluten [n**ah**zenbl**oo**ten]
not nicht [niCHt]; **I don't smoke** ich rauche nicht [iCH r**o**wCH-uh niCHt]; **he didn't say that** das hat er nicht gesagt [gez**ah**kt]; **it's not important** es ist nicht wichtig; **not that one** nicht diesen [d**ee**zen]; **not for me** nicht für mich; *see page 117*
note (*bank note*) der Schein [shyne]
notebook ein Notizbuch (*nt*) [noht**ee**tsb**oo**CH]
nothing nichts [niCHts]
November der Nov**e**mber
now jetzt [yetst]; **not just now** jetzt nicht
nowhere nirgendwo [n**ee**rgentvo]
nudist der FKK-Anhänger [eff-kah-kah **a**nhenger]
nudist beach der FKK-Strand [eff-kah-kah shtrant]
nuisance: he's being a nuisance er belästigt mich [air bel**e**stiCHt miCH]
numb taub [towp]
number die Nummer [n**oo**mmer]; **what number?** welche Nummer? [v**e**lCH-uh]
number plate das Nummernschild [n**oo**mmern-shilt]
nurse die Krankenschwester [kr**a**nkenshvester]
nursery (*at airport etc*) der Kinderhort
nursery slope der Anfängerhügel [**a**nfengerh**oo**gel]
nut eine Nuß [n**oo**ss]; (*for bolt*) eine Schraubenmutter [shr**ow**benmootter]
nutter: he's a nutter er ist verrückt [air ist fairr**oo**ckt]

O

oar das Ruder [r**oo**der]
obligatory obligatorisch [obligat**oh**rish]
oblige: much obliged herzlichen Dank [h**air**tsliCHen dank]
obnoxious (*person*) widerwärtig [v**ee**dervairtiCH]
obvious: that's obvious das ist offensichtlich [**o**ffenz**i**CHtliCH]
occasionally gelegentlich [gel**ay**gentliCH]

o'clock see page 118
October der Oktober
odd (number) ungerade [*oo*ngrahd-uh]; (strange) seltsam [*zelt*zam]
odometer der Kilometerzähler [keelo-*may*tertsayler]
of von [fon]; **the name of the hotel** der Name des Hotels [dair n*ah*m-uh dess h*o*tels]; **have one of mine** nehmen Sie eins von meinen [*ine*-ss fon m*y*nen]; see page 107
off: it just broke off es ist einfach abgebrochen [*ine*-fach *a*pgebrochen]; **20% off** 20% Ermäßigung [airm*ay*ssigoong]; **the lights were off** das Licht war aus [dass licht var owss]; **just off the main road** ganz in der Nähe der Hauptstraße [gants in dair n*ay*-uh dair h*ow*pt-shtrahss-uh]
offend: don't be offended nehmen Sie das nicht übel [n*ay*men zee dass nicht *oo*bel]
office das Büro [b*oo*ro]
officer (said to policeman) Herr Wachtmeister [v*a*chtmyster]
official der Beamte (be-*a*mt-uh]; **is that official?** ist das amtlich? [*a*mtlich]
off-season die Nebensaison [n*ay*ben-zayzong]
off-side: the front off-side wheel das linke Vorderrad [l*i*nk-uh f*o*rder-raht]
often oft; **not often** nicht oft
oil das Öl [url]; **it's losing oil** es verliert Öl [fairl*ee*rt]; **will you change the oil?** könnten Sie einen Ölwechsel machen? [k*u*rnten zee *ine*-en *u*rlvecksel m*a*chen]; **the oil light's flashing** das Öllämpchen blinkt [*u*rllempchen]
oil painting ein Ölgemälde (nt) [*u*rlge-mayld-uh]
oil pressure der Öldruck [*u*rldroock]
ointment die Salbe [z*a*lb-uh]
OK okay; **are you OK?** sind Sie okay?; **that's OK thanks** danke, das ist in Ordnung [in *o*rdnoong]; **that's OK by me** das ist mir recht [meer recht]
old alt; **how old are you?** wie alt sind Sie? [vee alt zint zee]
old-age pensioner der Rentner
old-fashioned altmodisch [*a*ltmohdish]
old town die Altstadt [*a*ltshtatt]
olive die Olive [ol*ee*v-uh]
olive oil das Olivenöl [ol*ee*venurl]

omelet(te) ein Omelett (nt)
on auf [owff]; **on the beach** am Strand [am shtrant]; **on Friday** am Freitag; **on television** im Fernsehen; **I don't have it on me** ich habe es nicht bei mir [ich h*ah*b-uh ess nicht by meer]; **this drink's on me** dieser Drink ist auf meine Rechnung [d*ee*zer drink ist owff m*y*ne-uh r*ech*noong]; **a book on Hamburg** ein Buch über Hamburg [*oo*ber]; **the light was on** das Licht war an [licht vahr an]; **what's on in town?** was läuft in der Stadt? [vass loyft in dair shtatt]; **it's just not on!** (not acceptable) das ist nicht drin! [nicht drin]
once einmal [*ine*-mahl]; **at once** sofort [zof*o*rt]
one eins [*ine*-ss]; **that one** das da; **the green one** der/die/das grüne [dair/dee/dass gr*oo*n-uh]; **the one with the black dress on** die mit dem schwarzen Kleid; **the one in the blue shirt** der mit dem blauen Hemd
onion eine Zwiebel [tsv*ee*bel]
only: only one nur einer [noor *ine*-er]; **only once** nur einmal; **it's only 9 o'clock** es ist erst neun Uhr [airst]; **I've only just arrived** ich bin gerade erst angekommen [ich bin ger*ah*d-uh airst *a*ngekommen]
open (adj) offen; **when do you open?** wann machen Sie auf? [van m*a*chen zee owff]; **in the open** (open air) im Freien [im fry-en]; **it won't open** es geht nicht auf [ess gayt nicht owff]
opening times die Öffnungszeiten [*u*rfnoongstsyten]
opera die Oper [*oh*per]
operation (med) eine Operation [operats-y*oh*n]
operator (tel) die Vermittlung [fairmitt-loong]
opportunity die Gelegenheit [gel*ay*gen-hyte]
opposite: opposite the church gegenüber der Kirche [gaygen*oo*ber dair k*ee*rch-uh]; **it's directly opposite** es ist genau gegenüber [gen*ow*]
oppressive (heat) drückend [dr*oo*ckent]
optician der Augenarzt [*ow*genartst]
optimistic optimistisch [optim*i*stish]
or oder [*oh*der]
orange (fruit) eine Orange [or*o*nj-uh]; (colour) orange

orange juice ein Orangensaft (*m*) *[oronjenzaft]*
orchestra das Orchester *[orkester]*
order: could we order now? können wir jetzt bestellen? *[kurnen veer yetst beshtellen]*; **I've already ordered** ich habe schon bestellt *[iCH hahb-uh shohn]*; **I didn't order that** das habe ich nicht bestellt; **it's out of order** (*elevator etc*) es ist außer Betrieb *[owsser betreep]*
ordinary normal *[normahl]*
organization die Organisation *[organeezats-yohn]*
organize organisieren *[organeezeeren]*; **could you organize it?** könnten Sie das organisieren? *[kurnten zee dass]*
original: is it an original? ist es ein Original? *[ine originahl]*
ornament (*for room etc*) ein Ziergegenstand (*m*) *[tseergaygenshtant]*
ostentatious protzig *[protsiCH]*
other: the other waiter der andere Kellner *[dair ander-uh]*; **the other one** der/die/das andere; **do you have any others?** haben Sie noch andere? *[hahben zee noCH]*; **some other time, thanks** danke, vielleicht ein anderes Mal *[feelyCHt ine anderess mahl]*
otherwise sonst *[zonst]*
ouch! autsch! *[owtsh]*
ought: he ought to be here soon er müßte bald hier sein *[air moosst-uh balt heer zyne]*
ounce *see page 120*
our unser *[oonzer]*; *see page 110*
ours unserer *[oonzerer]*; *see page 112*
out: he's out (*of building etc*) er ist nicht im Hause *[air ist niCHt im howz-uh]*; **get out!** raus! *[rowss]*; **I'm out of money** mir ist das Geld ausgegangen *[meer ist dass gelt owssgegangen]*; **a few kilometres out of town** einige Kilometer außerhalb der Stadt *[ine-ig-uh keelomayter owsserhalp dair shtatt]*

outboard (motor) der Außenbordmotor *[owssenbort-motohr]*
outdoors draußen *[drowssen]*
outlet (*elec*) die Steckdose *[shteckdohz-uh]*
outside: can we sit outside? können wir draußen sitzen? *[drowssen]*
outskirts: on the outskirts of ... am Stadtrand von ... *[am shtattrant fon]*
oven der Ofen *[ohfen]*
over: over here hier *[heer]*; **over there** dort; **over 100** über 100 *[oober]*; **I'm burnt all over** ich bin ganz verbrannt *[iCH bin gants fairbrannt]*; **the holiday's over** der Urlaub ist vorbei *[for-by]*
overcharge: you've overcharged me Sie haben mir zuviel berechnet *[zee hahben meer tsoofeel bereCHnet]*
overcoat ein Mantel (*m*)
overcooked verkocht *[fairkoCHt]*
overdrive der Schnellgang *[shnellgang]*
overexposed überbelichtet *[ooberbeliCHtet]*
overheat: it's overheating (*car*) es läuft heiß *[ess loyft hyce]*
overland auf dem Landweg *[owff daym lantvayk]*
overlook: overlooking the Rhine mit Blick auf den Rhein *[owff]*
overnight über Nacht *[oober naCHt]*
oversleep: I overslept ich habe mich verschlafen *[iCH hahb-uh miCH fairshlahfen]*
overtake überholen *[ooberhohlen]*
overweight zu schwer *[tsoo shvair]*
owe: how much do I owe you? was bin ich Ihnen schuldig? *[vass bin iCH eenen shooldiCH]*
own: my own ... mein eigener ... *[myne 'eye'gener]*; **are you on your own?** sind Sie allein hier? *[zint zee alyne heer]*; **I'm on my own** ich bin allein hier
owner der Besitzer
oyster eine Auster *[owsster]*

P

pack: a pack of cigarettes eine Schachtel Zigaretten [*ine*-uh sh**a**cHtel]; **I'll go and pack** ich gehe packen [*icH g***a**y*-uh*]
package das Paket [p**a**ckayt]
package holiday, package tour eine Pauschalreise [p**o**wsh**ah**lryze-uh]
packed lunch ein Mittagessen (*nt*) zum Mitnehmen [m**i**ttahkessen tsoom m**i**tnaymen]
packed out: the place was packed out es war dort gerammelt voll [ess vahr dort ger**a**mmelt foll]
packet (*parcel*) das Paket [p**a**ckayt]; **a packet of cigarettes** eine Schachtel Zigaretten [*ine*-uh sh**a**cHtel]
paddle das Paddel
padlock ein Vorhängeschloß [f**o**rheng-uh-shloss]
page (*of book*) die Seite [z**y**te-uh]; **could you page him?** können Sie ihn ausrufen lassen? [k**u**rnen zee een **o**wssr**oo**fen]
pain der Schmerz [shm**ai**rts]; **I have a pain here** ich habe hier Schmerzen [*icH* h**ah**b-uh heer]
painful schmerzhaft [shm**ai**rts-haft]
painkillers ein Schmerzmittel (*nt*) [shm**ai**rtsmittel]
paint (*noun*) die Farbe [f**a**rb-uh]; **I'm going to do some painting** (*pictures*) ich werde ein bißchen malen [*icH* v**ai**rd-uh *ine* b**i**ssCHen m**ah**len]
paintbrush der Pinsel [p**i**nzel]
painting das Bild [bilt]
pair: a pair of ... ein Paar ... [pahr]
pajamas ein Schlafanzug (*m*) [shl**ah**fants**oo**k]
Pakistan Pakistan
Pakistani (*adj*) pakistanisch [pakist**ah**n-ish]; (*man*) der Pakistaner [pakist**ah**ner]; (*woman*) die Pakistanerin
pal der Kumpel [k**oo**mpel]
palace der Palast
pale blaß [blass]; **pale blue** zartblau [ts**a**rtblow]
palpitations Herzklopfen [h**ai**rtsklopfen]

pancake ein Pfannkuchen (*m*) [pf**a**nn-k**oo**cHen]
panic: don't panic! keine Panik! [k**y**ne-uh p**ah**nik]
panties ein Höschen (*nt*) [h**u**rssCHen]
pants (*trousers*) eine Hose [h**o**hz-uh]; (*underpants*) eine Unterhose [**oo**nter—]
panty girdle ein Miederhöschen (*nt*) [m**ee**derhurssCHen]
pantyhose eine Strumpfhose [shtr**oo**mpfhohz-uh]
paper das Papier [papp**ee**r]; (*newspaper*) eine Zeitung [tsyt**oo**ng]; **a piece of paper** ein Stück (*nt*) Papier [*ine* sht**œ**ck papp**ee**r]
paper handkerchiefs die Papiertaschentücher [papp**ee**rtashent**œ**cHer]
paraffin das Paraffin
parallel: parallel to ... parallel zu ... [parral**a**yl ts**oo**]
paralytic (*drunk*) blau [blow]
parasol (*over table*) ein Sonnenschirm (*m*) [z**o**nnensheerm]
parcel das Paket [p**a**ckayt]
pardon (me)? (*didn't understand*) bitte? [b**i**tt-uh]
parents: my parents meine Eltern [m**y**ne-uh **e**ltern]
parents-in-law die Schwiegereltern [shv**ee**gereltern]
park der Park; **where can I park?** wo kann ich parken? [*vo* kan *icH* p**a**rken]; **there's nowhere to park** man kann nirgends parken [man kan n**ee**rgents]
parka ein Parka (*m*)
parking lights das Parklicht [p**a**rklicHt]
parking lot ein Parkplatz (*m*) [p**a**rkplats]
parking place: there's a parking place! da ist ein Parkplatz! [*ine* p**a**rkplats]
part ein Teil (*nt*) [tyle]
part exchange die Inzahlungnahme [ints**ah**loongnahm-uh]
partner der Partner; (*woman*) die Partnerin
party (*group*) die Gruppe [gr**oo**pp-uh];

(*celebration*) die Fete [f*ay*t-uh]; **let's have a party** wir sollten eine Party machen [veer z*o*llten *ine*-uh p*a*rtee m*a*cHen]
pass (*mountain*) der Paß [pas]; (*overtake*) überholen [*oo*berh*oh*len]; **he passed out** er ist umgekippt [*oo*mgekippt]; **he made a pass at me** er hat bei mir einen Annäherungsversuch gemacht [air hat by meer *ine*-en an-nayeroongs-fairz*ooch* gem*a*cHt]
passable (*road*) bef*a*hrbar
passenger der Passagier [passaj*eer*]
passport der Paß [pas]
past: in the past in der Vergangenheit [in dair fairg*a*ngenhyte]; **just past the bank** kurz hinter der Bank; *see page 118*
pastry der Teig [tyke]; (*cake*) ein Teilchen (*nt*) [t*y*lcHen]
patch: could you put a patch on this? könnten Sie das flicken? [k*u*rnten zee]
pâté die Pastete [passt*ay*t-uh]
path der Weg [vayk]
patient: be patient haben Sie Geduld [h*ah*ben zee ged*oo*lt]
patio die Terrasse [terr*a*ss-uh]
pattern (*on cloth etc*) das Muster [m*oo*ster]; **a dress pattern** ein Schnittmuster [shn*i*ttmooster]
paunch der Bauch [bowcH]
pavement (*sidewalk*) der Bürgersteig [b*oo*rgershtyke]
pay bezahlen [bets*ah*len]; **can I pay, please?** kann ich bezahlen, bitte? [b*i*tt-uh]; **it's already paid for** es ist schon bezahlt [shohn bets*ah*lt]; **I'll pay for this** das bezahle ich
pay phone ein Münzfernsprecher (*m*) [m*oo*ntsfairnshprecHer]
peace and quiet Ruhe [r*oo*-uh]
peach ein Pfirsich (*m*) [pf*ee*rzicH]
peanuts die Erdnüsse [airtn*oo*ss-uh]
pear eine Birne [b*ee*rn-uh]
peas die Erbsen [*air*psen]
pearl die Perle [p*air*l-uh]
peculiar (*taste, custom etc*) eigenartig [*'eye*'-genarticH]
pedal das Pedal [ped*ah*l]
pedalo ein Tretboot (*nt*) [tr*ay*tboht]
pedestrian der Fußgänger [f*oo*ssgenger]
pedestrian crossing der Fußgängerüberweg [f*oo*ssgenger-*oo*bervayk]
pedestrian precinct die Fußgängerzone [f*oo*ssgengertsohn-uh]

pee: I need to go for a pee ich muß mal pinkeln gehen [icH mooss mahl pinkeln g*ay*en]
peeping Tom ein Spanner (*m*) [shp*a*nner]
peg (*for washing*) die Wäscheklammer [v*e*sh-uh-klammer]; (*for tent*) der Hering [h*ai*ring]
pen ein Kugelschreiber (*m*) [k*oo*gelshryber]; **do you have a pen?** haben Sie einen Stift? [h*ah*ben zee *ine*-en shtift]
pencil ein Bleistift (*m*) [bly-shtift]
pen friend der Brieffreund [br*ee*f-froynt]
penicillin das Penizillin [penitsill*ee*n]
penknife ein Taschenmesser (*nt*) [t*a*shenmesser]
pen pal der Brieffreund [br*ee*f-froynt]
pensioner der Rentner
people die Leute [l*oy*t-uh]; **a lot of people** viele Leute [f*ee*l-uh]; **German people** die Deutschen [dee d*oy*tshen]
pepper (*spice*) der Pfeffer; **green/red pepper** eine grüne/rote Paprikaschote [*ine*-uh gr*oo*n-uh/r*oh*t-uh p*a*prikashoht-uh]
peppermint (*sweet*) ein Pfefferminz (*nt*) [*—mints*]
per: per night pro Nacht; **how much per hour?** was kostet es pro Stunde? [vass]
per cent Prozent [prots*e*nt]
perfect perfekt [pairf*e*kt]
perfume das Parfüm [parf*oo*m]
perhaps vielleicht [feel*y*cHte]
period (*of time*) die Zeit [tsyte]; (*woman's*) die Periode [pairee-*oh*d-uh]
perm eine Dauerwelle [d*o*wervell-uh]
permit die Genehmigung [gen*ay*migoong]
person eine Person [pairz*oh*n]
pessimistic pessimistisch [pessim*i*stish]
petrol das Benzin [bents*ee*n]
petrol can der Reservekanister [rez*ai*rv-uh-kanister]
petrol station eine Tankstelle [t*a*nkshtell-uh]
petrol tank der Tank
pharmacy eine Apotheke [appot*ay*k-uh]
phone *see* **telephone**
photogenic fotogen [fotog*ay*n]
photograph ein Foto (*nt*); **would you take a photograph of us?** könnten Sie ein Bild von uns machen? [k*u*rnten zee ine bilt fon oonss m*a*cHen]
photographer der Fotograf [fotogr*ah*f]

phrase: a useful phrase ein nützlicher Ausdruck [ine nootslicher owssdroock]
phrasebook ein Sprachführer (m) [shprahchfoorer]
pianist ein Klavierspieler [klaveershpeeler]
piano ein Klavier (nt) [klaveer]
pickpocket ein Taschendieb (m) [tashendeep]
pick up: when can I pick them up? wann kann ich sie abholen? [van kan ich zee ap-hohlen]; **will you come and pick me up?** können Sie mich abholen? [kurnen zee]
picnic ein Picknick (nt)
picture ein Bild (nt) [bilt]
pie (meat) eine Pastete [pastayt-uh]; (fruit) ein Obstkuchen (m) [ohpst-koochen]
piece ein Stück (nt) [shtoock]; **a piece of ...** ein Stück ...
pig ein Schwein (nt) [shvyne]
pigeon eine Taube [towb-uh]
piles (med) Hämorrhoiden [hemorreeden]
pile-up ein Massenzusammenstoß (m) [massen-tsoozammen-shtohss]
pill eine Pille [pill-uh]; **I'm on the pill** ich nehme die Pille [ich naym-uh dee]
pillarbox ein Briefkasten (m) [breefkasten]
pillow ein Kissen (nt)
pillow case ein Kissenbezug (m) [kissenbetsook]
pin eine Nadel [nahdel]
pineapple eine Ananas [ananas]
pineapple juice ein Ananassaft (m) [ananas-zaft]
pink rosa [rohza]
pint see page 121
pipe das Rohr; (smoking) eine Pfeife [pfyfe-uh]
pipe cleaners die Pfeifenreiniger [pfyfenryniger]
pipe tobacco der Pfeifentabak [pfyfentabak]
pity: it's a pity es ist schade [shahd-uh]
pizza eine Pizza
place: is this place taken? ist dieser Platz besetzt? [deezer plats bezetst]; **would you keep my place for me?** könnten Sie mir den Platz freihalten? [kurnten zee meer dayn plats fryhalten]; **at my place** bei mir [by meer]
place mat ein Set

plain (food) einfach [ine-fach]; (not patterned) uni [oonee]
plane das Flugzeug [flooktsoyk]
plant eine Pflanze [pflants-uh]
plaster cast ein Gipsverband (m) [gipssfairbant]
plastic das Plastik
plastic bag eine Plastiktüte [plastiktoot-uh]
plate ein Teller (m)
platform der Bahnsteig [bahnshtyke]; **which platform, please?** welches Gleis, bitte? [velches glyce bitt-uh]
play (verb) spielen [shpeelen]; (in theatre) das Stück [shtoock]
playboy ein Playboy (m)
playground ein Spielplatz (m) [shpeelplats]
pleasant angenehm [angenaym]
please: could you please ...? könnten Sie bitte ... [kurnten zee bitt-uh]; **yes please** ja bitte [yah]
plenty: plenty of ... viel ... [feel]; **that's plenty, thanks** das ist genug, danke [genook dank-uh]
pleurisy die Brustfellentzündung [broost-fell-entsoondoong]
pliers eine Zange [tsang-uh]
plonk der Wein [vyne]
plug (elec) ein Stecker (m) [shtecker]; (car) eine Zündkerze [tsoontkairts-uh]; (bathroom) der Stöpsel [shturpsel]
plughole der Abfluß [apflooss]
plum eine Pflaume [pflowm-uh]
plumber ein Klempner (m)
plus plus [plooss]
p.m.: at 4 p.m. um 4 Uhr nachmittags [nachmittahks]; **at 9 p.m.** um 9 Uhr abends [ahbents]
pneumonia eine Lungenentzündung [loongen-entsoondoong]
poached eggs verlorene Eier [fairlohren-uh 'eye'-er]
pocket die Tasche [tash-uh]; **in my pocket** in meiner Tasche [myner]
pocketbook (woman's bag) eine Handtasche [hant-tash-uh]
pocketknife ein Taschenmesser [tashenmesser]
podiatrist der Fußpfleger [fooss-pflayger]
point: could you point to it? könnten Sie darauf zeigen? [kurnten zee darowff tsygen]; **four point six** vier Komma sechs;

there's no point es hat keinen Sinn *[ess hat kynen zin]*
points *(car)* die Unterbrecherkontakte *[oonterbrecher-kontakt-uh]*
poisonous giftig *[gifticH]*
police die Polizei *[polits-'eye']*; **call the police!** rufen Sie die Polizei! *[roofen zee dee]*
policeman der Polizist *[politsist]*
police station die Polizeiwache *[polits-'eye'-vacH-uh]*
polish die Creme *[kraym-uh]*; **will you polish my shoes?** können Sie meine Schuhe putzen? *[kurnen zee myne-uh shoo-uh pootsen]*
polite höflich *[hurflicH]*
politician der Politiker *[poleetiker]*
politics die Politik *[politteek]*
polluted verschmutzt *[fairshmootst]*
pond ein Teich *(m)* *[tycHe]*
pony ein Pony *(nt)* *[ponnee]*
pool *(swimming)* ein Becken *(nt)*; *(game)* Poolbillard *[poolbillyart]*
pool table der Billardtisch *[billyart-tish]*
poor *(not rich)* arm; *(quality etc)* schlecht *[shlecHt]*; **poor old Wolfgang!** der arme Wolfgang! *[dair arm-uh volfgang]*
pope der Papst *[pahpst]*
pop music die Popmusik *[popmoozeek]*
pop singer der Popsänger *[popzenger]*
popular beliebt *[beleept]*
population die Bevölkerung *[befurlkeroong]*
pork das Schweinefleisch *[shvyne-uh-flysh]*
port *(for boats)* der Hafen *[hahfen]*; *(drink)* ein Portwein *(m)* *[portvyne]*
porter *(hotel)* der Portier *[portyay]*; *(for luggage)* der Gepäckträger *[gepecktrayger]*
portrait das Porträt *[portray]*
Portugal Portugal *[portoogahl]*
poser *(phoney person)* ein Angeber *(m)* *[angayber]*
posh vornehm *[fornaym]*
possibility die Möglichkeit *[murglicHkyte]*
possible möglich *[murglicH]*; **is it possible to ...?** ist es möglich, zu ...?; **as ... as possible** so ... wie möglich *[zo ... vee]*
post *(mail)* die Post *[posst]*; **could you post this for me?** könnten Sie das für mich aufgeben? *[kurnten zee dass foor micH owffgayben]*
postbox ein Briefkasten *(m)* *[breefkassten]*
postcard eine Postkarte *[posstkart-uh]*
poster ein Plakat *(nt)* *[plakaht]*
poste restante postlagernd *[posstlahgernt]*
post office das Postamt *[posstamt]*
pot ein Topf *(m)*; **a pot of tea** eine Kanne Tee *[ine-uh kann-uh tay]*; **pots and pans** das Kochgeschirr *[kocHgesheer]*
potato die Kartoffel
potato chips die Chips *[ships]*
potato salad der Kartoffelsalat *[kartoffelzalaht]*
pottery die Töpferei *[turpfer-'eye']*; *(items)* Töpferwaren *[—vahren]*
pound *(money, weight)* das Pfund *[pfoont]*; *see page 120*
pour: it's pouring down es regnet in Strömen *[ess raygnet in shtrurmen]*
powder *(for face)* der Puder *[pooder]*
powdered milk das Milchpulver *[milcHpoolver]*
power cut ein Stromausfall *(m)* *[shtrohmowss-fal]*
power point eine Steckdose *[shteckdohzuh]*
power station das Kraftwerk *[kraftvairk]*
practise, practice: I need to practise ich brauche Übung *[icH browcH-uh ooboong]*
pram der Kinderwagen *[kindervahgen]*
prawn cocktail ein Krabbencocktail *(m)*
prawns die Garnelen *[garnaylen]*
prefer: I prefer white wine ich mag lieber Weißwein *[icH mahk leeber]*
preferably: preferably not tomorrow wenn möglich, nicht morgen *[ven murglicH]*
pregnant schwanger *[shvanger]*
prescription ein Rezept *(nt)* *[raytsept]*
present: at present zur Zeit *[tsoor tsyte]*; **here's a present for you** hier ist ein Geschenk für Sie *[ine geshenk foor zee]*
president der Präsident *[prezeedent]*
press: could you press these? könnten Sie das für mich bügeln? *[kurnten zee dass foor micH boogeln]*
pretty hübsch *[hoopsh]*; **it's pretty expensive** es ist ganz schön teuer *[gants shurn toyer]*
price der Preis *[pryce]*

priest ein Geistlicher (m) [gystlicher]
prime minister der Premierminister [premyayminister]
print (picture) ein Abzug (m) [aptsook]
printed matter die Drucksache [droockzach-uh]
priority (in driving) die Vorfahrt [forfart]
prison das Gefängnis [gefengniss]
private privat [privaht]; **private bath** ein eigenes Bad (nt) [ine 'eye-geness baht]
prize der Preis [pryce]
probably wahrscheinlich [vahrshynelich]
problem das Problem [problaym]; **I have a problem** ich habe ein Problem [ich hahb-uh ine]; **no problem** kein Problem [kyne]
product das Produkt [prodookt]
program(me) das Programm
promise: I promise ich verspreche es [fairshprech-uh]; **is that a promise?** ganz bestimmt? [gants beshtimmt]
pronounce: how do you pronounce this word? wie spricht man dieses Wort aus? [vee shpricht man deezess vort owss]
properly: it's not repaired properly es ist nicht richtig repariert worden [nicht richtich repareert vorden]
prostitute eine Prostituierte [prostitooeert-uh]
protect schützen [shootsen]
protection factor der Lichtschutzfaktor [lichtshootsfaktor]
protein remover (for contact lenses) der Protein-Entferner [pro-te-een-entfairner]
Protestant protestantisch [protestantish]
proud stolz [shtolts]
prunes die Backpflaumen [backpflowmen]

public (adj) öffentlich [urfentlich]
public convenience eine öffentliche Toilette [urfentlich-uh twalett-uh]
public holiday ein gesetzlicher Feiertag [gezetslicher fy-er-tahk]
pudding (dessert) der Nachtisch [nachtish]
pull (verb) ziehen [tsee-en]; **he pulled out without indicating** er ist ohne zu blinken ausgeschert [air ist ohn-uh tsoo blinken owssgeshairt]
pullover ein Pullover (m) [poolohfer]
pump eine Pumpe [poomp-uh]
punctual pünktlich [poonktlich]
puncture eine Reifenpanne [ryfenpanuh]
pure rein [ryne]
purple lila [leela]
purse das Portemonnaie [portmonay]; (handbag) die Handtasche [hant-tash-uh]
push (verb) schieben [sheeben]; **don't push in!** (into queue) drängeln Sie sich nicht vor! [drengeln zee zich nicht for]
push-chair ein Sportwagen (m) [shportvahgen]
put: where did you put it? wo haben Sie es hingetan? [vo hahben zee ess hingetahn]; **where can I put it?** wo kann ich es lassen? [vo kan ich ess lassen]; **could you put the lights on?** könnten Sie das Licht anmachen? [kurnten zee dass licht anmachen]; **will you put the light out?** könnten Sie das Licht ausmachen? [owssmachen]; **you've put the price up** Sie haben den Preis erhöht [zee hahben dayn pryce airhurt]; **could you put us up for the night?** könnten Sie uns für eine Nacht unterbringen? [oonss foor ine-uh nacht oonterbringen]
pyjamas ein Schlafanzug (m) [shlahfantsook]

Q

quality die Qualität [kvalitayt]; **poor quality** schlechte Qualität [shlecht-uh]; **good quality** gute Qualität [goot-uh]
quarantine die Quarantäne [kvarrantayn-uh]
quart see page 121
quarter ein Viertel (nt) [feertel]; **a quarter of an hour** eine Viertelstunde [feer-

telshtoond-uh]; see page 118
quay der Kai *[ky]*
quayside: on the quayside am Kai *[ky]*
question eine Frage *[frahg-uh]*; **out of the question** das kommt nicht in Frage
queue die Schlange *[shlang-uh]*; **there was a big queue** dort war eine lange Schlange *[dort vahr ine-uh lang-uh]*
quick schnell *[shnell]*; **that was quick** das war schnell *[dass vahr]*; **which is the quickest way?** wie komme ich am

schnellsten dorthin? *[vee komm-uh ıcн am shnellsten dort-hin]*
quickly schnell *[shnell]*
quiet (*place, hotel*) ruhig *[rōōıcн]*; **be quiet** seien Sie still *[zy-en zee shtill]*
quinine das Chinin *[cнıneen]*
quite: quite a lot eine ganze Menge *[ine-uh gants-uh meng-uh]*; **it's quite different** es ist ganz anders *[gants anderss]*; **I'm not quite sure** ich bin nicht ganz sicher *[nıcнt gants zıcнer]*

R

rabbit ein Kaninchen (*nt*) *[kaneencнen]*
rabies die Tollwut *[tol-vōōt]*
race (*horses, cars*) das Rennen; **I'll race you there** wir laufen dorthin um die Wette *[veer lowfen dort-hin oom dee vett-uh]*
racket (*tennis etc*) der Schläger *[shlayger]*
radiator (*car*) der Kühler *[køler]*; (*in room*) der Heizkörper *[hytes-kurper]*
radio das Radio *[rahdee-o]*; **on the radio** im Radio
rag (*cleaning*) ein Lappen (*m*)
rail: by rail mit der Bahn *[dair]*
railroad, railway die Eisenbahn *['eye'zenbahn]*
railroad crossing ein Bahnübergang (*m*) *[bahnoobergang]*
rain der Regen *[raygen]*; **in the rain** im Regen; **it's raining** es regnet *[ess raygnet]*
rain boots die Gummistiefel *[goomee-shteefel]*
raincoat ein Regenmantel (*m*) *[raygen-mantel]*
rape die Vergewaltigung *[fairgevaltigoong]*
rare selten *[zelten]*; (*steak*) englisch *[english]*
rash (*on skin*) der Ausschlag *[owss-shlahk]*
raspberries die Himbeeren *[himbairen]*
rat eine Ratte *[ratt-uh]*
rate (*for changing money*) der Wechselkurs *[veckselkōōrss]*; **what's the rate for the pound?** wie steht der Kurs für das Pfund? *[vee shtayt dair kōōrss foor]*; **what**

are your rates? was sind Ihre Preise? *[vass zint eer-uh pryze-uh]*
rather: it's rather late es ist ziemlich spät *[tseemlıcн shpayt]*; **I'd rather have fish** ich möchte lieber Fisch *[ıcн murcнt-uh leeber]*
raw roh
razor ein Rasiermesser (*nt*) *[razzeer-messer]*; (*electric*) ein Rasierapparat (*m*) *[razzeerapparaht]*
razor blades die Rasierklingen *[razzeer-klingen]*
reach: within easy reach leicht erreichbar *[lycнt air-rycнbar]*
read lesen *[layzen]*; **I can't read it** ich kann das nicht lesen
ready: when will it be ready? wann ist es fertig? *[van ist ess fairtıcн]*; **I'll go and get ready** ich mache mich jetzt fertig *[ıcн macн-uh mıcн yetst]*; **I'm not ready yet** ich bin noch nicht fertig *[nocн nıcнt]*
real echt *[ecнt]*
really wirklich *[veerklıcн]*; **I really must go** ich muß wirklich gehen *[ıcн mooss ... gayen]*
realtor der Grundstücksmakler *[groontshtoocksmahkler]*
rear: at the rear hinten
rear wheels die Hinterräder *[hinter-rayder]*
rearview mirror der Rückspiegel *[røck-shpeegel]*
reason: the reason is that ... der Grund ist, daß ... *[dair groont ist dass]*

reasonable (*price, arrangement*) vernünftig [fairn**oo**nftich]; (*quite good*) ganz gut [gants g**oo**t]
receipt eine Quittung [kv**i**ttoong]
recently kürzlich [k**oo**rtslich]
reception (*hotel*) der Empfang; (*for guests*) ein Empfang
reception desk die Rezeption [retseptsy**oh**n]
receptionist (*in hotel*) (*man*) der Empfangschef [—shef]; (*woman*) die Empfangsdame [—dahm-uh]
recipe ein Rezept (*nt*) [retsept]; **can you give me the recipe for this?** können Sie mir das Rezept dafür geben? [k**u**rnen zee meer ... daf**oo**r g**ay**ben]
recognize erkennen [airk**e**nnen]; **I didn't recognize it** ich habe es nicht erkannt [ich h**a**hb-uh ess nicht airk**a**nnt]
recommend: could you recommend ...? könnten Sie ... empfehlen [k**u**rnten zee ... empf**ay**len]
record (*music*) eine Schallplatte [sh**a**llplatuh]
record player ein Plattenspieler (*m*) [pl**a**ttenshpeeler]
red rot [roht]
red wine der Rotwein [r**oh**tvyne]
reduction (*in price*) die Ermäßigung [airm**ay**ssigoong]
refreshing erfrischend [airfr**i**shent]
refrigerator der Kühlschrank [k**oo**lshrank]
refund: do I get a refund? kann ich das Geld zurückbekommen? [kan ich dass gelt tsoor**oo**ckbekommen]
region das Gebiet [geb**ee**t]
registered: by registered mail per Einschreiben [pair **i**ne-shryben]
registration number (*of car*) das Kennzeichen [k**e**ntsychen]
relative: my relatives meine Verwandten [m**y**ne-uh fairv**a**nten]
relaxing: it's very relaxing es ist sehr entspannend [zair entshp**a**nnent]
reliable zuverlässig [ts**oo**fairlessich]
religion die Religion [relig-y**oh**n]
remains (*of old city etc*) die Ruinen [r**oo**-eenen]
remember: I don't remember ich kann mich nicht erinnern [ich kan mich nicht air**i**nnern]; **do you remember?** erinnern Sie sich? [zee zich]

remote (*village etc*) abgelegen [apgel**ay**gen]
rent (*for room etc*) die Miete [m**ee**t-uh]; **I'd like to rent a bike/car** ich möchte ein Fahrrad/Auto leihen [ich m**u**rcht-uh ine f**a**hraht/**o**wto l**y**-en]
rental car ein Mietauto [m**ee**towto]
repair reparieren [repar**ee**ren]; **can you repair this?** können Sie das reparieren? [k**u**rnen zee dass]
repeat wiederholen [veederh**oh**len]; **would you repeat that?** können Sie das noch einmal wiederholen? [k**u**rnen zee dass noch **ine**-mahl]
representative (*of company*) ein Vertreter (*m*) [fairtr**ay**ter]
rescue retten
reservation eine Reservierung [rezairv**ee**roong]; **I have a reservation** ich habe eine Reservierung [ich h**a**hb-uh]
reserve reservieren [rezairv**ee**ren]; **I reserved a room in the name of ...** für mich ist ein Zimmer unter dem Namen ... reserviert [foor mich ist ine ts**i**mmer **oo**nter daym n**a**hmen ... rezairv**ee**rt]; **can I reserve a table for tonight?** kann ich für heute abend einen Tisch reservieren? [kan ich foor h**oy**t-uh **a**hbent **ine**-en tish]
rest: I need a rest (*holiday etc*) ich brauche Erholung [br**o**wch-uh airh**oh**loong]; **the rest of the group** der Rest der Gruppe
restaurant ein Restaurant (*nt*) [rest**o**rong]
rest room die Toilette [twal**e**tt-uh]
retired: I'm retired ich bin im Ruhestand [ich bin im r**oo**-uh-shtant]
return: a return to Stuttgart eine Rückfahrkarte nach Stuttgart [**ine**-uh r**oo**ckfahrkart-uh nach]; **I'll return it tomorrow** ich bringe es morgen zurück [ich br**i**ng-uh ess morgen tsoor**oo**ck]
returnable (*deposit*) rückzahlbar [r**oo**cktsahlbar]
reverse charge call ein R-Gespräch (*nt*) [air-geshpr**a**ych]
reverse gear der Rückwärtsgang [r**oo**ckvairtsgang]
revolting ekelhaft [**ay**kelhaft]
rheumatism das Rheuma [r**oy**ma]
Rhine der Rhein [ryne]
rib die Rippe [r**i**p-uh]; **a cracked rib** eine angebrochene Rippe [**a**ngebrochen-uh]
ribbon (*for hair*) ein Band (*nt*) [bant]

rice der Reis [ryce]
rich (*person*) reich [ryche]; **it's too rich** (*food*) es ist zu schwer [tsoo shvair]
ride: can you give me a ride into town? können Sie mich in die Stadt mitnehmen? [kurnen zee mich in dee shtatt mitnaymen]; **thanks for the ride** danke fürs Mitnehmen [dank-uh foorss]
ridiculous: that's ridiculous das ist lächerlich [dass ist lecherlich]
right (*correct*) richtig [richtich]; (*not left*) rechts [rechts]; **you're right** Sie haben recht [zee hahben recht]; **you were right** Sie hatten recht; **that's right** das stimmt [dass shtimmt]; **that can't be right** das kann nicht stimmen; **right!** (*ok*) okay!; **is this the right road for ...?** bin ich hier auf der Straße nach ...? [bin ich heer owff dair shtrahss-uh nach]; **on the right** rechts [rechts]; **turn right** biegen Sie rechts ab [beegen zee ... ap]; **not right now** nicht gleich [nicht glyche]
righthand drive mit Rechtssteuerung [rechts-shtoyeroong]
ring (*on finger*) ein Ring (*m*); (*on cooker*) die Platte [platt-uh]; **I'll ring you** ich werde Sie anrufen [ich vaird-uh zee anroofen]
ring road die Ringstraße [ringshtrahss-uh]
ripe reif [ryfe]
rip-off: it's a rip-off das ist Wucher [dass ist voocher]; **rip-off prices** Wucherpreise [voocherpryze-uh]
risky riskant [riskant]; **it's too risky** das ist zu riskant
river der Fluß [flooss]; **by the river** am Fluß
road die Straße [shtrahss-uh]; **is this the road to ...?** ist dies die Straße nach ...? [ist deess dee ... nach]; **further down the road** weiter die Straße entlang [vyter]
road accident ein Verkehrsunfall (*m*) [fairkairss-oonfal]
road hog ein Verkehrsrowdy (*m*) [fairkairss-rowdee]
road map eine Straßenkarte [shtrahssenkart-uh]
roadside: by the roadside am Straßenrand [shtrahssenrant]
roadsign das Verkehrszeichen [fairkairstsychen]
roadwork(s) die Straßenbauarbeiten [shtrahssenbow-arbyten]
roast beef das Roastbeef
rob: I've been robbed ich bin bestohlen worden [ich bin beshtohlen vorden]
robe (*housecoat*) ein Hausmantel (*m*) [howssmantel]
rock (*stone*) ein Fels (*m*) [felss]; **on the rocks** (*with ice*) mit Eis [mit ice]
rock climbing Felsklettern
rocky felsig [felzich]
roll (*bread*) ein Brötchen (*nt*) [brurtchen]
Roman Catholic (römisch-)katholisch [(rurmish-)kattohlish]
romance eine Romanze [romants-uh]
Rome: when in Rome ... andere Länder, andere Sitten [ander-uh lender ander-uh zitten]
roof das Dach [dach]; **on the roof** auf dem Dach [owff daym]
roof rack (*on car*) der Dachgepäckträger [dachgepeck-trayger]
room das Zimmer [tsimmer]; **do you have a room?** haben Sie ein Zimmer frei? [hahben zee ine tsimmer fry]; **a room for two people** ein Zimmer für zwei [foor]; **a room for three nights** ein Zimmer für drei Nächte [necht-uh]; **a room with bathroom** ein Zimmer mit Bad [baht]; **in my room** in meinem Zimmer [in mynem]; **there's no room** da ist kein Platz [kyne plats]
room service der Zimmerservice [tsimmer'service']
rope ein Seil (*nt*) [zyle]
rose eine Rose [rohz-uh]
rosé (*wine*) der Rosewein [rohzay-vyne]
rotary ein Kreisverkehr (*m*) [kryce-fairkair]
rough (*sea, crossing*) stürmisch [shtoormish]; **the engine sounds a bit rough** der Motor hört sich nicht besonders gut an [dair motohr hurt zich nicht bezonders goot an]; **I've been sleeping rough** ich habe im Freien übernachtet [ich hahb-uh im fry-en oobernachtet]
roughly (*approx*) ungefähr [oongefair]
roulette das Roulette
round (*adj*) rund [roont]; **it's my round** das ist meine Runde [myne-uh roond-uh]
roundabout ein Kreisverkehr (*m*) [krycefairkair]
round-trip: a round-trip ticket to ...

eine Rückfahrkarte nach ... *[ine-uh rœckfarkart-uh nach]*
route die Strecke *[shtreck-uh]*; **what's the best route?** welches ist der beste Weg? *[velches ist dair best-uh vayk]*
rowboat, rowing boat ein Ruderboot (*nt*) *[rōōderboht]*
rubber das Gummi *[goomee]*; (*eraser*) ein Radiergummi (*m*) *[raddeer—]*
rubber band ein Gummiband (*nt*) *[goomee-bant]*
rubbish (*waste*) der Abfall *[apfal]*; (*poor quality items*) der Mist; **rubbish!** Quatsch! *[kvatsh]*
rucksack ein Rucksack (*m*) *[roockzack]*
rude unhöflich *[oonhurflich]*; **he was very rude** er war sehr unhöflich *[air vahr zair]*
rug ein Teppich (*m*) *[teppich]*
ruins die Ruinen *[rōō-eenen]*
rum der Rum *[roomm]*

rum and coke ein Rum mit Cola *[roomm mit kola]*
run (*person*) rennen; **I go running every morning** ich mache jeden Morgen einen Dauerlauf *[ich mach-uh yayden morgen ine-en dowerlowff]*; **quick, run!** los, laufen Sie! *[lohss, lowfen zee]*; **how often do the buses run?** wie oft fahren die Busse? *[vee oft fahren dee booss-uh]*; **he's been run over** er ist überfahren worden *[air ist œberfahren vorden]*; **I've run out of gas/petrol** mir ist das Benzin ausgegangen *[meer ist dass bentseen owssgegangen]*
rupture (*med*) ein Bruch (*m*) *[brooch]*
rush hour die Rush-hour
Russia Rußland *[rooslant]*
rusty: my German's rather rusty ich bin mit meinem Deutsch ziemlich aus der Übung gekommen *[mynem doytsh tseemlich owss dair œboong]*

S

saccharine das Sacharin *[zachareen]*
sad traurig *[trowrich]*
saddle der Sattel *[zattel]*
safe sicher *[zicher]*; **will it be safe here?** ist es hier sicher?; **is it safe to drink?** kann man es unbesorgt trinken? *[ess oonbezorkt]*; **is it a safe beach for swimming?** kann man an diesem Strand ohne Gefahr schwimmen? *[an deezem shtrant ohn-uh gefahr shvimmen]*; **could you put this in your safe?** könnten Sie das in Ihren Safe legen? *[kurnten zee dass in eeren sayff laygen]*
safety pin eine Sicherheitsnadel *[zicherhytes-nahdel]*
sail das Segel *[zaygel]*; **can we go sailing?** können wir segeln gehen? *[kurnen veer zaygeln gayen]*
sailor (*navy*) ein Seemann (*m*) *[zayman]*; (*sport*) ein Segler (*m*) *[zaygler]*
salad der Salat *[zalaht]*
salad cream die Mayonnaise *[myohnayz-uh]*
salad dressing die Salatsoße *[zalaht-*

zohss-uh]
sale: is it for sale? kann man es kaufen? *[ess kowfen]*; **it's not for sale** es ist nicht verkäuflich *[fairkoyflich]*
sales clerk der Verkäufer *[fairkoyfer]*
salmon der Lachs *[lacks]*
salt das Salz *[zalts]*
salty: it's too salty es ist zu salzig *[tsōō zaltsich]*
same gleicher *[glycher]*; **the same colour as this** dieselbe Farbe wie diese *[deezelb-uh farb-uh vee deez-uh]*; **the same again, please** dasselbe nochmal, bitte *[dasselb-uh nochmahl bitt-uh]*; **have a good day — same to you** einen schönen Tag — gleichfalls *[glyche-falss]*; **it's all the same to me** das ist mir ganz egal *[meer gants aygahl]*; **thanks all the same** trotzdem vielen Dank *[trotsdaym]*
sand der Sand *[zant]*
sandal eine Sandale *[zandahl-uh]*; **a pair of sandals** ein Paar (*nt*) Sandalen
sandwich ein belegtes Brot *[belayktess broht]*; **a ham sandwich** ein Schinken-

brot (*nt*)
sandy: sandy beach ein Sandstrand (*m*) [z**a**nt-shtrant]
sanitary napkin, sanitary towel eine Damenbinde [d**a**hmenbind-uh]
sarcastic sarkastisch [z**a**rk**a**sstish]
sardines die Sardinen [zard**ee**nen]
satisfactory zufriedenstellend [ts**oo**freedenshtellent]; **this is not satisfactory** damit bin ich nicht zufrieden [niCHt ts**oo**freeden]
Saturday der Samstag [z**a**mstahk]
sauce die Soße [z**o**hss-uh]
saucepan ein Kochtopf (*m*) [k**o**CHtopf]
saucer eine Untertasse [**oo**ntertass-uh]
sauna eine Sauna [z**o**wna]
sausage eine Wurst [v**oo**rst]
sauté potatoes die Bratkartoffeln [br**a**htkartoffeln]
save (*life*) retten
savo(u)ry pikant [pik**a**nt]
say: how do you say ... in German? was heißt ... auf deutsch? [vass hyste ... owff doytsh]; **what did you say?** was haben Sie gesagt? [h**a**hben zee gez**a**hkt]; **what did he say?** was hat er gesagt?; **you can say that again** das kann man wohl sagen [dass kan man vohl z**a**hgen]; **I wouldn't say no** ich würde nicht nein sagen [iCH v**oo**rd-uh niCHt nyne z**a**hgen]
scald: he's scalded himself er hat sich verbrüht [fairbr**oo**t]
scarf ein Schal (*m*) [sh**a**hl]; (*head*) ein Kopftuch (*nt*) [k**o**pft**oo**CH]
scarlet scharlach [sh**a**rlaCH]
scenery die Landschaft [l**a**ntshafft]
scent (*perfume*) der Duft [d**oo**ft]
schedule (*for trains etc*) der Fahrplan [f**a**hrplahn]
scheduled flight ein Linienflug (*m*) [l**ee**nee-enfl**oo**k]
school die Schule [sh**oo**l-uh]; (*university*) die Universität [**oo**neevairzit**a**yt]; **I'm still at school** ich gehe noch zur Schule
science die Naturwissenschaft [natt**oo**rvissenshafft]
scissors: a pair of scissors eine Schere [**i**ne-uh sh**ai**r-uh]
scooter ein Roller (*m*) [r**o**l-er]
scorching: it's really scorching es ist brütend heiß [br**oo**t-ent hyce]
score: what's the score? wie steht's? [vee shtayts]

scotch (*whisky*) ein Scotch (*m*)
Scotch tape (*tm*) der Tesafilm (*tm*) [t**a**yzafilm]
Scotland Schottland [sh**o**tlant]
Scottish schottisch [sh**o**ttish]
scrambled eggs die Rühreier [r**oo**-'eye'er]
scratch der Kratzer [kr**a**tser]; **it's only a scratch** es ist nur ein Kratzer
scream schreien [shry-en]
screw eine Schraube [shr**o**wb-uh]
screwdriver ein Schraubenzieher (*m*) [shr**o**wbentsee-er]
scrubbing brush (*for hands*) eine Handbürste [h**a**ntb**oo**rst-uh]
scruffy vergammelt [fairg**a**mmelt]
scuba diving Sporttauchen [shp**o**rttowCHen]
sea das Meer [mair]; **by the sea** am Meer
sea air die Meeresluft [m**a**iresslooft]
seafood die Meeresfrüchte [m**a**iressfr**oo**CHt-uh]
seafood restaurant ein Fischrestaurant (*nt*) [fishrestorong]
seafront der Strand [shtrant]; **on the seafront** am Strand
seagull eine Möwe [m**u**rv-uh]
search suchen [z**oo**CHen]; **I searched everywhere** ich habe überall gesucht [h**a**hb-uh **oo**beral gez**oo**CHt]
search party die Suchmannschaft [z**oo**CHmanshafft]
seashell eine Muschel [m**oo**shel]
seasick: I feel seasick ich bin seekrank [z**a**ykrank]; **I get seasick** ich werde leicht seekrank [lyCHte]
seaside: by the seaside am Meer [mair]; **let's go to the seaside** wollen wir ans Meer fahren?
season die Jahreszeit [y**a**hress-tsyte]; **in the high season** in der Hochsaison [h**o**CHzayzong]; **in the low season** außerhalb der Saison [**o**wsserhalp dair]
seasoning ein Gewürz (*nt*) [gev**oo**rts]
seat ein Sitzplatz [z**i**tsplats]; **is this anyone's seat?** sitzt hier jemand? [zitst heer y**a**ymant]
seat belt der Sicherheitsgurt [z**i**CHerhytesg**oo**rt]; **do you have to wear a seatbelt?** muß man sich anschnallen? [**a**nshnal-en]
seaweed der Tang
secluded abgelegen [**a**pgelaygen]
second (*adj*) zweiter [tsv**y**ter]; (*time*) eine

second class   61   **shame**

Sekunde [zekoond-uh]; **just a second!** Moment mal! [moment mahl]; **can I have a second helping?** kann ich einen Nachschlag bekommen? [nachshlahk]
second class (*travel*) zweite Klasse [tsvyte-uh klass-uh]
second-hand gebraucht [gebrowcht]
secret (*adj*) geheim [gehyme]
security check die Sicherheitskontrolle [zicherhytes-kontroll-uh]
sedative ein Beruhigungsmittel (*nt*) [beroo-igoongsmittel]
see sehen [zayen]; **I didn't see it** ich habe es nicht gesehen [ich hahb-uh ess nicht gezayen]; **have you seen my husband?** haben Sie meinen Mann gesehen? [hahben zee]; **I saw him this morning** ich habe ihn heute morgen gesehen; **can I see the manager?** kann ich den Geschäftsführer sprechen? [kan ich dayn gesheftsforer shprechen]; **see you tonight!** bis heute abend! [biss hoyt-uh ahbent]; **can I see?** kann ich mal sehen?; **oh, I see** ach so [zo]; **will you see to it?** können Sie sich darum kümmern? [kurnen zee zich daroom koomern]
seldom selten [zelten]
self-catering apartment ein Appartement für Selbstversorger [appartemong for zelpstfairzorger]
self-service Selbstbedienung [zelpstbedeenoong]
sell verkaufen [fairkowfen]; **do you sell ...?** haben Sie ...? [hahben zee]; **will you sell it to me?** würden Sie es mir verkaufen?
sellotape (*tm*) der Tesafilm (*tm*) [tayzafilm]
send senden [zenden]; **I want to send this to England** ich möchte dies nach England senden [ich murcht-uh]; **I'll have to send this food back** ich muß dieses Essen zurückgehen lassen [ich mooss deezess essen tsoorookgayen lassen]
senior: Mr Jones senior Herr Jones senior [zaynyohr]
senior citizen der Rentner; (*woman*) die Rentnerin
sensational sensationell [zenzatsyohnel]
sense: I have no sense of direction ich habe keinen Orientierungssinn [orienteeroongs-zin]; **it doesn't make sense** es ergibt keinen Sinn [ess airgipt kynen zin]
sensible vernünftig [fairnoonftich]
sensitive empfindlich [emp-fintlich]
sentimental sentimental [zentimentahl]
separate getrennt; **can we have separate bills?** können wir getrennt bezahlen? [kurnen veer getrent betsahlen]
separated: I'm separated ich lebe getrennt [ich layb-uh]
separately getrennt
September der September [zeptember]
septic vereitert [fair'eye'tert]
serious ernst [airnst]; **I'm serious** ich meine das ernst [ich myne-uh]; **you can't be serious!** das kann nicht Ihr Ernst sein! [eer airnst zyne]; **is it serious, doctor?** ist es ernst, Herr Doktor?
seriously: seriously ill ernsthaft krank [airnst-haft]
service: the service was excellent der Service war ausgezeichnet; **could we have some service, please!** Bedienung! [bedeenoong]; (*church*) der Gottesdienst [gottess-deenst]; **the car needs a service** das Auto muß zur Inspektion [tsoor inshpekts-yohn]
service charge die Bedienung [bedeenoong]
service station eine Tankstelle mit Werkstatt [tankshtell-uh mit vairkshtatt]
serviette eine Serviette [zairvee-ett-uh]
set: it's time we were setting off wir sollten uns auf den Weg machen [veer zollten oonss owff dayn vayk machen]
set menu die Tageskarte [tahgess-kart-uh]
settle up: can we settle up now? können wir jetzt bezahlen? [kurnen veer yetst betsahlen]
several mehrere [mairer-uh]
sew: could you sew this back on? können Sie das wieder annähen? [kurnen zee dass veeder an-nayen]
sex (*activity*) der Sex
sexist sexistisch [secksistish]
sexy sexy
shade: in the shade im Schatten
shadow der Schatten [shatten]
shake: to shake hands sich die Hand geben [zich dee hant gayben]
shallow seicht [zychte]
shame: what a shame! wie schade! [vee

shampoo 62 **shut**

shahd-uh]
shampoo das Shampoo; **can I have a shampoo and set?** können Sie mir die Haare waschen und legen? *[dee hahr-uh vashen oont laygen]*
shandy, shandy-gaff ein Bier (*nt*) mit Limonade *[beer mit limonahd-uh]*
share (*room, table*) teilen *[tylen]*; **let's share the cost** teilen wir uns die Kosten
sharp (*knife, taste*) scharf *[sharf]*; (*pain*) heftig *[heftich]*
shattered: I'm shattered (*very tired*) ich bin todmüde *[tohtmood-uh]*
shave: I need a shave ich muß mich rasieren *[ich mooss mich razzeeren]*; **can you give me a shave?** können Sie mich rasieren?
shaver ein Rasierapparat (*m*) *[razzeer-apparaht]*
shaving brush ein Rasierpinsel (*m*) *[razzeerpinzel]*
shaving foam die Rasiercreme *[razzeer-kraym-uh]*
shaving point eine Steckdose für Rasierapparate *[shteckdohz-uh foor razzeer-apparaht-uh]*
shaving soap die Rasierseife *[razzeer-zyfe-uh]*
she sie *[zee]*; **is she staying here?** wohnt sie hier?; *see page 111*
sheep ein Schaf (*nt*) *[shahf]*
sheet ein Bettlaken (*nt*) *[betlahken]*
shelf ein Brett (*nt*)
shell (*seashell*) eine Muschel *[mooshel]*
shellfish die Meeresfrüchte *[mairess-frocht-uh]*
sherry ein Sherry (*m*)
shingles (*med*) eine Gürtelrose *[goortel-rohz-uh]*
ship ein Schiff (*nt*) *[shiff]*; **by ship** mit dem Schiff
shirt das Hemd *[hemt]*
shit Scheiße *[shyce-uh]*
shock (*surprise*) ein Schock (*m*) *[shock]*; **I got an electric shock from the ...** ich habe einen elektrischen Schlag von ... bekommen *[ich hahb-uh ine-en elek-trishen shlahk]*
shock-absorber der Stoßdämpfer *[shtohss-dempfer]*
shocking schockierend *[shockeerent]*
shoelaces die Schnürsenkel *[shnoor-zenkel]*

shoe polish die Schuhcreme *[shookraym-uh]*
shoes die Schuhe *[shoo-uh]*; **a pair of shoes** ein Paar (*nt*) Schuhe
shop ein Geschäft (*nt*) *[gesheft]*
shopping: I'm going shopping ich gehe einkaufen *[ich gay-uh ine-kowfen]*
shop window ein Schaufenster (*nt*) *[showfenster]*
shore das Ufer *[oofer]*
short (*person*) klein *[klyne]*; (*time*) kurz *[koorts]*; **it's only a short distance** es ist nur eine kurze Strecke *[noor ine-uh koorts-uh shtreck-uh]*
short-change: you've short-changed me Sie haben mir zu wenig herausgegeben *[zee hahben meer tsoo vaynich herowssgegayben]*
short circuit ein Kurzschluß (*m*) *[koorts-shlooss]*
shortcut eine Abkürzung *[apkoortsoong]*
shorts die Shorts; (*underwear*) eine Unterhose *[oonterhohz-uh]*
should: what should I do? was soll ich machen? *[vass zoll ich machen]*; **he shouldn't be long** er kommt sicher bald *[air komt zicher balt]*; **you should have told me** das hätten Sie mir sagen sollen *[hetten zee]*
shoulder die Schulter *[shoolter]*
shoulder blade das Schulterblatt *[shoolterblatt]*
shout schreien *[shry-en]*
show: could you show me? könnten Sie mir das zeigen? *[kurnten zee meer dass tsygen]*; **does it show?** sieht man es? *[zeet man ess]*; **we'd like to go to a show** wir möchten ins Theater gehen *[veer murchten inss tayahter]*
shower (*in bathroom*) eine Dusche *[doosh-uh]*; **with shower** mit Dusche
shower cap eine Duschhaube *[doosh-howb-uh]*
show-off: don't be a show-off geben Sie nicht so an *[gayben zee nicht zo an]*
shrimps die Garnelen *[garnaylen]*
shrink: it's shrunk es ist eingelaufen *[ine-gelowfen]*
shut schließen *[shleessen]*; **when do you shut?** wann machen Sie zu? *[van machen zee tsoo]*; **when do they shut?** wann machen sie zu?; **it was shut** es war geschlossen *[ess vahr geshlossen]*; **I've**

shut myself out ich habe mich ausgesperrt *[icH hahb-uh micH owssgeshpairt]*; **shut up!** halten Sie den Mund! *[hal-ten zee dayn moont]*
shutter (*phot*) der Verschluß *[fairshlooss]*; (*on window*) der Fensterladen *[fensterlahden]*
shutter release der Auslöser *[owsslurzer]*
shy schüchtern *[shooCHtern]*
sick krank; **I think I'm going to be sick** (*vomit*) ich glaube, ich muß mich übergeben *[icH glowb-uh icH mooss micH oobergayben]*
side die Seite *[zyte-uh]*; **at the side of the road** am Straßenrand *[shtrahssenrant]*; **the other side of town** das andere Ende der Stadt *[dass ander-uh end-uh dair shtatt]*
side lights das Standlicht *[shtantlicHt]*
side salad eine Salatbeilage *[zalahtbylahg-uh]*
side street eine Seitenstraße *[zytenshtrahss-uh]*
sidewalk der Bürgersteig *[boorgershtyke]*
sidewalk café ein Straßencafé (*nt*) *[shtrahssenkaffay]*
sight: the sights of ... die Sehenswürdigkeiten von ... *[zayensvoordicH-kyten]*
sightseeing: sightseeing tour eine Rundfahrt *[roontfahrt]*; **we're going sightseeing** wir machen eine Rundfahrt *[roontfahrt]*
sign (*roadsign*) ein Verkehrszeichen (*nt*) *[fairkairss-tsycHen]*; (*notice*) ein Schild (*nt*) *[shilt]*; **where do I sign?** wo muß ich unterschreiben? *[vo mooss icH oontershryben]*
signal: he didn't give a signal er hat kein Zeichen gegeben *[kyne tsycHen gegayben]*
signature die Unterschrift *[oontershrift]*
signpost ein Wegweiser (*m*) *[vayk-vyzer]*
silence die Ruhe *[roo-uh]*
silencer der Auspufftopf *[owsspooftopf]*
silk die Seide *[zyde-uh]*
silly albern *[al-bairn]*; **that's silly** das ist lächerlich *[lecHerlicH]*
silver das Silber *[zilber]*
silver foil die Alufolie *[aloofohlee-uh]*
similar ähnlich *[aynlicH]*
simple einfach *[ine-facH]*
since: since yesterday seit gestern *[zyte]*; **since we got here** seit wir hier sind

sincere ehrlich *[airlicH]*
sing singen *[zingen]*
singer der Sänger *[zenger]*
single: a single room ein Einzelzimmer *[ine-tseltsimmer]*; **a single to ...** eine einfache Fahrt nach ... *[ine-uh inefacH-uh fahrt nacH]*; **I'm single** ich bin ledig *[icH bin laydicH]*
sink (*kitchen*) das Spülbecken *[shpoolbecken]*; **it sank** es ist versunken *[fairzoonken]*
sir mein Herr *[myne hair]*; **excuse me, sir** entschuldigen Sie bitte
sirloin ein Filet (*nt*) *[fillay]*
sister: my sister meine Schwester *[myne-uh shvester]*
sister-in-law: my sister-in-law meine Schwägerin *[myne-uh shvaygerin]*
sit: may I sit here? kann ich mich hier hinsetzen? *[kan icH micH heer hinzetsen]*; **is anyone sitting here?** sitzt hier jemand? *[zitst heer yaymant]*
site (*campsite etc*) ein Platz (*m*) *[plats]*
sitting: the second sitting for lunch die zweite Mittagessenzeit *[mittahkessentsyte]*
situation eine Situation *[zitoo-atsyohn]*
size die Größe *[grurss-uh]*
sketch eine Skizze *[skits-uh]*
ski ein Ski (*m*) *[shee]*; (*verb*) Ski fahren; **a pair of skis** ein Paar (*nt*) Skier *[shee-er]*
ski boots die Skistiefel *[shee-shteefel]*
skid: I skidded ich bin ausgerutscht *[owssgerootsht]*
skiing das Skifahren *[sheefahren]*; **we're going skiing** wir gehen Skilaufen *[sheelowfen]*
ski instructor der Skilehrer *[sheelairer]*
ski-lift der Skilift *[sheelift]*
skin die Haut *[howt]*
skinny dünn *[doon]*
ski-pants eine Skihose *[shee-hohz-uh]*
ski-pass der Skipaß *[sheepas]*
ski pole der Skistock *[sheeshtock]*
skirt ein Rock (*m*)
ski run die Skipiste *[shee-pist-uh]*
ski slope die Piste *[pist-uh]*
ski wax Skiwachs *[sheevacks]*
skull der Schädel *[shaydel]*
sky der Himmel
sleep: I can't sleep ich kann nicht schlafen *[icH kan nicHt shlahfen]*; **did you sleep well?** haben Sie gut geschlafen?

[hahben zee gōōt geshlahfen]; **I need a good sleep** ich muß mich mal richtig ausschlafen *[owss-shlahfen]*
sleeper *(rail)* ein Schlafwagen *(m)* *[shlahfvahgen]*
sleeping bag ein Schlafsack *(m)* *[shlahfzack]*
sleeping car ein Schlafwagen *(m)* *[shlahfvahgen]*
sleeping pill eine Schlaftablette *[shlahftablett-uh]*
sleepy schläfrig *[shlayfrich]*; **I'm feeling sleepy** ich bin müde *[ich bin mood-uh]*
sleet der Schneeregen *[shnayraygen]*
sleeve der Ärmel *[airmel]*
slice eine Scheibe *[shybe-uh]*
slide *(phot)* ein Dia *(nt)* *[dee-a]*
slim *(adj)* schlank *[shlank]*; **I'm slimming** ich mache eine Schlankheitskur *[ich mach-uh ine-uh shlankhytes-kōōr]*
slip *(under dress)* ein Unterrock *(m)* *[oonterrock]*; **I slipped** *(on pavement etc)* ich bin ausgerutscht *[owss-gerootsht]*
slipped disc ein Bandscheibenschaden *(m)* *[bantshyben-shahden]*
slippery rutschig *[rootshich]*
slow langsam *[langzam]*; **slow down** etwas langsamer bitte *[etvass]*
slowly langsam *[langzam]*; **could you say it slowly?** könnten Sie das etwas langsamer sagen? *[kurnten zee dass etvass langzamer zahgen]*
small klein *[klyne]*
small change das Kleingeld *[klyne-gelt]*
smallpox die Pocken
smart *(clothes)* schick *[shick]*
smashing toll *[tol]*
smell: there's a funny smell es riecht komisch *[ess reecht kohmish]*; **what a lovely smell** was für ein herrlicher Duft *[vass for ine hairlicher dooft]*; **it smells** es stinkt *[shtinkt]*
smile lächeln *[lecheln]*
smoke der Rauch *[rowch]*; **do you smoke?** rauchen Sie? *[rowchen zee]*; **do you mind if I smoke?** macht es Ihnen etwas aus, wenn ich rauche? *[macht ess een-en etvass owss ven ich rowch-uh]*; **I don't smoke** ich bin Nichtraucher *[nichtrowcher]*
smooth glatt
smoothy ein Lackaffe *(m)* *[lackaff-uh]*
snack: I'd just like a snack ich möchte nur eine Kleinigkeit *[ich murcht-uh noor ine-uh klynichkyte]*
snackbar eine Imbißstube *[imbissshtōōb-uh]*
snake eine Schlange *[shlang-uh]*
sneakers die Freizeitschuhe *[frytsyteshōō-uh]*
snob ein Snob *(m)*
snow der Schnee *[shnay]*
so: it's so hot es ist so heiß *[zo hyce]*; **not so fast** nicht so schnell; **it wasn't — it was so!** war es nicht — war es doch! *[doch]*; **so am I** ich auch *[ich owch]*; **so do I** ich auch; **how was it? — so-so** wie war's? — so la la
soaked: I'm soaked ich bin völlig durchnäßt *[furlich doorchnesst]*
soaking solution *(for contact lenses)* die Aufbewahrungslösung *[owffbevahroongs-lurzoong]*
soap die Seife *[zyfe-uh]*
soap-powder das Waschpulver *[vashpoolver]*
sober nüchtern *[nœchtern]*
soccer Fußball *[fōōssbal]*
sock ein Socken *(m)* *[zocken]*
socket *(elec)* eine Steckdose *[shteckdohzuh]*
soda (water) ein Mineralwasser *(nt)* *[minerahlvasser]*
sofa ein Sofa *(nt)* *[zofa]*
soft weich *[vyche]*
soft drink ein alkoholfreies Getränk *(nt)* *[alkohohlfry-ess getrenk]*
soft lenses weiche Kontaktlinsen *[vyche-uh]*
soldier der Soldat *[zoldaht]*
sole *(of shoe)* die Sohle *[zohl-uh]*; **could you put new soles on these?** könnten Sie diese Schuhe neu besohlen? *[kurnten zee deez-uh shōō-uh noy bezohlen]*
solid fest
solid fuel *(for camping stove)* fester Brennstoff *(m)* *[fester brennshtoff]*
some: may I have some water? kann ich etwas Wasser haben? *[etvass vasser]*; **do you have some matches?** haben Sie Streichhölzer?; **that's some drink!** das ist vielleicht ein Getränk! *[feelycht ine getrenk]*; **some of them** einige von ihnen *[ine-ig-uh fon eenen]*; **can I have some?** *(of those)* kann ich ein paar davon haben? *[ine pahr]*; *(of that)* kann ich etwas davon

haben? [etvass daffon]
somebody, someone jemand [yaymant]
something etwas [etvass]; **something to drink** etwas zu trinken
sometime irgendwann [eergentvan]
sometimes manchmal [mancнmahl]
somewhere irgendwo [eergentvo]
son: my son mein Sohn [myne zohn]
song ein Lied (nt) [leet]
son-in-law: my son-in-law mein Schwiegersohn [myne shveegerzohn]
soon bald [balt]; **I'll be back soon** ich bin bald zurück [icн bin balt tsoorœck]; **as soon as you can** sobald Sie können [zobalt zee kurnen]
sore: it's sore es tut weh [ess toot vay]
sore throat die Halsschmerzen [halsshmairtsen]
sorry: (I'm) sorry (es) tut mir leid [toot meer lyte]; **sorry?** (pardon) bitte? [bitt-uh]
sort: what sort of ...? welche Art von ...? [velcн-uh art fon]; **a different sort of ...** eine andere Art ... [ander-uh]; **will you sort it out?** können Sie das regeln? [kurnen zee dass raygeln]
soup die Suppe [zoop-uh]
sour (taste, apple) sauer [zower]
south der Süden (zœden]; **to the south** nach Süden
South Africa Südafrika [zœtafrika]
South African (adj) südafrikanisch [zœtafrikahnish]; (man) der Südafrikaner; (woman) die Südafrikanerin
southeast der Südosten [zœtosten]; **to the southeast** nach Südosten
South Germany Süddeutschland [zœtdoytshlant]
southwest der Südwesten [zœtvesten]; **to the southwest** nach Südwesten
souvenir ein Souvenir (nt)
spa der Kurort [koorort]
space heater ein Heizgerät (nt) [hytesgerayt]
spade ein Spaten (m) [shpahten]
Spain Spanien [shpahnee-en]
Spanish spanisch [shpahnish]
spanner ein Schraubenschlüssel (m) [shrowbenshlœssel]
spare part ein Ersatzteil (nt) [airzats-tyle]
spare tyre/tire ein Ersatzreifen (m) [airzatsryfen]
spark(ing) plug eine Zündkerze [tsœnt-kairts-uh]
speak: do you speak English? sprechen Sie Englisch? [shpreснen zee eng-lish]; **I don't speak ...** ich spreche kein ... [icн shpreсн-uh kyne]; **can I speak to ...?** kann ich ... sprechen?; **speaking** (telec) am Apparat [apparaht]
special speziell [shpetsee-el]; **nothing special** nichts Besonderes [nicнts bezonderess]
specialist ein Fachmann (m) [facнman]; (doctor) der Spezialist [shpetsee-alist]
special(i)ty (in restaurant) die Spezialität [shpetsee-alitayt]; **the special(i)ty of the house** die Spezialität des Hauses
spectacles eine Brille [brill-uh]
speed die Geschwindigkeit [geshvindicнkyte]; **he was speeding** er ist zu schnell gefahren [air ist tsoo shnell]
speedboat ein Rennboot (nt) [renboht]
speed limit die Geschwindigkeitsbeschränkung [geshvindicнkytesbeshrenkoong]
speedometer der Tachometer [tacнomayter]
spell: how do you spell it? wie schreibt man das? [vee shrypte man dass]
spend: I've spent all my money ich habe mein ganzes Geld ausgegeben [myne gantsess gelt owssgegayben]
spice ein Gewürz (nt) [gevœrts]
spicy: it's very spicy es ist stark gewürzt [ess ist shtarrk gevœrtst]
spider eine Spinne [shpin-uh]
spin-dryer die Schleuder [shloyder]
splendid herrlich [hairlicн]
splint (for broken limb) eine Schiene [sheen-uh]
splinter ein Splitter (m) [shplitter]
splitting: I've got a splitting headache ich habe rasende Kopfschmerzen [rahzend-uh kopfshmairtsen]
spoke (in wheel) eine Speiche [shpycн-uh]
sponge ein Schwamm [shvam]
spoon ein Löffel [lurfel]
sport der Sport [shport]
sport(s) jacket ein Sakko (nt) [zakko]
spot: will they do it on the spot? wird das sofort erledigt? [veert dass zofort airlaydicнt]; (on skin) ein Pickel (m)
sprain: I've sprained my ankle ich habe mir den Fuß verstaucht [icн hahb-uh

spray

meer dayn f**oo**ss fairsht**ow**cHt]
spray (*for hair*) das Spray [shpray]
spring (*season*) der Frühling [fr**oo**ling]; (*of seat etc*) die Feder [f**ay**der]
square (*in town*) ein Platz [plats]; **ten square metres** zehn Quadratmeter [kvadr**ah**tmayter]
squash (*sport*) Squash
stain (*on clothes*) ein Fleck (*m*)
stairs die Treppe [tr**e**pp-uh]
stale (*bread*) alt
stall: the engine keeps stalling der Motor geht dauernd aus [dair mot**oh**r gayt d**ow**ernt **ow**ss]
stalls das Parkett
stamp eine Briefmarke [br**ee**fmark-uh]; **a stamp for a letter for England please** eine Marke für einen Brief nach England bitte [**ine**-uh m**a**rk-uh f**or ine**-en br**ee**f]
stand: I can't stand ... ich kann ... nicht ausstehen [nicHt **ow**ss-shtayen]
standard (*adj*) normal [norm**ah**l]
standby ticket ein Standby-Ticket
star ein Stern (*m*) [sht**air**n]
start der Anfang [**a**nfang]; **when does the film start?** wann fängt der Film an? [van fenkt]; **the car won't start** das Auto springt nicht an [shprinkt nicHt an]
starter (*car*) der Anlasser; (*food*) die Vorspeise [f**or**shpyze-uh]
starving: I'm starving ich sterbe vor Hunger [icH sht**air**b-uh for h**oo**nger]
state (*in country*) ein Land (*nt*) [lant]; **the States** (*USA*) die Vereinigten Staaten [dee fair'**eye**'nicHten sht**ah**ten]
station (*for trains*) der Bahnhof [b**ah**nhohf]
statue eine Statue [sht**ah**t**oo**-uh]
stay: we enjoyed our stay unser Aufenthalt hat uns gefallen [**ow**fenthalt]; **where are you staying?** wo wohnen Sie? [vo v**oh**nen zee]; **I'm staying at ...** ich wohne in ... [v**oh**n-uh]; **I'd like to stay another week** ich möchte gern eine Woche länger bleiben [icH murcHt-uh gairn **ine**-uh v**o**cH-uh lenger blyben]; **I'm staying in tonight** ich bleibe heute abend zu Hause [ts**oo** h**ow**z-uh]
steak ein Steak [shtayk]
steal: my bag has been stolen meine Tasche ist gestohlen worden [gesht**oh**len v**or**den]
steep (*hill*) steil [shtyle]

straight

steering (*car*) die Lenkung [l**e**nkoong]
steering wheel das Lenkrad [l**e**nkraht]
stein ein Bierkrug [b**ee**rkr**oo**k]; (*in South Germany*) eine Maß [mahss]
stereo eine Stereoanlage [sht**ay**ray-o-anlahg-uh]
sterling das Pfund Sterling [pf**oo**nt]
stew ein Eintopf (*m*) [**ine**-topf]
steward (*on plane*) der Steward
stewardess die Stewardess
sticking plaster das Heftpflaster
sticky klebrig [kl**ay**bricH]
sticky tape ein Klebeband (*nt*) [kl**ay**b-uh-bant]
still: I'm still waiting ich warte immer noch [**i**mmer n**o**cH]; **will you still be open?** haben Sie dann noch auf? [owff]; **it's still not right** es ist immer noch nicht richtig; **that's still better** das ist noch besser
sting: a bee sting ein Bienenstich [b**ee**nensht**i**cH]; **I've been stung** ich bin gestochen worden [gesht**o**cHen v**or**den]
stink der Gestank [gesht**a**nk]
stockings die Strümpfe [shtr**oo**mpf-uh]
stolen: my wallet's been stolen mir ist die Brieftasche gestohlen worden [gesht**oh**len v**or**den]
stomach der Magen [m**ah**gen]; **do you have something for an upset stomach?** haben Sie etwas gegen Magenverstimmung? [g**ay**gen m**ah**gen-fairsht**i**mmoong]
stomach-ache die Magenschmerzen [m**ah**gen-shm**ai**rtsen]
stone (*rock*) ein Stein [shtyne]; *see page 120*
stop (*bus stop*) eine Haltestelle [h**a**l-tuh-shtell-uh]; **which is the stop for ...?** welches ist die Haltestelle für ...? [v**e**lcHess]; **please stop here** (*to taxi-driver*) bitte halten Sie hier [h**a**l-ten zee heer]; **do you stop near ...?** halten Sie in der Nähe von ...?; **stop doing that!** hören Sie auf damit! [h**u**ren zee owff dam**i**t]
stopover eine Zwischenstation [tsv**i**shen-shtats-yohn]
store ein Geschäft (*nt*) [gesh**e**ft]
stor(e)y (*building*) eine Etage [ayt**ah**j-uh]
storm ein Sturm (*m*) [shtoorm]
story (*tale*) eine Geschichte [gesh**i**cHt-uh]
stove der Herd [hairt]
straight (*road etc*) gerade [ger**ah**d-uh]; **it's straight ahead** es ist geradeaus [ess ist

gerahd-uh-owss]; **straight away** sofort *[zofort]*; **a straight whisky** ein Whisky pur *[poor]*
straighten: can you straighten things out? können Sie die Sache in Ordnung bringen? *[dee zacн-uh in ordnoong]*
stranded: I'm stranded ich sitze auf dem trockenen *[icн zits-uh owff daym]*
strange (*odd*) seltsam *[zetzam]*; (*unknown*) fremd *[fremt]*
stranger: I'm a stranger here ich bin hier fremd *[heer fremt]*
strap (*on watch*) ein Band (*nt*) *[bant]*; (*on suitcase*) ein Riemen (*m*) *[reemen]*; (*on dress*) ein Träger (*m*) *[trayger]*
strawberry eine Erdbeere *[airtbair-uh]*
streak: could you put streaks in? (*in hair*) können Sie mir Strähnen hereinmachen? *[kurnen zee meer shtraynen hairynemacнen]*
stream ein Bach (*m*) *[bacн]*
street eine Straße *[shtrahss-uh]*; **on the street** auf der Straße
street café ein Straßencafé (*nt*) *[shtrahssen-kaffay]*
streetcar eine Straßenbahn *[shtrahssenbahn]*
streetmap ein Stadtplan (*m*) *[shtattplahn]*
strep throat eine Halsentzündung *[halls-entsondoong]*
strike: they're on strike sie streiken *[zee shtryken]*
string eine Schnur *[shnoor]*
striped (*shirt etc*) gestreift *[geshtryft]*
striptease der Striptease
stroke: he's had a stroke er hat einen Schlaganfall gehabt *[air hat ine-en shlahkanfal gehahpt]*
stroll: let's go for a stroll machen wir einen Spaziergang *[macнen veer ine-en spatseergang]*
stroller (*for babies*) ein Sportwagen (*m*) *[shportvahgen]*
strong (*person, drink*) stark *[shtark]*; (*taste*) kräftig *[kreftich]*
stroppy pampig *[pampicн]*
stuck: the key's stuck der Schlüssel steckt fest *[shteckt fest]*
student ein Student *[shtoodent]*; (*woman*) eine Studentin
stupid dumm *[doomm]*
sty (*in eye*) ein Gerstenkorn (*nt*) *[gairsten-*

korn]
subtitles Untertitel *[oonterteetel]*
suburb eine Vorstadt *[forshtatt]*
subway die U-Bahn *[oo-bahn]*
successful: was it successful? war es erfolgreich? *[vahr ess airfolkrycнe]*
suddenly plötzlich *[plurtslicн]*
sue: I intend to sue ich werde Sie verklagen *[icн vaird-uh zee fairklahgen]*
suede das Wildleder *[villt-layder]*
sugar der Zucker *[tsoocker]*
suggest: what do you suggest? was schlagen Sie vor? *[vass shlahgen zee for]*
suit ein Anzug (*m*) *[antsook]*; **it doesn't suit me** (*colour etc*) es steht mir nicht *[ess shtayt meer nicнt]*; **it suits you** es steht Ihnen *[eenen]*; **that suits me fine** (*plan etc*) das ist mir recht *[dass ist meer recнt]*
suitable (*time, place*) geeignet *[ge-'eye'gnet]*
suitcase ein Koffer (*m*)
sulk: he's sulking er ist beleidigt *[belydicнt]*
sultry (*weather*) schwül *[shvool]*
summer der Sommer *[zommer]*; **in the summer** im Sommer
sun die Sonne *[zonn-uh]*; **in the sun** in der Sonne; **out of the sun** im Schatten *[shatten]*; **I've had too much sun** ich habe zuviel Sonne abbekommen *[hahb-uh tsoofeel zonn-uh apbekommen]*
sunbathe sonnenbaden *[zonnenbahden]*
sunblock die Sun-Block-Creme *[—kraym-uh]*
sunburn ein Sonnenbrand (*m*) *[zonnenbrant]*
Sunday der Sonntag *[zontahk]*
sunglasses eine Sonnenbrille *[zonnenbrill-uh]*
sun lounger (*recliner*) ein Ruhesessel (*m*) *[roo-uh-zessel]*
sunny: if it's sunny bei Sonnenschein *[by zonnenshyne]*
sunrise der Sonnenaufgang *[zonnenowffgang]*
sun roof (*in car*) das Schiebedach *[sheebuh-dacн]*
sunset der Sonnenuntergang *[zonnenoontergang]*
sunshade (*over table*) ein Sonnenschirm (*m*) *[zonnensheerm]*
sunshine der Sonnenschein *[zonnenshyne]*

sunstroke ein Sonnenstich (m) [zonnen-shticH]
suntan die Sonnenbräune [zonnenbroyn-uh]
suntan lotion, suntan oil das Sonnenöl [zonnenurl]
suntanned braungebrannt [brown-gebrannt]
super (time, meal etc) phantastisch [fantastish]; **super!** Klasse! [klass-uh]
superb großartig [grohss-articH]
supermarket ein Supermarkt (m) [zoo-permarkt]
supper das Abendessen [ahbentessen]
supplement (extra charge) ein Zuschlag (m) [tsooshlahk]
suppose: I suppose so ich glaube schon [icH glowb-uh shohn]
suppository das Zäpfchen [tsepfcHen]
sure: I'm sure ich bin sicher [icH bin zicHer]; **are you sure?** sind Sie sicher?; **he's sure** er ist sicher; **sure!** klar!
surname der Nachname [nacHnahm-uh]
surprise eine Überraschung [oober-rashoong]
surprising: that's not surprising das ist nicht verwunderlich [fairvoonderlicH]
suspension (on car) die Federung [fayder-oong]
swallow schlucken [shloocken]
swearword ein Kraftausdruck (m) [kraftowssdroock]
sweat schwitzen [shvitsen]; **covered in sweat** schweißgebadet [shvyce-gebahdet]
sweater ein Pullover (m) [poolohver]
sweet (taste) süß [zooss]; (dessert) der Nach-tisch [nacHtish]
Sweden Schweden [schvayden]
sweets die Süßigkeiten [zoosicHkyten]
swelling eine Schwellung [shvelloong]
sweltering glühend heiß [gloo-ent hyce]
swerve: I had to swerve ich mußte aus-weichen [icH moost-uh owssvycHen]
swim: I'm going for a swim ich gehe schwimmen [icH gay-uh shvimmen]; **do you want to go for a swim?** möchten Sie schwimmen gehen? [murcHten zee]; **I can't swim** ich kann nicht schwimmen
swimming Schwimmen [shvimmen]; **I like swimming** ich schwimme gern [icH shvimm-uh gairn]
swimming costume ein Badeanzug (m) [bahd-uh-antsook]
swimming pool ein Schwimmbad (nt) [shvimbaht]
swimming trunks eine Badehose [bahd-uh-hohz-uh]
Swiss schweizerisch [shvytes-erish]; (man) der Schweizer [shvytes-er]; (woman) die Schweizerin [shvytes-erin]
switch ein Schalter (m) [shallter]; **could you switch it on?** könnten Sie es an-schalten? [kurnten zee ess anshallten]; **could you switch it off?** könnten Sie es ausschalten? [owss-shallten]
Switzerland die Schweiz [shvytes]
swollen geschwollen [geshvollen]
swollen glands geschwollene Drüsen [geshvollen-uh droozen]
sympathy das Verständnis [fairshtent-niss]
synagogue eine Synagoge [zinagohg-uh]
synthetic synthetisch [zintaytish]

T

table der Tisch [tish]; **a table for two** einen Tisch für zwei Personen [pairzoh-nen]; **at our usual table** an unserem normalen Tisch [normahlen]
tablecloth ein Tischtuch (nt) [tishtoocH]
table tennis Tischtennis [tishtennis]
table wine der Tafelwein [tahfelvyne]
tactful taktvoll [taktfol]
tailback ein Rückstau (m) [roockshtow]
tailor der Schneider [shnyder]
take nehmen [naymen]; **will you take this to room 12?** könnten Sie das auf Zimmer 12 bringen? [kurnten zee dass owff]; **will you take me to the airport?** können Sie mich zum Flughafen brin-gen?; **do you take credit cards?** akzep-

talcum powder   69   **tennis racket**

tieren Sie Kreditkarten? *[aktsept**ee**ren zee]*; **OK, I'll take it** okay, ich nehme es *[i*CH* n**ay**m-uh ess]*; **how long does it take?** wie lange dauert es? *[vee lang-uh d**ow**ert ess]*; **it took 2 hours** es dauerte 2 Stunden *[d**ow**ert-uh]*; **is this seat taken?** ist dieser Platz besetzt? *[d**ee**zer plats bez**e**tst]*; **to take away** (*food*) zum Mitnehmen *[tsoom mitn**ay**men]*; **will you take this back, it's broken** können Sie das zurücknehmen, es ist kaputt *[ts**oo**r**oo**cknaymen]*; **could you take it in at the side?** (*dress*) können Sie es an den Seiten enger machen? *[**e**ng-er m**a**chen]*; **when does the plane take off?** wann startet das Flugzeug. *[van *sht**a**rtet dass fl**oo**ktsoyk]*; **can you take a little off the top?** können Sie oben etwas beischneiden? *[**oh**ben etvass b**y**shnyden]*
talcum powder der Körperpuder *[k**ur**perp**oo**der]*
talk sprechen *[shpr**e**chen]*
tall groß *[grohss]*
tampax (*tm*) ein Tampon (*m*)
tampons die Tampons
tan die Bräune *[br**oy**n-uh]*
tank (*of car*) der Tank
tap der Wasserhahn *[v**a**sserhahn]*
tape (*for cassette*) das Band *[bant]*; (*sticky*) das Klebeband *[kl**ay**b-uh-bant]*
tape measure ein Maßband *[m**ah**ssbant]*
tape recorder ein Kassettenrecorder
taste der Geschmack *[geshm**a**ck]*; **can I taste it?** kann ich es probieren? *[kan i*CH* ess prob**ee**ren]*; **it has a peculiar taste** es hat einen eigenartigen Geschmack; **it tastes very nice** es schmeckt sehr gut *[ess shmeckt zair g**oo**t]*; **it tastes revolting** es schmeckt scheußlich *[sh**oy**ssli*CH*]*
taxi das Taxi; **will you get me a taxi?** können Sie mir ein Taxi bestellen? *[k**ur**nen zee meer ine t**a**xi besht**e**llen]*
taxi-driver der Taxifahrer
taxi rank, taxi stand ein Taxistand (*m*) *[—shtant]*
tea (*drink*) der Tee *[tay]*; **tea for two please** Tee für zwei Personen bitte *[f**oo**r tsvye pairz**oh**nen bitt-uh]*; **could I have a cup of tea?** kann ich eine Tasse Tee bekommen? *[**ine**-uh t**a**ss-uh tay]*
teabag ein Teebeutel (*m*) *[t**ay**boytel]*
teach: could you teach me? könnten Sie es mir beibringen? *[k**ur**nten zee ess meer b**y**bringen]*; **could you teach me German?** könnten Sie mir Deutschunterricht geben? *[d**oy**tshoonterri*CH*t g**ay**ben]*
teacher ein Lehrer *[l**ai**rer]*; (*woman*) eine Lehrerin
team das Team
teapot eine Teekanne *[t**ay**kan-uh]*
tea towel ein Geschirrtuch (*nt*) *[gesh**ee**rt**oo**ch]*
teenager ein Teenager (*m*)
teetotal(l)er ein Nichttrinker (*m*) *[ni*CH*t—]*
telegram ein Telegramm (*nt*); **I want to send a telegram** ich möchte ein Telegramm senden *[zenden]*
telephone das Telefon *[telef**oh**n]*; **can I make a telephone call?** kann ich das Telefon benutzen? *[ben**oo**tsen]*; **could you talk to him for me on the telephone?** könnten Sie vielleicht mit ihm sprechen? *[k**ur**nen zee feely*CH*t mit eem shpr**e**chen]*
telephone box eine Telefonzelle *[telef**oh**ntsell-uh]*
telephone directory das Telefonbuch *[telef**oh**nb**oo**ch]*
telephone number die Telefonnummer *[telef**oh**n-noomer]*; **what's your telephone number?** was ist Ihre Telefonnummer?
telephoto lens das Teleobjektiv *[teleobyekt**ee**f]*
television das Fernsehen *[f**ai**rnzayen]*; **I'd like to watch television** ich möchte gern fernsehen *[m**ur**cht-uh gairn]*; **is the match on television?** wird das Spiel im Fernsehen übertragen? *[**oo**bertr**ah**gen]*
telex: I want to send a telex ich möchte ein Telex schicken *[ine t**ay**lex sh**i**cken]*
tell: could you tell him ...? können Sie ihm sagen ...? *[k**ur**nen zee eem z**ah**gen]*
temperature (*weather etc*) die Temperatur *[temperat**oo**r]*; **he has a temperature** er hat Fieber *[air hat f**ee**ber]*
temporary vorübergehend *[for**oo**bergayent]*
tenant (*of apartment*) der Mieter *[m**ee**ter]*
tennis Tennis
tennis ball ein Tennisball (*m*) *[—bal]*
tennis court ein Tennisplatz (*m*) *[—plats]*
tennis racket ein Tennisschläger (*m*) *[—shlayger]*

tent ein Zelt (*nt*) *[tselt]*
term (*school*) das Halbjahr *[halp-yar]*
terminus die Endstation *[ent-shtats-yohn]*
terrace die Terrasse *[terrass-uh]*; **on the terrace** auf der Terrasse
terrible furchtbar *[foorcHtbar]*
terrific sagenhaft *[zahgenhaft]*
testicle der Hoden *[hohden]*
than als *[alss]*; **smaller than** kleiner als
thanks, thank you danke *[dank-uh]*; **thank you very much** vielen Dank *[feelen dank]*; **thank you for everything** vielen Dank für alles *[foor al-ess]*; **no thanks** nein danke *[nyne dank-uh]*
that: that woman diese Frau *[deez-uh frow]*; **that man** dieser Mann *[deezer man]*; **that house** dieses Haus *[deezess howss]*; **I hope that ...** ich hoffe, daß ... *[dass]*; **that's very strange** das ist sehr seltsam; **that's it** (*that's right*) genau *[genow]*; **is it that expensive?** ist es so teuer? *[zo toyer]*
the (*singular*) der/die/das *[dair/dee/dass]*; (*plural*) die *[dee]*; *see page 107*
theatre, theater das Theater *[tayahter]*
their ihr/ihre *[eer/eer-uh]*; *see page 110*
theirs ihrer *[eer-er]*; *see page 112*
them sie *[zee]*; **for them** für sie *[foor zee]*; **with them** mit ihnen *[een-en]*; *see page 111*
then dann
there dort; **over there** dort drüben *[drooben]*; **up there** da oben; **there is/are ...** es gibt ... *[es gipt]*; **there you are** (*giving something*) bitte *[bitt-uh]*
thermal spring eine Thermalquelle *[tairmahlkvell-uh]*
thermometer ein Thermometer (*nt*) *[tairmomayter]*
thermos flask eine Thermosflasche *[tairmoss-flash-uh]*
thermostat der Thermostat *[tairmostaht]*
these diese *[deez-uh]*; **can I have these?** kann ich diese hier haben?
they sie *[zee]*; **are they ready?** sind sie fertig? *[zint zee fairticH]*; *see page 111*
thick dick; (*stupid*) blöd *[blurt]*
thief ein Dieb (*m*) *[deep]*
thigh der Schenkel *[shenkel]*
thin dünn *[doon]*
thing ein Ding (*nt*); **have you seen my things?** haben Sie meine Sachen gesehen? *[hahben zee myne-uh zacHen gezayen]*; **first thing in the morning** als erstes am Morgen *[alss airstess]*
think denken; **what do you think?** was meinen Sie? *[vass mynen zee]*; **I think so** ich glaube ja *[icH glowb-uh yah]*; **I don't think so** ich glaube nicht; **I'll think about it** ich werde darüber nachdenken *[icH vaird-uh daroober nacHdenken]*
third party (*insurance*) eine Haftpflichtversicherung *[haftpflicHt-fairzicHeroong]*
thirsty: I'm thirsty ich habe Durst *[doorst]*
this: this hotel dieses Hotel *[deezess]*; **this street** diese Straße *[deez-uh shtrahss-uh]*; **this man** dieser Mann *[deezer]*; **this is my wife** das ist meine Frau *[dass ist myne-uh frow]*; **this is my favo(u)rite café** dies ist mein Lieblingscafé *[deess]*; **is this yours?** gehört dies Ihnen? *[gehurt deess eenen]*; **this is ...** (*on phone*) hier spricht ... *[heer shpricHt]*
those diese da *[deez-uh da]*; **not these, those** nicht diese hier, diese da
thread der Faden *[fahden]*
throat der Hals *[halss]*
throat lozenges die Halstabletten
throttle (*motorbike*) der Gashebel *[gahsshaybel]*; (*boat*) die Drossel
through durch *[doorcH]*; **does it go through Cologne?** geht es über Köln? *[gayt ess oober kurln]*; **Monday through Friday** Montag bis Freitag *[biss]*; **straight through the city centre** mitten durch das Stadtzentrum *[mitten]*
through train ein durchgehender Zug (*m*) *[doorcHgayender tsook]*
throw werfen *[vairfen]*; **don't throw it away** werfen Sie es nicht weg *[vairfen zee ess nicHt veck]*; **I'm going to throw up** ich muß mich übergeben *[icH mooss micH oobergayben]*
thumb der Daumen *[dowmen]*
thumbtack eine Heftzwecke *[heftsveck-uh]*
thunder der Donner
thunderstorm ein Gewitter (*nt*) *[gevitter]*
Thursday der Donnerstag *[donnerstahk]*
ticket (*train, bus, boat*) eine Fahrkarte *[fahrkart-uh]*; (*plane*) ein Ticket (*nt*); (*cinema*) eine Eintrittskarte *[ine-tritts-*

ticket office   71   **top**

kart-uh]; (*cloakroom*) eine Garderobenmarke [garder*oh*benmark-uh]
ticket office der Fahrkartenschalter [*fah*rkartenshallter]
tide: at low tide bei Ebbe [*by* ebb-uh]; **at high tide** bei Flut [*by* flōōt]
tie (*necktie*) eine Krawatte [krav*att*-uh]
tight (*clothes*) eng; **the waist is too tight** es ist in der Taille zu eng [tsōō]
tights eine Strumpfhose [shtr*oo*mpfhohz-uh]
time die Zeit [tsyte]; **what's the time?** wie spät ist es? [*vee* shpayt ist ess]; **at what time do you close?** wann schließen Sie? [van shl*ee*ssen zee]; **there's not much time** die Zeit ist knapp; **for the time being** vorläufig [forloy*fich*]; **from time to time** von Zeit zu Zeit; **right on time** genau rechtzeitig [gen*ow* re*ch*tsytich]; **this time** diesmal [dees*s*mahl]; **last time** letztes Mal [*let*stess]; **next time** nächstes Mal [nay*ch*stess]; **four times** viermal [*feer*mahl]; **have a good time!** viel Spaß [*feel* shpahss]; *see page 118*
timetable der Fahrplan [f*ah*rplahn]
tin (*can*) eine Dose [d*oh*z-uh]
tin-opener ein Dosenöffner (*m*) [d*oh*zenurfner]
tint (*hair*) tönen [t*ur*nen]
tiny winzig [v*i*ntsich]
tip das Trinkgeld [tr*i*nkgelt]; **does that include the tip?** ist das einschließlich Trinkgeld? [*ine*-shleesslich]
tire (*for car*) ein Reifen (*m*) [r*y*fen]
tired müde [m*oo*d-uh]; **I'm tired** ich bin müde
tiring anstrengend [*an*shtrengent]
tissues die Papiertücher [papp*ee*rt*oo*cher]
to: to Düsseldorf/England nach Düsseldorf/England [na*ch*]; **to the airport** zum Flughafen [ts*oo*m]; **here's to you!** (*toast*) auf Ihr Wohl! [*owff* eer vohl]; *see page 118*
toast ein Toast (*m*); (*drinking*) ein Toast (*m*)
tobacco der Tabak [t*abak*]
tobacconist, tobacco store ein Tabakladen (*m*) [t*aba*klahden]
today heute [h*oy*t-uh]; **today week** heute in einer Woche [in *ine*-er v*och*-uh]
toe der Zeh [ts*ay*]
toffee ein Karamelbonbon (*m*) [karam*ay*lbonbon]
together zusammen [ts*oo*zammen]; **we're together** wir sind zusammen; **can we pay together?** können wir zusammen bezahlen?
toilet die Toilette [tvall*ett*-uh]; **where's the toilet?** wo ist die Toilette? [*vo*]; **I want to go to the toilet** ich muß auf die Toilette [*owff dee*]; **she's in the toilet** sie ist in der Toilette
toilet paper das Toilettenpapier [tvall*ett*enpappeer]
toilet water das Toilettenwasser [tvall*ett*envasser]
toll: motorway toll die Autobahngebühr [*ow*to-bahngeb*ur*]
tomato eine Tomate [tom*aht*-uh]
tomato juice ein Tomatensaft (*m*) [tom*ah*tenzaft]
tomato ketchup der Tomatenketchup [tom*ah*ten—]
tomorrow morgen; **tomorrow morning** morgen früh [fr*oo*]; **tomorrow afternoon** morgen nachmittag [na*ch*mittahk]; **tomorrow evening** morgen abend [*ah*bent]; **the day after tomorrow** übermorgen [*oo*bermorgen]; **see you tomorrow** bis morgen
ton die Tonne [t*o*nn-uh]; *see page 120*
toner die Gesichtslotion [gezi*ch*tslohts-y*oh*n]
tongue die Zunge [ts*oo*ng-uh]
tonic (water) das Tonic
tonight heute abend [h*oy*t-uh *ah*bent]; **not tonight** nicht heute abend
tonsillitis eine Mandelentzündung [mandelents*oo*ndoong]
tonsils die Mandeln
too zu [ts*oo*]; (*also*) auch [*owch*]; **too much** zuviel [ts*oo*feel]; **me too** ich auch; **I'm not feeling too good** ich fühle mich nicht sehr wohl [i*ch* f*oo*l-uh mich nicht zair vohl]
tooth ein Zahn (*m*) [ts*ahn*]
toothache die Zahnschmerzen [ts*ahn*shmairtsen]
toothbrush eine Zahnbürste [ts*ahn*b*oo*rst-uh]
toothpaste die Zahnpasta [ts*ahn*pasta]
top: on top of ... oben auf ... [*oben owff*]; **on top of the car** oben auf dem Auto; **on the top floor** im obersten Stock; **at the top** oben; **at the top of the hill** oben am Berg; **top quality** Spitzenqualität [*shpit*senkvalitayt]; **bikini top** das Bikini-

topless — 72 — **trouble**

Oberteil *[—obertyle]*
topless oben ohne *[oben ohn-uh]*; **topless beach** ein Oben-ohne-Strand (*m*) *[—shtrant]*
torch eine Taschenlampe *[tashenlamp-uh]*
total die Endsumme *[entzoom-uh]*
touch berühren *[beroren]*; **let's keep in touch** wir sollten in Verbindung bleiben *[veer zollten in fairbindoong blyben]*
tough (*meat*) zäh *[tsay]*; **tough luck!** Pech! *[pecH]*
tour eine Reise *[ryze-uh]*; **is there a tour of ...?** gibt es eine Führung durch ...? *[ine-uh fooroong doorcH]*
tour guide ein Reiseführer (*m*) *[ryze-uh-foorer]*
tourist ein Tourist *[toorist]*
tourist office ein Fremdenverkehrsbüro (*nt*) *[fremdenfairkairsbooro]*
touristy: somewhere not so touristy wo nicht so viele Touristen sind *[vo nicHt zo feel-uh tooristen zint]*
tour operator ein Reiseveranstalter (*m*) *[ryze-uh-fairanshtallter]*
tow: can you give me a tow? können Sie mich abschleppen? *[kurnen zee micH apshleppen]*
toward(s) nach *[nacH]*; **toward(s) Bremen** in Richtung Bremen *[ricHtoong]*
towel ein Handtuch (*nt*) *[hant-toocH]*
town die Stadt *[shtatt]*; **in town** in der Stadt; **which bus goes into town?** welcher Bus fährt in die Stadt? *[fairt in dee]*; **we're staying just out of town** wir wohnen am Stadtrand *[am shtattrant]*
town hall das Rathaus *[raht-howss]*
tow rope ein Abschleppseil (*nt*) *[apshlepp-zyle]*
toy ein Spielzeug (*nt*) *[shpeeltsoyk]*
track suit ein Trainingsanzug (*m*) *[—antsook]*
traditional traditionell *[tradits-yohnel]*; **a traditional German meal** ein typisch deutsches Essen *[toopish doytshess]*
traffic der Verkehr *[fairkair]*
traffic circle ein Kreisverkehr (*m*) *[kryce-fairkair]*
traffic cop ein Verkehrspolizist (*m*) *[fair-kairspolitsist]*
traffic jam ein Verkehrsstau (*m*) *[fair-kairss-shtow]*
traffic light(s) die Ampel

trailer (*for carrying tent etc*) ein Anhänger (*m*) *[anhenger]*; (*caravan*) ein Wohnwagen *[vohnvahgen]*
train ein Zug (*m*) *[tsook]*; **when's the next train to ...?** wann fährt der nächste Zug nach ...? *[van fairt]*; **by train** mit dem Zug
trainers (*shoes*) die Turnschuhe *[toornshoo-uh]*
train station der Bahnhof *[bahnhohf]*
tram eine Straßenbahn *[shtrahssenbahn]*
tramp (*person*) ein Landstreicher (*m*) *[lantshtrycHer]*
tranquillizers das Beruhigungsmittel *[beroo-igoongsmittel]*
transatlantic transatlantisch
transformer ein Transformator (*m*) *[—ahtor]*
transistor (*radio*) ein Transistorradio (*nt*) *[tranzistor-rahdee-o]*
translate übersetzen *[ooberzetsen]*; **could you translate that?** könnten Sie das übersetzen? *[kurnten zee]*
translation die Übersetzung *[ooberzet-soong]*
transit desk der Transitschalter *[tranzeetshallter]*
transmission (*of car*) das Getriebe *[getreeb-uh]*
travel reisen *[ryzen]*; **we're travel(l)ing around** wir machen eine Rundreise *[veer macHen ine-uh roontryze-uh]*
travel agent ein Reisebüro (*nt*) *[ryze-uh-booro]*
travel(l)er der Reisende *[ryzend-uh]*
traveller's cheque, traveler's check ein Reisescheck (*m*) *[ryze-uh-sheck]*
tray ein Tablett (*nt*)
tree ein Baum (*m*) *[bowm]*
tremendous fantastisch *[—tish]*
trendy schick *[shick]*
tricky (*difficult*) schwierig *[shveericH]*
trim: just a trim please nur etwas beischneiden, bitte *[noor etvass byshnyden]*
trip ein Ausflug (*m*) *[owssflook]*; **I'd like to go on a trip to ...** ich möchte gern eine Reise nach ... machen *[icH murcHt-uh gairn ine-uh ryze-uh nacH ... macHen]*; **have a good trip!** gute Reise!
tripod ein Stativ (*nt*) *[shtateef]*
trouble die Schwierigkeiten *[shveericH-kyten]*; **I'm having trouble with ...** ich habe Schwierigkeiten mit ...;

sorry to trouble you es tut mir leid, Sie zu belästigen [ess toot meer lyte zee tsoo belestigen]
trousers eine Hose [hohz-uh]
trouser suit ein Hosenanzug (m) [hohzen-antsook]
trout eine Forelle [forel-uh]
truck ein Lastwagen (m) [lasstvahgen]
truck driver ein Lastwagenfahrer (m) [lasstvahgenfahrer]
true wahr [vahr]; **that's not true** das stimmt nicht [dass shtimmt nicht]
trunk (of car) der Kofferraum [kofferrowm]
trunks (swimming) eine Badehose [bahduh-hohz-uh]
truth die Wahrheit [vahrhyte]; **it's the truth** das ist die Wahrheit
try versuchen [fairzoochen]; **please try** bitte versuchen Sie es; **will you try for me?** könnten Sie es versuchen? [kurnten zee]; **I've never tried it** (food, sport) ich habe es noch nie probiert [ich hahb-uh ess noch nee probeert]; **can I have a try?** kann ich es versuchen?; **may I try it on?** kann ich es anprobieren? [anprobeeren]
T-shirt ein T-shirt (nt)
tube (for tyre) ein Schlauch (m) [shlowch]
Tuesday der Dienstag [deenstahk]
tuition: I'd like tuition ich möchte gern Unterricht nehmen [ich murcht-uh gairn oonterricht naymen]
tulip eine Tulpe [toolp-uh]
tuna fish der Thunfisch [toonfish]
tune die Melodie [melodee]

tunnel ein Tunnel (m) [toonel]
Turk (man) der Türke [toork-uh]; (woman) die Türkin [toorkin]
Turkey die Türkei [tor-ky]
Turkish türkisch [toorkish]
turn: it's my turn next ich bin als nächster dran [ich bin als naychster dran]; **turn left** biegen Sie links ab [beegen zee links ap]; **where do we turn off?** wo müssen wir abbiegen? [apbeegen]; **can you turn the lights on?** können Sie das Licht anmachen? [kurnen zee dass licht anmachen]; **can you turn the lights off?** können Sie das Licht ausmachen? [owssmachen]; **he didn't turn up** er ist nicht gekommen
turning (in road) eine Abzweigung [aptsvygoong]
TV das Fernsehen [fairnzayen]
tweezers eine Pinzette [pintsett-uh]
twice zweimal [tsvymahl]; **twice as much** zweimal soviel [tsvymahl zofeel]
twin beds zwei Einzelbetten [tsvy ine-tselbetten]
twins die Zwillinge [tsvilling-uh]
twist: I've twisted my ankle ich habe mir den Fuß vertreten [ich hahb-uh meer dayn fooss fairtrayten]
type die Art; **a different type of ...** eine andere Art von ...
typewriter eine Schreibmaschine [shrype-masheen-uh]
typical typisch [toopish]
tyre ein Reifen (m) [ryfen]
Tyrol Tirol [tirohl]
Tyrolean Tiroler [tirohler]

U

ugly häßlich [hesslich]
ulcer ein Geschwür [geshvoor]
Ulster Ulster
umbrella ein Schirm (m) [sheerm]
uncle: my uncle mein Onkel
uncomfortable unbequem [oonbekvaym]
unconscious bewußtlos [bevoostlohss]
under unter [oonter]; **under age** minder-

jährig [minnder-yairich]
underdone (food) nicht gar [nicht gahr]; (meat) nicht durchgebraten [doorchgebrahten]
underground (railway) die U-Bahn [oo-bahn]
underpants eine Unterhose [oonterhohz-uh]
undershirt ein Unterhemd (nt) [oonter-

understand *hemt]*
understand: I don't understand das verstehe ich nicht *[dass fairshtay-uh ich nicht]*; **I understand** ich verstehe; **do you understand?** verstehen Sie? *[fairshtayen zee]*
underwear die Unterwäsche *[oontervesh-uh]*
undo (*clothes*) aufmachen *[owffmachen]*
uneatable: it's uneatable es ist ungenießbar *[ess ist oongeneessbar]*
unemployed arbeitslos *[arbytes-lohss]*
unfair: that's unfair das ist ungerecht *[dass ist oongerecht]*
unfortunately leider *[lyder]*
unfriendly unfreundlich *[oonfroyntlich]*
unhappy unglücklich *[oonglœcklich]*
unhealthy ungesund *[oongezoont]*
United States die Vereinigten Staaten *[fair'eye'nichten shtahten]*; **in the United States** in den USA *[dayn ōō-ess-ah]*
university eine Universität *[oonivairzitayt]*
unlimited mileage ohne Kilometerbeschränkung *[ohn-uh kilomayter-beshrenkoong]*
unlock aufschließen *[owffshleessen]*; **the door was unlocked** die Tür war nicht verschlossen *[nicht fairshlossen]*
unpack auspacken *[owsspacken]*
unpleasant unangenehm *[oonangenaym]*
untie aufmachen *[owffmachen]*
until bis *[biss]*; **until we meet again** bis wir uns wiedersehen *[veer oonss veeder-*

zayen]; **not until Wednesday** erst Mittwoch *[airst]*
unusual ungewöhnlich *[oongevurnlich]*
up oben; **further up the road** weiter die Straße entlang *[vyteer dee shtrahss-uh]*; **up there** da oben; **he's not up yet** er ist noch nicht auf *[noch nicht owff]*; **what's up?** was ist los? *[vass ist lohss]*
upmarket (*restaurant, bar*) anspruchsvoll *[anshproochsfoll]*
upset stomach eine Magenverstimmung *[mahgenfairshtimmoong]*
upside down verkehrt herum *[fairkairt hairoom]*
upstairs oben; **I'm going upstairs** ich gehe nach oben *[ich gay-uh nach oben]*
urgent dringend *[dringent]*; **it's very urgent** es ist sehr dringend
urinary tract infection eine Harntraktinfektion *[harntraktinfekts-yohn]*
us uns *[oonss]*; **with us** mit uns; **for us** für uns; **it's us** wir sind es *[veer zint]*; *see page 111*
use: may I use ...? kann ich ... benutzen? *[benootsen]*
used: I used to swim a lot ich bin früher viel geschwommen *[ich bin frœ-er feel geshvommen]*; **when I get used to ...** wenn ich mich an ... gewöhnt habe *[ven ich mich ... gevurnt hahb-uh]*
useful nützlich *[nœtslich]*
usual üblich *[œblich]*; **as usual** wie gewöhnlich *[vee gewurnlich]*
usually gewöhnlich *[gevurnlich]*
U-turn eine Wende *[vend-uh]*

V

vacancy: do you have any vacancies? (*hotel*) haben Sie Zimmer frei? *[hahben zee tsimmer fry]*
vacation die Ferien *[fairee-en]*; **we're here on vacation** wir sind auf Urlaub hier *[veer zint owff ōōrlowp heer]*
vaccination die Impfung *[impfoong]*
vacuum cleaner ein Staubsauger (*m*) *[shtowp-zowger]*
vacuum flask eine Thermosflasche

[tairmoss-flash-uh]
vagina die Vagina *[vahgeena]*
valid gültig *[gœltich]*; **how long is it valid for?** wie lange ist es gültig? *[vee]*
valley das Tal *[tahl]*
valuable (*adj*) wertvoll *[vairtfol]*; **can I leave my valuables here?** kann ich meine Wertsachen hierlassen? *[ich myne-uh vairtzachen heerlassen]*
value der Wert *[vairt]*

van der Lieferwagen *[leefervahgen]*; (*for camping etc*) der Kleinbus *[klyne-booss]*
vanilla die Vanille *[vaneel-yuh]*; **vanilla ice-cream** ein Vanilleeis (*nt*) *[—ice]*
varicose veins die Krampfadern *[krampf-ahdern]*
variety show eine Varietévorführung *[vahree-etay-forfœroong]*
vary: it varies es ist unterschiedlich *[ess ist oontersheetlich]*
vase eine Vase *[vahz-uh]*
vaudeville das Varieté *[vahree-etay]*
VD eine Geschlechtskrankheit *[geshlechts-krankhyte]*
veal das Kalbfleisch *[kalpflyshe]*
vegetable(s) das Gemüse *[gemœz-uh]*
vegetarian vegetarisch *[vegetahrish]*; **I'm a vegetarian** ich bin Vegetarier
velvet der Samt *[zamt]*
vending machine ein Automat *[owtomaht]*
ventilator ein Ventilator (*m*) *[ventilahtor]*
very sehr *[zair]*; **just a very little German** nur ein ganz kleines bißchen Deutsch *[noor ine gants klyness bisschen doytsh]*; **just a very little for me** nur eine Kleinigkeit für mich *[klynichkyte]*; **I like it very much** ich mag es sehr gern *[ich mahk ess zair gairn]*
vest ein Unterhemd (*nt*) *[oonterhemt]*; (*waistcoat*) eine Weste *[vest-uh]*
via über *[œber]*

video (*recorder*) ein Videorecorder (*m*); (*cassette*) ein Videokassette *[—kasett-uh]*
Vienna Wien *[veen]*
Viennese Wiener *[veener]*
view der Blick; **what a superb view!** was für eine herrliche Aussicht! *[vass foor ine-uh hairlich-uh owss-zicht]*
viewfinder der Sucher *[zoocher]*
villa eine Villa
village ein Dorf (*nt*)
vine eine Rebe *[rayb-uh]*
vinegar der Essig *[essich]*
vine-growing area ein Weinbaugebiet (*nt*) *[vyne-bowgebeet]*
vineyard ein Weinberg (*m*) *[vyne-bairk]*
vintage der Jahrgang *[yahrgang]*; **vintage wine** ein edler Wein (*m*) *[ine aydler vyne]*
visa ein Visum (*nt*) *[veezoom]*
visibility die Sichtbarkeit *[zichtbarkyte]*
visit besuchen *[bezoochen]*; **I'd like to visit ...** ich möchte ... besuchen; **come and visit us** kommen Sie auf einen Besuch bei uns vorbei *[zee owff ine-en bezooch by oonss for-by]*
vital: it's vital that ... es ist unbedingt notwendig, daß ... *[oonbedinkt nohtvendich]*
vitamins die Vitamine *[vitameen-uh]*
vodka ein Wodka (*m*) *[vodka]*
voice die Stimme *[shtimm-uh]*
voltage die Spannung *[shpannoong]*
vomit erbrechen *[airbrechen]*

W

wafer (*ice-cream*) eine Eiswaffel *[ice-vaffel]*
waist die Taille *[tal-yuh]*
waistcoat eine Weste *[vest-uh]*
wait warten *[varten]*; **wait for me** warten Sie auf mich *[zee owff mich]*; **don't wait for me** warten Sie nicht auf mich; **it was worth waiting for** es hat sich gelohnt, darauf zu warten; **I'll wait till my wife comes** ich warte, bis meine Frau kommt *[vart-uh biss]*; **I'll wait a little longer** ich warte noch etwas; **can you do it while I wait?** kann ich darauf warten?

[darowff]
waiter der Ober; **waiter!** Herr Ober! *[hair ober]*
waiting room der Wartesaal *[vart-uhzahl]*
waitress die Kellnerin; **waitress!** Fräulein! *[froylyne]*
wake: will you wake me up at 6.30? können Sie mich um 6.30 Uhr wecken? *[kurnen zee mich ... vecken]*
Wales Wales
walk: let's walk there wir können zu Fuß

walking dorthin gehen [tsoo fooss dort-hin gayen]; **is it possible to walk there?** kann man zu Fuß dorthin gehen?; **I'll walk back** ich gehe zurück [iCH gay-uh tsooroeck]; **is it a long walk?** geht man lange dorthin? [gayt man lang-uh]; **it's only a short walk** es ist nicht weit zu gehen [niCHt vyte]; **I'm going out for a walk** ich gehe spazieren [shpatseeren]; **let's take a walk around town** gehen wir ein bißchen in der Stadt spazieren [ine bissCHen]

walking: I want to do some walking ich möchte ein bißchen wandern [iCH murCHt-uh ine bissCHen van-dern]

walking boots die Wanderstiefel [van-dershteefel]

walking stick ein Spazierstock (m) [shpatseershtock]

walkman (tm) ein Walkman (m)

wall die Wand [vant]; (external) die Mauer [mower]

wallet die Brieftasche [breeftash-uh]

wander: I like just wandering around ich wandere gern einfach so durch die Gegend [iCH vander-uh gairn ine-faCH zo doorCH dee gaygent]

want: I want a ... ich möchte ein(e) ... [iCH murCHt-uh]; **I don't want any wine** ich möchte keinen Wein; **I want to go home** ich will nach Hause [vill]; **but I want to** ich möchte es aber; **I don't want to** ich will nicht [niCHt]; **he wants to ...** er will ...; **what do you want?** was wollen Sie? [vass vollen zee]

war der Krieg [kreek]

ward (in hospital) die Station [shtatsee-ohn]

warm warm [vahrm]; **it's so warm today** es ist so warm heute; **I'm so warm** mir ist so warm [meer]

warning die Warnung [vahrnoong]

was: it was ... es war ... [ess vahr]; see page 114

wash waschen [vashen]; **I need a wash** ich muß mich waschen; **can you wash the car?** können Sie mein Auto waschen? [kurnen zee]; **can you wash these?** können Sie die für mich waschen?; **it'll wash off** (stain) das läßt sich herauswaschen [lest ziCH herowss-vashen]

washcloth ein Waschlappen (m) [vash-lappen]

washer (for bolt) eine Dichtung [diCHtoong]

washhand basin ein Handwaschbecken (nt) [hantvash-becken]

washing (clothes) die Wäsche [vesh-uh]; **where can I hang my washing?** wo kann ich meine Wäsche aufhängen? [vesh-uh owff-hengen]; **can you do my washing for me?** kann ich meine Wäsche bei Ihnen waschen lassen? [... by eenen ...]

washing machine eine Waschmaschine [vashmasheen-uh]

washing powder das Waschpulver [vashpoolver]

washing-up: I'll do the washing-up ich mache den Abwasch [iCH maCH-uh dayn apvash]

washing-up liquid das Spülmittel [shpoolmittel]

wasp eine Wespe [vesp-uh]

wasteful: that's wasteful das ist verschwenderisch [fairshvenderish]

wastepaper basket ein Papierkorb (m) [pappeerkorp]

watch (wrist-) eine Armbanduhr [armbant-oor]; **will you watch my things for me?** könnten Sie auf meine Sachen aufpassen? [kurnten zee owff myne-uh zaCHen owffpassen]; **I'll just watch** ich sehe nur zu [iCH zay-uh noor tsoo]; **watch out!** passen Sie auf! [passen zee owff]

watch strap das Uhrarmband [oor-armbant]

water das Wasser [vasser]; **may I have some water?** kann ich etwas Wasser haben?

watercolo(u)r (painting) ein Aquarell (nt) [akvarel]

waterproof wasserfest [vasserfest]

waterski: I'd like to learn to waterski ich möchte gern Wasserskilaufen lernen [vasseershee-lowfen]

waterskiing Wasserskilaufen [vasser-shee-lowfen]

water sports der Wassersport [vasser-shport]

water wings die Schwimmflügel [shvim-floegel]

wave (sea) eine Welle [vell-uh]

way: which way is it? welche Richtung ist es? [velCH-uh riCHtoong ist ess]; **it's this**

way es ist hier entlang *[heer entlang]*; **it's that way** es ist dort entlang; **could you tell me the way to …?** könnten Sie mir sagen, wie ich nach … komme? *[kurnten zee meer zahgen vee ich nach … komm-uh]*; **is it on the way to Munich?** liegt es auf dem Weg nach München? *[owff daym vayk nach]*; **you're blocking the way** Sie versperren den Weg *[zee fair-shperren dayn]*; **is it a long way to …?** ist es weit bis nach …? *[vyte]*; **would you show me the way to do it?** könnten Sie mir zeigen, wie man das macht? *[tsy-gen vee man dass macht]*; **do it this way** Sie müssen es so machen *[zee mœssen ess zo machen]*; **no way!** auf keinen Fall! *[owff kynen fal]*
we wir *[veer]*; *see page 111*
weak schwach *[shvach]*
wealthy reich *[ryche]*
weather das Wetter *[vetter]*; **what foul weather!** was für ein mieses Wetter! *[meezess]*; **what beautiful weather!** wie schön das Wetter ist! *[vee shurn]*
weather forecast der Wetterbericht *[vetter-bericht]*
wedding die Hochzeit *[hochtsyte]*
wedding anniversary der Hochzeitstag *[hochtsytes-tahk]*
wedding ring der Ehering *[ay-uh-ring]*
Wednesday der Mittwoch *[mittvoch]*
week eine Woche *[voch-uh]*; **a week (from) today** heute in einer Woche *[hoyt-uh in ine-er]*; **a week (from) tomorrow** morgen in einer Woche; **Monday week** Montag in einer Woche
weekend: at/on the weekend am Wochenende *[vochen-end-uh]*
weight das Gewicht *[gevicht]*; **I want to lose weight** ich möchte gern abnehmen *[ich murcht-uh gairn apnaymen]*
weight limit das zugelassene Höchstgewicht *[tsoogelassen-uh hurchst-gevicht]*
weird (*thing to happen*) unheimlich *[oon-hyme-lich]*; (*person, taste*) seltsam *[zeltzam]*
welcome: welcome to … willkommen in … *[villkommen in]*; **you're welcome** bitte sehr *[bitt-uh zair]*
well: I don't feel well ich fühle mich nicht wohl *[ich fool-uh mich nicht vohl]*; **I haven't been very well** mir ging es in letzter Zeit nicht sehr gut *[meer ging ess in letster tsyte nicht zair goot]*; **she's not well** sie fühlt sich nicht wohl *[zee]*; **how are you?** — **very well, thanks** wie geht's Ihnen? — sehr gut, danke *[zair goot dank-uh]*; **you speak English very well** Sie sprechen sehr gut Englisch *[zee shprechen zair goot eng-lish]*; **me as well** ich auch *[ich owch]*; **well done!** gut gemacht! *[goot gemacht]*; **well, …** nun, … *[noon]*; **well well!** na so was! *[nah zo vass]*
well-done (*steak*) gut durchgebraten *[goot doorchgebrahten]*
wellingtons die Gummistiefel *[goommee-shteefel]*
Welsh walisisch *[val-eezish]*
were *see page 114*
west der Westen *[vesten]*; **to the west** nach Westen *[nach]*
West Indian westindisch *[vestindish]*; (*man*) der Westindier *[vestindee-er]*; (*woman*) die Westindierin
West Indies Westindien *[vestindee-en]*
wet naß *[nass]*; **it's all wet** es ist ganz naß *[gants]*; **it's been wet all week** es regnet schon die ganze Woche *[ess raygnet shohn dee gants-uh voch-uh]*
wet suit ein Taucheranzug (*m*) *[towcher-antsook]*
what? was? *[vass]*; **what's that?** was ist das?; **I don't know what to do** ich weiß nicht, was ich tun soll; **what a view!** was für ein Blick! *[vass før ine]*
wheel das Rad *[raht]*
wheelchair ein Rollstuhl (*m*) *[rol-shtool]*
when? wann? *[van]*; **when we get back** wenn wir zurückkommen *[ven veer tsoo-rœck-kommen]*; **when I was in Berlin** als ich in Berlin war *[alss]*
where? wo? *[vo]*; **where is …?** wo ist …?; **I don't know where he is** ich weiß nicht, wo er ist; **that's where I left it** da habe ich es liegenlassen *[da hahb-uh ich ess leegen-lassen]*; **where are you going?** wohin gehen Sie? *[vohin gayen zee]*; **where are you from?** woher kommen Sie? *[vohair]*
which: which bus? welcher Bus? *[velcher booss]*; **which house?** welches Haus? *[velchess howss]*; **which town?** welche Stadt? *[velch-uh shtatt]*; **I forget which it was** ich habe vergessen, welcher es war; **the one which …** derjenige, der

while 78 **work**

... [d**ai**ryaynig-uh]
while: while I'm here während ich hier bin [v**ai**rent icH heer]
whipped cream die Schlagsahne [shl**ah**kzahn-uh]
whisky ein Whisky (m)
whisper flüstern [fl**oo**stern]
white weiß [vyce]
white wine der Weißwein [vyce-vyne]
Whitsun Pfingsten
who? wer? [vair]; **who was that?** wer war das? [vair vahr dass]; **the man who ...** der Mann, der ... [dair]; **the woman who ...** die Frau, die ... [dee]; **the girl who ...** das Mädchen, das ...
whole: the whole week die ganze Woche [dee g**a**nts-uh v**o**cH-uh]; **two whole days** zwei volle Tage [f**o**ll-uh t**ah**g-uh]; **the whole lot** das Ganze
whooping cough der Keuchhusten [k**oy**cH-h**oo**sten]
whose: whose is this? wem gehört das? [vaym geh**u**rt dass]
why? warum? [vahr**oo**m]; **why not?** warum nicht? [n**i**cHt]; **that's why it's not working** deshalb funktioniert es nicht [d**e**ss-halp]
wide breit [bryte]
wide-angle lens ein Weitwinkelobjektiv (nt) [v**y**te-vinkel-obyekt**ee**f]
widow eine Witwe [v**i**t-vuh]
widower ein Witwer (m) [v**i**tver]
wife: my wife meine Frau [myne-uh frow]
wig eine Perücke [pair**oo**ck-uh]
will: will you give this to him? würden Sie ihm das geben [v**oo**rden zee]; see page 117
win gewinnen [gev**i**nnen]; **who won?** wer hat gewonnen? [vair hat gev**o**nnen]
wind der Wind [vint]
window ein Fenster (nt); (of shop) das Schaufenster [sh**o**wfenster]; **near the window** am Fenster; **in the window** (of shop) im Schaufenster
window seat ein Fensterplatz (m)
windscreen, windshield die Windschutzscheibe [v**i**ntshoots-shybe-uh]
windscreen wipers, windshield wipers die Scheibenwischer [sh**y**benvisher]
windsurf: I'd like to windsurf ich möchte gern windsurfen [v**i**ntsurfen]

windsurfing das Windsurfen [v**i**ntsurfen]
windy: it's so windy es ist so windig [ess ist zo v**i**ndicH]
wine der Wein [vyne]; **can we have some more wine?** können wir noch etwas Wein haben? [k**u**rnen veer]
wine glass das Weinglas [v**y**ne-glahss]
wine list die Weinkarte [v**y**ne-kart-uh]
wine-tasting eine Weinprobe [v**y**ne-prohb-uh]
wing ein Flügel (m) [fl**oo**gel]; (of car) der Kotflügel [k**oh**tfl**oo**gel]
wing mirror der Außenspiegel [**o**wssenshpeegel]
winter der Winter [v**i**nter]; **in the winter** im Winter
winter holiday der Winterurlaub [v**i**nter**oo**rlowp]
winter sports der Wintersport [v**i**ntershport]
wire die Draht; (elec) die Leitung [l**y**toong]
wireless ein Radio (nt) [r**ah**dee-o]
wiring (in house) die elektrischen Leitungen [dee elektr**i**shen l**y**toongen]
wish: wishing you were here ich wünschte, Sie wären hier [icH v**oo**nsht-uh zee v**ai**ren heer]; **best wishes** mit besten Wünschen [v**oo**nshen]
with mit; **I'm staying with ...** ich wohne bei ... [icH v**oh**n-uh by]
without ohne [**oh**n-uh]
witness ein Zeuge [ts**oy**g-uh]; (woman) eine Zeugin [ts**oy**gin]; **will you be a witness for me?** würden Sie für mich als Zeuge zur Verfügung stehen? [v**oo**rden zee f**oo**r micH alss ... ts**oo**r fairf**oo**gong sht**ay**en]
witty (person) geistreich [g**y**ste-rycHe]
wobble: it wobbles (wheel etc) es wackelt [ess v**a**ckelt]
woman die Frau [frow]; **women** Frauen [fr**o**wen]
wonderful herrlich [h**ai**rlicH]
won't: it won't start es startet nicht [ess sht**a**rtet n**i**cHt]; see page 117
wood (material) das Holz [holts]
woods (forest) ein Wald (m) [valt]
wool die Wolle [v**o**ll-uh]
word ein Wort (nt) [vort]; **you have my word** Sie haben mein Wort [zee h**ah**ben]
work arbeiten [**a**rbyten]; **how does it**

work? wie funktioniert es? *[vee foonktsee-oneert ess]*; **it's not working** es funktioniert nicht; **I work in an office** ich arbeite in einem Büro *[icH arbyte-uh]*; **do you have any work for me?** haben Sie einen Job für mich? *[hahben zee ine-en job fœr micH]*; **when do you finish work?** wann haben Sie Feierabend? *[fy-er-ahbent]*
world die Welt *[velt]*
worn-out (*person*) erschöpft *[airshurpft]*; (*clothes, shoes*) abgetragen *[apgetrahgen]*
worry: I'm worried about her ich mache mir Sorgen um sie *[icH macH-uh meer zorgen oom zee]*; **don't worry** machen Sie sich keine Sorgen *[kyne-uh]*
worse: it's worse es ist schlimmer *[ess ist shlimmer]*; **it's getting worse** es wird schlimmer *[veert]*
worst schlimmster *[shlimmster]*
worth: it's not worth 50 es ist keine 50 wert *[ess ist kyne-uh ... vairt]*; **it's worth more than that** es ist mehr wert als das *[mair vairt alss dass]*; **is it worth a visit?** lohnt sich ein Besuch dort? *[lohnt zicH ine bezoocH dort]*
would: would you give this to ...? könnten Sie dies ... geben? *[kurnten zee]*; **what would you do?** was würden Sie machen? *[vass vœrden zee macHen]*
wrap: could you wrap it up? können Sie es einpacken? *[kurnen zee ess inepacken]*
wrapping die Verpackung *[fairpackoong]*
wrapping paper das Packpapier *[packpappeer]*
wrench (*tool*) ein Schraubenschlüssel (*m*) *[shrowbenshlœsel]*
wrist das Handgelenk *[hantgelenk]*
write schreiben *[shryben]*; **could you write it down?** könnten Sie es aufschreiben? *[kurnten zee ess owffshryben]*; **how do you write it?** wie schreibt man das? *[vee shrypte man dass]*; **I'll write to you** ich werde Ihnen schreiben; **I wrote to you last month** ich habe Ihnen letzten Monat geschrieben *[icH hahb-uh eenen letsten mohnat geshreeben]*
write-off: the car's a write-off der Wagen hat Totalschaden *[dair vahgen hat totahl-shahden]*
writer der Schriftsteller *[shriftshteller]*; (*woman*) die Schriftstellerin
writing paper das Schreibpapier *[shrype-pappeer]*
wrong: you're wrong Sie haben unrecht *[zee hahben oonrecHt]*; **the bill's wrong** in der Rechnung ist ein Fehler *[in dair recHnoong ist ine fayler]*; **sorry, wrong number** tut mir leid, falsch verbunden *[toot meer lyte falsh fairboonden]*; **I'm on the wrong train** ich bin im falschen Zug *[im falshen tsook]*; **I went to the wrong room** ich bin in das falsche Zimmer gegangen; **that's the wrong key** das ist der falsche Schlüssel; **there's something wrong with ...** mit ... stimmt etwas nicht *[shtimmt etvass nicHt]*; **what's wrong?** was ist los? *[vass ist lohss]*; **what's wrong with it?** was stimmt daran nicht? *[dahran nicHt]*

X

X-ray die Röntgenaufnahme *[rurntgen-owffnahm-uh]*

Y

yacht eine Jacht *[yacht]*
yacht club der Segelklub *[zaygel-kloob]*
yard: in the yard im Garten; *see page 119*
year ein Jahr *[yahr]*
yellow gelb *[gelp]*
yellow pages die Gelben Seiten *[zyten]*
yes ja *[yah]*; (*answering negative question*) doch *[doch]*
yesterday gestern; **yesterday morning** gestern morgen; **yesterday afternoon** gestern nachmittag; **the day before yesterday** vorgestern *[forgestern]*
yet: has it arrived yet? ist es schon angekommen? *[shohn]*; **not yet** noch nicht *[noch nicht]*
yobbo der Rowdy
yog(h)urt ein Joghurt (*m*) *[yohgoort]*
you Sie *[zee]*; (*sing. familiar*) du *[doo]*; (*pl. familiar*) ihr *[eer]*; **for you** für Sie/dich/euch *[ouch]*; **with you** mit Ihnen/dir/euch *[eenen, deer]*; *see page 111*
young jung *[yoong]*
young people die jungen Leute *[dee yoongen loyt-uh]*
your Ihr *[eer]*; (*sing. familiar*) dein *[dyne]*; (*pl. familiar*) euer *[oy-yer]*; **is this your camera?** ist dies Ihre Kamera?; *see page 110*
yours Ihrer *[eerer]*; (*sing. familiar*) deiner *[dyne-er]*; (*pl. familiar*) eurer *[oyrer]*; *see page 112*
youth hostel eine Jugendherberge *[yoogent-hairbairg-uh]*; **we're youth hostel(l)ing** wir übernachten in Jugendherbergen *[veer œbernachten in yoogent-hairbairgen]*
Yugoslavia Jugoslawien *[yoogoslahvee-en]*

Z

zero null *[nool]*; **it's below zero** es ist unter null *[oonter]*
zip, zipper der Reißverschluß *[ryce-fairshlooss]*; **could you put a new zip on?** könnten Sie einen neuen Reißverschluß anbringen? *[kurnten zee ine-en noyen]*
zoo ein Zoo (*m*) *[tso]*
zoom lens ein Zoomobjektiv (*nt*) *[zoom-obyekteef]*

German – English

A

Aal [ahl] eel
Aalsuppe [ahlzoop-uh] eel soup
Ab from, down
Abbiegen turn off
Abblendlicht dipped/dimmed headlights
Abendessen dinner
Abendkasse box office, tickets at the door
Abf. (Abfahrt) dept, departure
Abfahrt departures
Abfall litter
Abfertigung check-in
Abgefüllt in ... bottled in ...
Abgezähltes Geld please tender exact fare, no change given
Abhebung collection
Absender sender
Absolutes Halteverbot waiting strictly prohibited
Absolutes Parkverbot parking strictly prohibited
Absolutes Rauchverbot smoking strictly prohibited
Abtei abbey
Abteil compartment
Abteilung department
Abwärts down
Achtung! Straßenbahn beware of tram/streetcar
ADAC (Allgemeiner Deutscher Automobil-Club) German motoring organization
Adresse address
Alle Kassen all health insurance schemes accepted
Alle Rechte vorbehalten all rights reserved
Alle Richtungen all directions
Alpen Alps
Altenheim old people's home
a.M. (am Main) on the Main
Am Spieß [am shpeess] on the spit
Ananas pineapple
Andenken souvenirs
Anfassen der Waren verboten do not touch
Angeln verboten no fishing
Ank. (Ankunft) arr, arrival
Ankauf we buy ...
Ankunft arrivals
Ankunftshalle arrivals (area)
Anlieger frei residents only
Anmeldung reception
Anrufbares Telefon incoming calls may be received on this phone
Anschluß an ... connects with ...
Anschrift address
Antiquitäten antiques
Anzahlung deposit
AOK (Allgemeine Ortskrankenkasse) German health insurance organization
Äpfel [epfel] apples
Äpfel im Schlafrock [shlahfrock] baked apples in pastry
Apfelkompott stewed apples
Apfelmus [apfelmooss] apple purée
Apfelsaft [apfelzaft] apple juice
Apfelsinen [apfelzeenen] oranges
Apfelstrudel [apfel-shtroodel] apple strudel
Apfeltasche [apfeltash-uh] apple turnover
Apfelwein [apfelvyne] cider
Apotheke chemist's, pharmacy
Äppelwoi [eppelvoy] cider
Aprikosen [aprikohzen] apricots
a.R. (am Rhein) on the Rhine
ARD (Arbeitsgemeinschaft der Rundfunkanstalten Deutschlands) first German television channel
Arme Ritter [arm-uh] bread soaked in milk and egg then fried, French toast
Arschloch! [arshlocH] bastard!
Artischocken [artishocken] artichokes
Arzt doctor
Ärztlicher Notdienst emergency medical service
Aspik aspic
Auberginen [ohbairjeenen] aubergines, eggplants

Auf up, open
Auf eigene Gefahr at own risk
Aufenthaltsraum lounge
Auflauf [owfflowff] (baked) pudding or omelet(te)
Aufschnitt [owffshnitt] sliced cold cuts
Aufwärts up
Aufzug lift, elevator
Augenarzt optician; ophthalmologist
Augenoptiker ophthalmic optician
Aus off, out
Ausfahrt exit
Ausfahrt freihalten keep exit clear
Ausfahrt freilassen keep exit clear
Ausgang exit, way out
Ausgenommen except
Auskunft information
Ausland abroad, overseas, international
Ausländisches Erzeugnis foreign produce
Ausländische Währungen foreign currencies
Auslandsgespräch international call
Auslese wine made from the ripest bunches of grapes, belongs to the top German wine category
Außer Betrieb out of order
Äußerlich (anzuwenden) for external use
Außer samstags/sonntags except for Saturdays/Sundays
Aussichtspunkt viewpoint
Austern [owstern] oysters
Ausverkauf sale
Ausverkauft sold out
Ausweis identification
Auszahlungen withdrawals
Autobahn motorway, highway
Autobahndreieck junction, intersection
Autobahnkreuz junction, intersection
Autobahnraststätte motorway/highway service station
Autofähre car-ferry
Automat vending machine
Autoreparaturen auto repairs
Autovermietung car hire, car rental
Autowäsche car wash
Autozubehör auto accessories

B

Babyartikel babywear, items for babies
Bäcker baker
Backobst [backohpst] dried fruit
Backpflaumen [backpflowmen] prunes
Bad bathroom
Baden verboten no bathing
Badezimmerartikel bathroom furniture and fittings
Badezimmerbedarf for the bathroom
Bahnhof station
Bahnhofsmission charity offering help to travel(l)ers
Bahnhofspolizei railway/railroad police
Bahnkilometer kilometres/kilometers by rail
Bahnsteig platform, track
Bahnsteigkarte platform ticket
Bahnübergang level/grade crossing
Baiser [bezzay] meringue
Balkansalat [bal-kahn-zalaht] cabbage and pepper salad
Balkon balcony, circle
Bananen [banahnen] bananas
Bandnudeln [bantnōōdeln] ribbon noodles
Basilikum [bazilikoom] basil
Bauernauflauf [bowernowfflowff] bacon and potato omelet(te)
Bauernfrühstück [bowernfrœshtœk] bacon and potato omelet(te)
Bauernomelett [bowernomlet] bacon and potato omelet(te)
Baumwolle cotton
Baustelle building site
Bayern Bavaria
Bechamelkartoffeln [beshamelkartoffeln] sliced potatoes in creamy sauce
Bedienung [bedeenoong] service
Bedienung inbegriffen service included
Bedienungsanleitung instructions for use
Beerdigungsunternehmen undertaker,

mortician
Beerenauslese wine from specially selected single grapes, belongs to the top German wine category
Beginn der Vorstellung um ... performance begins at ...
Bei Frost Glatteisgefahr road liable to ice over in cold conditions
Beilagen *[bylahgen]* side dishes
Bei Nichtgefallen Geld zurück money back if not satisfied
Bei Versagen Knopf drücken press button to get money back
Bekanntmachung notice, bulletin
Bekleidung clothing
Belegt occupied, busy, engaged
Beleuchtungsartikel lamps and lighting
Benzin petrol, gas
Bergfahrt up
Berliner (Ballen) *[bairleener (bal-en)]* jam doughnut
Berühren der Waren verboten do not touch
Besetzt occupied, busy, engaged
Besetztzeichen engaged/busy tone
Bestandteile ingredients
Bestattungen funeral directors
Besteck cutlery, flatware
Besuchszeiten visiting times
Betreten auf eigene Gefahr enter at own risk
Betreten der Baustelle verboten no admission to building site
Betreten des Rasens nicht gestattet keep off the grass
Betriebsbereit ready for use
Betriebsferien holidays, vacation
Betteln und Hausieren verboten no beggars, no hawkers
Betten beds
Bettwäsche bed linen
Be- und Entladen erlaubt loading and off-loading permitted
Bezahlung mit Kreditkarten möglich credit cards welcome
Bf. (Bahnhof) station
BH (Büstenhalter) bra
Bier *[beer]* beer
Biersuppe *[beerzoop-uh]* beer soup
Billigpreise reduced prices
Bindemittel starch
Bio-Laden health food shop/store
Biologisch abbaubar bio-degradable

Birnen *[beernen]* pears
Biskuit *[biskweet]* sponge
Biskuitrolle *[biskweetrol-uh]* Swiss roll
Bismarckhering *[bismark-hairing-uh]* filleted pickled herring
Bitte *[bittuh]* please, can I help you?, you're welcome
Bitte anschnallen please fasten your seatbelts
Bitte einordnen get in lane
Bitte einzeln eintreten please enter one at a time
Bitte klingeln please ring
Bitte klopfen please knock
Bitte nicht stören please do not disturb
Bitte schließen please close the door
Bitte warten please wait
Blätterteig *[blettertyke]* puff pastry
Blau *[blow]* au bleu, boiled
Blaukraut *[blowkrowt]* red cabbage
Bleifrei lead-free
Blumen flowers
Blumenkohl *[bloomenkohl]* cauliflower
Blumenkohlsuppe *[bloomenkohlzoop-uh]* cauliflower soup
Blutig *[blooticH]* rare
Blutwurst *[blootvoorst]* blood sausage
Bockwurst *[bockvoorst]* large frankfurter
Bodensee Lake Constance
Bohnen beans
Bohneneintopf *[bohnen-ine-topf]* bean stew
Bohnensalat *[bohnenzalaht]* bean salad
Bohnensuppe *[bohnenzoop-uh]* bean soup
Bootsverleih boats for hire/rent
Bordkarte boarding pass
Botschaft embassy
Bouillon *[booyon]* clear soup
Bouletten *[booletten]* meat balls
Bowle *[bohl-uh]* punch
Branchenverzeichnis yellow pages
Braten *[brahten]* roast meat
Bratensoße *[brahtenzohss-uh]* gravy
Bratheringe *[braht-hairing-uh]* (pickled) fried herring (*served cold*)
Bratkartoffeln *[brahtkartoffeln]* fried potatoes
Bratwurst *[brahtvoorst]* grilled pork sausage
Brauereiabfüllung bottled in the brewery
BRD (Bundesrepublik Deutschland)

FRG, Federal Republic of Germany
Brennbar combustible
Brief letter
Briefkasten letter box, mail box
Briefmarke stamp
Brillen spectacles, eye glasses
Brot [broht] bread
Brötchen [brurtcHen] roll
Brotsuppe [brohtzoop-uh] bread soup
Brücke bridge
Brühwurst [brœvoorst] large frankfurter
Brust [broost] breast
Bücherei library
Bücher und Zeitschriften books and magazines
Buchhandlung bookshop, bookstore

Bückling [bœkling] smoked red herring
Bühne stage
Bundesrepublik Deutschland Federal Republic of Germany
Bundesstraße major road
Bunte Platte [boont-uh plat-uh] mixed salad (with meat)
Burg castle
Burgundersoße [boorgoonder-zohss-uh] Burgundy wine sauce
Büroartikel office supplies
Bushaltestelle bus stop
Buttercremetorte [bootterkraym-tort-uh] cream cake
Buttermilch [boottermilcH] buttermilk
bzw. (beziehungsweise) or

C

Café café, serving mainly cakes, coffee and tea etc
Campingbedarf camping equipment
Champignons [shampinyongs] mushrooms
Champignonsauce [shampinyongzohss-uh] mushroom sauce
Chemische Reinigung dry-cleaner
Chicoree [shikoray] chicory

Chinakohl [sheena-kohl] Chinese cabbage
Chinarestaurant Chinese restaurant
Chips [ships] crisps, potato chips
Coiffeur hairdresser
Cordon bleu veal cordon bleu
Currywurst mit Pommes frites ['curry'-vōōrst mit pom frit] curried pork sausage with chips

D

Damen ladies, ladies' rest room
Damen(be)kleidung ladies' wear
Damenmoden ladies' fashions
Damenunterwäsche lingerie
Danke [dank-uh] thank you
DB (Deutsche Bundesbahn) German Federal Railways/Railroad
DDR (Deutsche Demokratische Republik) GDR, German Democratic Republic, East Germany
Defekt out of order
Der Bundesgesundheitsminister:
Rauchen gefährdet Ihre Gesundheit government warning: smoking can damage your health
Der Kunde ist König the customer is always right
Deutsches Beefsteak [doytshess 'beefsteak'] mince meat, ground beef
Deutsches Erzeugnis made in Germany
Deutschland Germany
d.h. (das heißt) i.e.
Dicke Bohnen [dick-uh] broad beans
Dienstag Tuesday

Dillsoße [dillzohss-uh] dill sauce
DJH (Deutsche Jugendherberge) youth hostel
DM (Deutsche Mark) DM, German mark
Diskothek discotheque
Dom cathedral
Donnerstag Thursday
Doppelzimmer double room
DR (Deutsche Reichsbahn) East German Railways/Railroad
Dragees sugar-coated tablets
Dreimal täglich einzunehmen to be taken three times a day
DRK (Deutsches Rotes Kreuz) German Red Cross
Drogerie chemist's, drugstore
Drücken push
Durchfahrt verboten no thoroughfare
Durchgang passage
Durchgebraten [doorcHgebrahten] well-done
Durchgehend geöffnet open all day/night
Durchwachsen [doorcHvacksen] with fat
Durchwachsener Speck [doorcHvacksener shpeck] streaky bacon
Dusche shower
D-Zug express train

E

EG (Europäische Gemeinschaft) EEC, European Economic Community
Eier ['eye'-er] eggs
Eierauflauf ['eye'-er-owfflowff] omelet(te)
Eierkuchen ['eye'-er-kōōcHen] pancakes
Eierpfannkuchen ['eye'-er-pfannkōōcHen] pancakes
Eierspeise ['eye'-er-shpyze-uh] egg dish
Ein in, on
Einbahnstraße one-way street
Einfache Fahrt single/one-way journey
Einfahrt freihalten keep entrance clear
Einfahrt freilassen keep entrance clear
Eingang entrance, way in
Eingelegt [ine-gelaykt] pickled
Eingelegte Bratheringe [ine-gelayktuh braht-hairing-uh] pickled herrings
Eingetragenes Warenzeichen registered trademark
Einheitspreis flat rate
Einkaufskorb shopping basket
Einkaufswagen trolley, shopping cart
Einlaß admission
Einmarkstück one mark coin
Einreiben rub in
Einschreibsendungen registered letters and parcels
Einstieg vorn/hinten enter at the front/rear
Eintopf [ine-topf] stew
Eintopfgericht [ine-topfgericHt] stew
Eintritt frei admission free
Eintrittskarte ticket
Eintrittspreise admission
Ein Umtausch gegen bar ist nicht möglich goods cannot be exchanged for cash
Einzahlungen deposits
Einzelpreis price (per item)
Einzelzimmer single room
Eis [ice] ice, ice cream
Eisbecher [ice-becHer] ice cream sundae
Eisbein [ice-byne] knuckles of pork
Eiscafé ice-cream parlo(u)r, also serving drinks
Eisenwarenhandlung ironmonger, hardware store
Eisschokolade [ice-shokolahd-uh] iced chocolate drink
Eissplittertorte [ice-shplittertort-uh] cake with fine chips of ice in it
Eisstadion ice rink
Eiswein wine made from grapes picked after a frost, belongs to the top German wine category
Elektriker electrician
Elektroartikel electrical goods
Elektrogeräte electrical equipment
Eltern haften für ihre Kinder parents

are responsible for their children
Empfang reception
Empfänger addressee
Ende der Autobahn end of motorway/highway
Ende der Vorfahrtsstraße end of priority
Endiviensalat [endeevee-en-zalaht] endive salad
Endstation terminus
Englisch [eng-lish] (of meat) rare
Entenbraten [entenbrahten] roast duck
Entgrätet [entgraytet] boned, filleted
Enthält ... contains ...
Entschuldigen Sie bitte [entshooldigen zee bittuh] excuse me
Entschuldigung [entshooldigoong] sorry, excuse me
Erbsen [airpsen] peas
Erbsensuppe [airpsenzoop-uh] pea soup

Erdbeertorte [airtbairtort-uh] strawberry cake
Erdgeschoß (UK) ground floor, (USA) first floor
Ergibt die doppelte/dreifache Menge makes twice/three times the amount
Erholungsgebiet recreational area
Ermäßigte Preise reduced prices
Ermäßigungen reductions, concessions
Ersatzteile spare parts
Erste Hilfe first aid
Erste Klasse first class
Erst gurten, dann starten clunk click every trip, seatbelts on
Erwachsene adults
Essig [essicH] vinegar
Etage floor
Euroscheck(karte) Eurocheque card
Ev. (evangelisch) Protestant
Explosionsgefahr danger of explosion

F

Facharzt für ... ... specialist (doctor)
Fahrausweis ticket
Fahrausweise sind auf Verlangen vorzuzeigen tickets must be displayed on request
Fahrkarten tickets
Fahrkartenautomat ticket machine
Fahrplan timetable, schedule
Fahrpreise fares
Fahrräder bicycles
Fahrradverleih bicycle hire/rental
Fahrradweg cycle path
Falscher Hase [fal-sher hahz-uh] meat loaf
Familienpackung family pack
Familienprogramm family program(me)
Farben und Lacke paints
Fasan [fazahn] pheasant
Fasching carnival
Fasse dich kurz! keep it brief
Februar February
Federweißer new wine
Feinkost delicatessen
Feldsalat [felt-zalaht] lamb's lettuce

Fenchel [fencHel] fennel
Ferngespräch long distance call
Fernlicht full/high beam
Fernsprecher telephone
Fernsprechzelle telephone box/booth
Festhalten hold tight
Fett fat
Fettgehalt fat content
Feuer fire
Feuergefahr fire hazard
Feuerleiter fire escape
Feuertreppe fire escape
Feuerwehr fire brigade/department
Filet [fillay] fillet (steak)
Fisch [fish] fish
Fischfilet [fishfillay] fish fillet
Fischfrikadellen [fishfrikadellen] fishcakes
Fischgerichte [fishgericHt-uh] fish dishes
Fischgeschäft fishmonger
Fischstäbchen [fish-shtaypcHen] fish fingers, fish sticks
Flädlesuppe [flayd-luh-zoop-uh] clear soup with pancake strips

Flambiert [flambeert] flambéd
Fleischbrühe [flyshe-broo-uh] stock
Fleischerei butcher
Fleischkäse [flyshe-kayz-uh] meat loaf
Fleischklößchen [flyshe-klursCHen] meat ball(s)
Fleischpastete [flyshe-pastayt-uh] meat vol-au-vent
Fleischsalat [flyshe-zalaht] diced meat salad with mayonnaise
Fleisch- und Wurstwaren meats and sausages
Fleischwurst [flyshe-voorst] pork sausage
Flug flight
Fluggeschwindigkeit flight speed
Flughafen airport
Flughöhe altitude
Flugsteig gate
fl.W. (fließendes Wasser) running water
Fond [font] meat juices
Forelle [forell-uh] trout
Forelle blau [forell-uh blow] trout au bleu, boiled trout
Forelle Müllerin (Art) [forell-uh moolerin] trout with butter and lemon (breaded)
Fotoartikel photographic equipment
Fotokopien photocopies
Fr. (Frau) Mrs, Ms
Frauen women
Frauenarzt gyn(a)ecologist
Frei free, vacant
Frei von Konservierungsstoffen/ künstlichen Aromastoffen contains no preservatives/artificial flavo(u)ring
Freibad outdoor swimming pool

Freigegeben ab ... Jahren suitable for those over ... years of age
Freitag Friday
Freizeichen ringing tone
Freizeitzentrum leisure centre/center
Fremdenzimmer rooms to let/for rent
Friedhof cemetery
Frikadelle [frikadell-uh] rissole
Frikassee [frikassay] fricassee, stewed meat and vegetables with a thick sauce
Frisch gestrichen wet paint
Frischhaltepackung airtight pack
Friseur hairdresser
Fritiert [friteert] (deep-)fried
Frl. (Fräulein) Miss, Ms
Froschschenkel [frosh-shenkel] frogs' legs
Frostschaden frost damage
Frostschutzmittel antifreeze
Fruchtsaft [frooCHtzaft] fruit juice
Frühlingsrolle [froolings-rol-uh] spring roll
Frühstück breakfast
Führungen guided tours
Fundbüro lost property, lost and found
Fünfmarkstück five mark coin
Fünfzigmarkschein fifty mark note/bill
Für Jugendliche ab ... Jahren for young people over the age of ...
Für Kinder ab ... Jahren for children from the age of ...
Fußballstadion football stadium
Fußgänger bitte andere Straßenseite benutzen pedestrians please use other side of road
Fußgängerüberweg pedestrian crossing/footbridge
Fußgängerzone pedestrian precinct

G

Gabelrollmops [gahbelrolmops] rolled-up pickled herring, rollmops
Gans [ganss] goose
Gänsebraten [genz-uh-brahten] roast goose
Gänseleber [genz-uh-layber] goose liver
Gänseleberpastete [genz-uh-layber-pastayt-uh] goose liver pâté
Garantie guarantee
Garderobe cloakroom, checkroom
Garniert [garneert] garnished
Gartenbedarf gardening department
Gasthof restaurant, inn
Gaststätte restaurant, pub

geb. (geboren) née
Gebäck [gebeck] pastries, cakes
Gebacken baked
Gebeizt [gebytst] marinated
Gebraten [gebrahten] fried, roast
Gebrauchsanleitung instructions for use
Gebrauchsanweisung beachten follow instructions for use
Gebrauchtwagen second-hand cars
Gebühr fee, charge, duty
Gebührenpflichtig liable to charge
Gebunden [geboonden] thickened
Gedeck set menu, drinks included in cover charge
Gedeckter Apfelkuchen [gedeckter apfelkoochen] apple flan
Gedünstet [gedoonstet] steamed
Gefahr danger
Gefährliche Einmündung danger: concealed exit
Gefährliche Kurve dangerous bend
Gefährliche Strömung dangerous current
Geflügel [gefloogel] poultry
Geflügelleber [gefloogel-layber] chicken liver
Geflügelleberragout [gefloogel-layber-ragoo] chicken liver ragout/stew
Gefüllt [gefoolt] stuffed
Gefüllte Kalbsbrust [gefoolt-uh kalps-broost] veal roll
Gegart cooked
Gegenanzeige contra-indications
Gegenverkehr hat Vorfahrt oncoming traffic has right of way
Gekocht [gekocht] boiled
Gekochter Schinken [gekochter shinken] boiled ham
Gelbe Seiten yellow pages
Geld einwerfen insert money
Geldeinwurf insert money
Geldrückgabe coins returned
Geldwechsel bureau de change
Gelee [jellay] jelly
Gemischter Salat [gemishter zalaht] mixed salad
Gemischtes Eis [gemishtess ice] assorted ice creams
Gemüse [gemooz-uh] vegetable(s)
Gemüseplatte [gemooz-uh plat-uh] assorted vegetables
Gemüsereis [gemooz-uh-ryce] rice with vegetables

Gemüsesalat [gemooz-uh-zalaht] vegetable salad
Gemüsesuppe [gemooz-uh-zoop-uh] vegetable soup
Geöffnet open
Geöffnet von ... bis ... open from ... to ...
Gepäckaufbewahrung left luggage, baggage checkroom
Gepäckausgabe baggage claim
Gepäckkontrolle baggage check
Gepökelt [gepurkelt] salted, pickled
Geradeaus straight on
Geräuchert [geroychert] smoked
Geräucherte Sprotten [geroychert-uh shprotten] smoked sprats
Gericht [gericht] dish
Gesamtpreis total
Geschäftszeiten hours of business
Geschenkartikel gifts
Geschirr crockery, pots and pans
Geschlossen closed
Geschlossen von ... bis ... closed from ... to ...
Geschmort [geshmort] braised/stewed
Geschnetzeltes [geshnetseltess] strips of meat in thick sauce
Geschwindigkeitsbeschränkung beachten observe speed limit
Geselchtes [gezelchtess] salted and smoked meat
Gesperrt für Fahrzeuge aller Art closed to all vehicular traffic
Gespickt mit ... [geshpickt mit] larded with ...
Getränke [getrenk-uh] beverages
Getränkeautomat drinks vending machine
Gewichtsverlust durch Erhitzen weight loss through heating
Gewünschte Rufnummer wählen dial number required
Gewürze [gevoorts-uh] spices
Gewürzgurken [gevoortsgoorken] gherkins
Giftig poisonous
Giroverkehr giro transactions
Glas und Porzellan glass and china
Glatteisgefahr black ice
Gleis platform, track
Glühwein [gloo-vyne] mulled wine
GmbH (Gesellschaft mit beschränkter Haftung) Ltd, Inc
Goldbarsch [goltbarsh] type of perch

Götterspeise [gurtershpyz-uh] type of jelly
Gratiniert [gratineert] au gratin, with breadcrumbs and cheese
Gratis free
Grenze border
Grenzkontrolle border checkpoint
Grenzübergang border crossing point
Grieß [greess] semolina
Grießklößchen [greessklurschen] semolina dumplings
Grießpudding [greesspooding] semolina pudding
Grießsuppe [greess-zoop-uh] semolina soup
Grillteller mixed grill
Groschen 10 pfennig piece
Großbritannien Great Britain
Größe size
Großpackung large size
Grüne Bohnen [grœn-uh bohnen] French beans
Grüne Nudeln [grœn-uh noodeln] green pasta, spinach pasta
Grüner Aal [grœner ahl] fresh eel
Grünkohl [grœnkohl] (curly) kale
Gruppenreisen group excursions
Gulasch [goolash] goulash
Gulaschsuppe [goolash-zoop-uh] goulash soup
Günstige Preise low prices
Gurkensalat [goorkenzalaht] cucumber salad
Güterzug goods train, freight train

H

H (Haltestelle) (bus) stop
Hackfleisch [hackflyshe] mince, ground beef
Hacksteak mince meat, ground beef
Hafenanlagen docks
Hähnchen [haynchen] chicken
Hähnchenkeule [haynchenkoyl-uh] chicken leg
Haifischflossensuppe [hyfishflossenzoop-uh] shark-fin soup
Halbes Hähnchen [halbess haynchen] half chicken
Halbpension half board, European plan
Hallenbad indoor swimming pool
Hals-Nasen-Ohren-Arzt ear, nose and throat specialist
Halt stop
Haltbar bis ... will keep until ...
Haltbarkeitsdatum best before date
Halte deine Stadt sauber keep your city clean
Haltestelle stop
Halteverbot no waiting
Hammelbraten [hammelbrahten] roast mutton
Hammelfleisch [hammelflyshe] mutton
Hammelkeule [hammelkoyl-uh] leg of mutton
Hammelrücken [hammelrœken] saddle of mutton
Handgepäck hand baggage
Handkäs (mit Musik) [hantkayss (mit moozeek)] very strong smelling cheese (with a sauce)
Handschuhe gloves
Hartkäse [hartkayz-uh] hard cheese
Haschee [hashay] hash
Hasenkeule [hahzenkoyl-uh] haunch of hare
Hasenpfeffer [hahzenpfeffer] jugged hare
Hat's geschmeckt? did you enjoy your meal?
Hauptbahnhof central station
Hauptpost main post office
Hauptprogramm main feature
Hauptspeisen [howptshpyzen] main courses
Hausfrauenart [howssfrowenart] home-made-style
Haushaltgeräte household equipment
Haushaltwaren household goods
Hausmacher (Art) [howssmacher] home-made style
Hausmeister caretaker, janitor
Hausnummer number (of building)

Hbf. (Hauptbahnhof) central station
Hechtsuppe [heCHtzoop-uh] pike soup
Heidelbeeren [hydelbairen] bilberries, blueberries
Heilbutt [hyle-boot] halibut
Heimwerker(bedarf) do-it-yourself
Heißlufttrockner hot-air hand-dryer
Hemden shirts
Hergestellt in ... made in ...
Heringssalat [hairings-zalaht] herring salad
Heringsstipp [hairings-shtip] herring salad
Heringstopf [hairingstopf] pickled herrings
Herren gents, men's rest room
Herren(be)kleidung menswear
Herrenmoden men's fashions
Herrenunterwäsche men's underwear
Hersteller manufacturer, produced by
Herz [hairts] heart
Herzlich willkommen welcome
Herzragout [hairtsragoo] heart ragout/stew
Heute geschlossen closed today
Hier abreißen/abschneiden tear off/cut off here
Hier einreißen tear off here
Hier oben this way up
Hier öffnen open here
Hier sprechen speak here
Himbeeren [himbairen] raspberries
Himmel und Erde [oont aird-uh] potato and apple purée with blood/liver sausage
Hinten einsteigen entrance at rear
Hirn [heern] brains
Hirschbraten [heershbrahten] roast venison

Hirschmedaillons [heershmedahyonss] small venison fillets
HNO (Hals-Nasen-Ohren) ear, nose and throat specialist
Hochspannung high voltage
Höchstgeschwindigkeit maximum speed
Honig [hohnicH] honey
Honigkuchen [hohnicH-koocHen] honeycake
Honigmelone [hohnicH-melohn-uh] honeydew melon
Hoppelpoppel bacon and potato omelet(te)
Hörer abnehmen lift receiver
Hörer einhängen replace receiver
Hosen trousers, pants
Hr. (Herr) Mr
Hüfte [hooft-uh] haunch
Hühnerbrühe [hoonerbroo-uh] chicken broth
Hühnerfrikassee [hoonerfrikassay] chicken fricassee, chicken stew with vegetables in a thick sauce
Hühnersuppe [hoonerzoop-uh] chicken soup
Hülsenfrüchte [hoolzenfrocHt-uh] peas and beans, pulses
Hummer [hoommer] lobster
Hunde bitte anleinen dogs must be kept on the leash
Hunde sind an der Leine zu führen dogs must be kept on the leash
Hundertmarkschein hundred mark note/bill
Hupen verboten sounding horn forbidden
Hüte hats

I

i.d.T. (in der Trockenmasse) dry measure
Imbiß snacks, snackbar
Imbißstube snackbar, fast food café
Immobilienmakler estate agent, realtor
Im Notfall Scheibe einschlagen smash glass in case of emergency

Im Preis reduziert price reduced
Industriegebiet industrial zone
Inh. (Inhaber) prop, owner
Inhalt contents
Inland domestic
Inlandsgespräch inland call
Installateur plumber

Interflug East German airline

Irland Ireland

J

Ja [ya] yes
Jägerschnitzel [yaygershnitsel] pork with mushrooms
Januar January
Jeder Ladendiebstahl wird zur Anzeige gebracht shoplifters will be prosecuted
JH (Jugendherberge) YH, youth hostel
Joghurt [yohgōōrt] yoghurt
Juli July
Jugendzentrum youth centre/center
Junge Mode fashions for the young
Juni June
Juwelier jewel(l)er

K

Kabeljau [kahbelyow] cod
Kabinett [—et] light, usually dry, quality German wine
Kaffee [kaffay] coffee
Kaiserschmarren [kyzershmarren] sugared pancake with raisins
Kakao [kakow] cocoa
Kalbfleisch [kalpflyshe] veal
Kalbsbraten [kalpsbrahten] roast veal
Kalbsbries [kalpsbrees] sweetbread
Kalbsfrikassee [kalpsfrikassay] veal fricassee, veal stew with vegetables in a thick sauce
Kalbshaxe [kalps-hacks-uh] leg of veal
Kalbsmedaillons [kalpsmedahyonss] small veal fillets
Kalbsnierenbraten [kalpsneerenbrahten] roast veal with kidney
Kalbsschnitzel [kalps-shnitsel] veal cutlet
Kalt cold
Kalte Gerichte cold dishes
Kalte Getränke cold drinks
Kalte Platte [kalt-uh plat-uh] salad
Kalter Braten [brahten] cold meat
Kaltes Büfett [booffay] cold buffet
Kaltschale [kaltshahl-uh] cold sweet soup
Kalt servieren serve cold

Kaninchen [kaneenchen] rabbit
Kaninchenbraten [kaneenchenbrahten] roast rabbit
Kännchen [kenchen] pot (of tea, coffee)
Kapern [kahpern] capers
Karamelpudding [karamayl—] caramel pudding
Karbonade [karbonahd-uh] cutlet
Karneval carnival
Karotten carrots
Karpfen carp
Karpfen blau [blow] carp au bleu, boiled carp
Kartoffelbrei [kartoffel-bry] potato purée
Kartoffelklöße [kartoffelklurss-uh] potato dumplings
Kartoffelknödel [kartoffelk-nurdel] potato dumplings
Kartoffeln potatoes
Kartoffelpuffer [kartoffel-poofer] potato fritters
Kartoffelpüree [kartoffel-pooray] potato purée
Kartoffelsalat [kartoffel-zalaht] potato salad
Kartoffelsuppe [kartoffel-zoop-uh] potato soup
Käse [kayz-uh] cheese

Käsegebäck [kayz-uh-gebeck] cheese savo(u)ries
Käsekuchen [kayz-uh-kooCHen] cheesecake
Käseplatte [kayz-uh-plat-uh] selection of cheeses
Käse-Sahne-Torte [kayz-uh-zahn-uh-tort-uh] cream cheesecake
Käsesalat [kayz-uh-zalaht] cheese salad
Käsesoße [kayz-uh-zohss-uh] cheese sauce
Käsespätzle [kayz-uh-shpetz-luh] homemade noodles with cheese
Kasse cashdesk, cash point, box office
Kasseler Rippenspeer [rippenshpair] salted rib of pork
Kasserolle [kasserol-uh] casserole
Kassetten cassettes
Kassler smoked and braised pork chop
Kastanien [kastahnee-en] chestnuts
Katenleberwurst [kahtenlayber-voorst] smoked liver sausage
Katenrauchwurst [kahtenrowCH-voorst] smoked sausage
Kath. (katholisch) Catholic
Kaufhaus department store
Kaviar [kahvee-ar] caviar
Keine heiße Asche einfüllen do not put glowing ashes in
Kein Einstieg no entrance
Keine Selbstbedienung no self-service
Kein Trinkwasser not drinking water
Kein Verkauf an Jugendliche unter ... Jahren sales forbidden to minors under the age of ...
Kein Zutritt no entrance
Kein Zutritt für Jugendliche unter ... Jahren no admission to minors under the age of ...
Keller basement
Keramik china
Keule [koyl-uh] leg, (*of game*) haunch
Kieler Sprotten [keeler shprotten] smoked sprats
Kinder children
Kinderkleidung children's clothing
Kindermoden children's fashions
Kinderspielplatz children's playground
Kindervorstellung children's performance
Kinderwagen prams, baby carriages
Kino cinema, movie theater
Kirche church

Kirschen [keershen] cherries
Klare Brühe [klahr-uh broo-uh] clear soup
Klasse class
Klimaanlage air-conditioning
Klimatisiert air-conditioned
Klingeln ring
Klößchensuppe [klursschen-zoop-uh] clear soup with dumplings
Klöße [klurss-uh] dumplings
Kloster convent, monastery
Knäckebrot [k-neck-uh-broht] crispbread
Knacker [k-nacker] frankfurter(s)
Knackwurst [k-nackvoorst] frankfurter
Kneipe pub, bar
Knoblauch [k-nohblowCH] garlic
Knoblauchbrot [k-nohblowCHbroht] garlic bread
Knochen [k-noCHen] bone
Knochenschinken [k-noCHenshinken] ham on the bone
Knödel [k-nurdel] dumpling
Koffer luggage
Kognak [konyak] brandy
Kohl cabbage
Kohlrabi [kohlrahbee] kohlrabi, type of vegetable similar to a turnip
Kohlrouladen [kohlroolahden] stuffed cabbage leaves
Kohl und Pinkel cabbage, potatoes, sausage and smoked meat
Kokosnuß coconut
Köln Cologne
Kompott stewed fruit
Konditorei cake shop/store
Konfitüre [konfitoor-uh] jam
Königinpastete [kurnigin-pastayt-uh] chicken vol-au-vent/puff pastry
Königsberger Klopse [kurnigsbairger klops-uh] meatballs in caper sauce
Königskuchen [kurnigskooCHen] type of fruitcake
Konservierungsstoffe preservatives
Konsulat consulate
Kontaktlinsen contact lenses
Konto account
Kopfsalat [kopfzalaht] lettuce
Kosmetik cosmetics
Kostüme ladies' suits
Kotelett [kotlet] chop
Krabben shrimps/prawns
Krabbencocktail prawn cocktail

Kraftbrühe [kraftbroo-uh] beef tea
Krankenhaus hospital
Krankenwagen ambulance
Krapfen doughnut
Kräuter [kroyter] herbs
Kräuterbutter [kroyterbootter] herb butter
Kräuterkäse [kroyterkayz-uh] cheese flavo(u)red with herbs
Kräuterquark [kroyterkvark] curd cheese with herbs
Kräutersoße [kroyterzohss-uh] herb sauce
Kräutertee [kroytertay] herbal tea
Krautsalat [krowtzalaht] coleslaw
Krautwickel [krowtvickel] stuffed cabbage leaves
Krawatten ties, neckties

Krebs [krayps] crayfish
Kreditabteilung accounts department
Kredite loans
Kresse [kress-uh] cress
Kriechspur crawler lane
Kroketten croquettes
Kruste [kroost-uh] crust
Küche kitchen, cuisine
Kuchen [kooCHen] cake
Küchenbedarf for the kitchen
Kühl lagern keep in a cool place
Kümmel [koomel] caraway
Kundendienst customer service
Kunsthalle art gallery
Kürbis [koorbiss] pumpkin
Kurort spa
Kurzstrecke short journey
Kurzwaren haberdashery, notions

L

l (Liter) litre, liter
Labskaus [lapskowss] meat, fish and potato stew
Lachs [lacks] salmon
Lachsersatz [lacks-airzats] sliced and salted pollack (fish)
Lachsforelle [lacks-forell-uh] sea trout
Lachsschinken [lacks-shinken] smoked rolled fillet of ham
Lamm lamb
Lammrücken [—rooken] saddle of lamb
Lampen lamps
Landstraße main road, trunk road
Länge length
Langsam fahren drive slowly
Lauchsuppe [lowCHzoop-uh] leek soup
Lebensgefahr danger
Lebensmittel foodstuffs
Leber [layber] liver
Leberkäse [layber-kayz-uh] baked pork and beef loaf
Leberklöße [layberklurss-uh] liver dumplings
Leberknödel [layber-k-nurdel] liver dumplings
Leberpastete [layber-pastayt-uh] liver pâté

Leberwurst [layber-voorst] liver sausage
Lebkuchen [layp-kooCHen] type of gingerbread
Lederwaren leather goods
Leicht verderblich will not keep, perishable
Leihgebühr rental
Leipziger Allerlei [lyptsiger al-er-ly] mixed vegetables
Licht einschalten turn on lights
Lichtspiele cinema, movie theater
Likör [likur] liqueur
Limonade [limonahd-uh] lemonade
Linie line
Linienflug scheduled flight
Linksabbieger left filter
Links halten keep left
Linseneintopf [linzen-ine-topf] lentil stew
Linsensuppe [linzenzoop-uh] lentil soup
Lkw lorry, truck
Luftdicht verpackt airtight pack
Luftdruck tyre/tire pressure, air pressure
Lufthansa West German airline
Luftkissenboot hovercraft
Luftkurort health resort
Luftpostsendungen airmail

M

Mager [mahger] lean
Mai May
Majoran [mahyo-rahn] marjoram
Makrele [makrayl-uh] mackerel
Makronen [makrohnen] macaroons
Mandeln almonds
Männer men
Man spricht Englisch English spoken
Mäntel coats
Marinade [marinahd-uh] marinade
Mariniert [marineert] marinated, pickled
Markklößchen [mark-klurschen] marrowbone dumplings
Markstück mark coin
Marmelade [marmelahd-uh] jam
Marmorkuchen [marmor-koochen] marble cake
Maronen [marohnen] sweet chestnuts
März March
Matjes(hering) [matyess(-hairing)] young herring
Maximale Belastbarkeit maximum load
Medaillons [medahyonss] small fillets
Meeresfische [mairess-fish-uh] seafish
Meeresfrüchte [mairess-frœcht-uh] seafood
Meerrettich [mairettich] horseradish
Meerettichsauce [mairettich-zohss-uh] horseradish sauce
Mehlspeise [maylshpyze-uh] sweet dish, flummery
Mehrwertsteuer valued added tax
Melone [melohn-uh] melon
Metzger butcher
Miesmuscheln [meess-moosheln] mussels
Mietkauf lease purchase
Mietwagen car hire/rental
Milch [milch] milk
Milchmixgetränk [milchmix-getrenk] milk shake
Milchreis [milchryce] rice pudding
Militärisches Sperrgebiet keep off: military zone
Min. (Minute) minute
Mindestens haltbar bis ... will keep at least until ...
Mineralölsteuer oil tax
Mineralwasser [minerahl-vasser] (sparkling) mineral water
Mißbrauch strafbar penalty for improper use
Mist! bugger!
Mit with
Mitbringen von Hunden ist nicht gestattet no dogs allowed
Mit Blick auf ... overlooking ...
Mitfahrzentrale agency for arranging lifts
Mittagessen lunch
Mittags geschlossen closed at lunchtime
Mittagstisch lunch menu, lunches served
Mitteilungen messages
Mittwoch Wednesday
Mit Untertiteln with subtitles
Möbel furniture
Möbliert furnished
Modeartikel fashions
Mohnkuchen [mohnkoochen] poppyseed cake
Möhren [mur-ren] carrots
Mohrenkopf [mohren—] profiterole
Mohrrüben [mohrrœben] carrots
Monatskarte monthly season ticket
Monatsraten monthly instal(l)ments
Montag Monday
Most fruit wine
Motor abstellen switch off engine
Müll abladen verboten no tipping (rubbish)
München Munich
Münzeinwurf insert coin here
Münzen coins
Münzrückgabe returned coins
Münztank coin-operated pump
Mus [mooss] puree
Muscheln [moosheln] mussels
Musikinstrumente musical instruments

Muskat(nuß) [mooskaht(-nooss)] nutmeg

MWSt. (Mehrwertsteuer) VAT, value added tax

N

Nach Art des Hauses [nacH art dess howzess] home-made
Nach den Mahlzeiten after meals
Nach Hausfrauenart [nacH howssfrowenart] home-made
Nachmittags geschlossen closed in the afternoons
Nach Öffnung nur beschränkt haltbar will keep for a limited period only after opening
Nachspeisen [nacHshpyzen] desserts
Nächste Leerung next collection
Nächste Vorstellung um ... next performance at ...
Nachtclub night club
Nachtisch [nacHtish] dessert
Nachtportier night porter
Nachtruhe von ... bis ... lights out from ... to ..., please make no noise between the hours of ... and ...
Nahverkehrszug local train
Napfkuchen [napf-kōōcHen] ring-shaped fruitcake
Natürlich [natoorlicH] natural
Naturprodukt natural produce
Nebel fog
Nein [nyne] no
Nettogewicht net weight
Nettoinhalt net contents
Netzkarte ticket for travel on entire network
Neuer Wein new wine
Nicht berühren do not touch
Nicht betriebsbereit not ready
Nicht bügeln do not iron
Nicht hinauslehnen do not lean out
Nicht hupen sounding horn forbidden
Nicht in der Maschine waschen do not machine wash
Nichtraucher non-smoking
Nicht schleudern do not spin-dry
Nicht stürzen fragile
Nicht zur innerlichen Anwendung for external use only
Nierenragout [neerenragōō] kidney ragout/stew
Norden north
Nordfriesische Inseln North Frisian Islands
Nördliche Stadtteile city north
Nordsee North Sea
Normal 2-star, regular
Notarzt emergency doctor
Notausgang emergency exit
Notausstieg emergency exit
Notbremse emergency brake
Notruf emergency services, 999
Notrufsäule emergency telephone
Nr. (Nummer) No., number
Nüchtern einzunehmen to be taken on an empty stomach
Nudeln [nōōdeln] pasta
Nudelsalat [nōōdel-zalaht] noodle salad
Nudelsuppe [nōōdelzoop-uh] noodle soup
Nur begrenzt haltbar will keep for a limited period only
Nur für Anlieger access for residents only
Nur für Bedienstete staff only
Nur für Erwachsene adults only
Nur im Notfall benutzen emergency use only
Nur mit der Hand waschen hand wash only
Nur zur äußerlichen Anwendung for external use only
Nüsse [nooss-uh] nuts

O

ÖBB (Österreichische Bundesbahn) Austrian Federal Railways/Railroad
Oben top
Obergeschoß top floor
Oberweite bust measurement/chest measurement
Obstsalat [*oh*pst-zalaht] fruit salad
Obst und Gemüse fruit and vegetables
Ochsenschwanzsuppe [*oksenshwants-zoop-uh*] oxtail soup
Öffnungszeiten opening hours
Ohne without
Ohne Knochen [*oh*n-uh k-n*o*cHen] filleted
Oktoberfest Munich beer festival starting in September
Öl oil
Oliven [*olee*ven] olives
Olivenöl [*olee*venurl] olive oil
Ölstand oil level
Ölwechsel sofort oil change done on the spot
Omelett omelet(te)
Optiker optician
Orangen [*ora*njen] oranges
Orangensaft [*ora*njenzaft] orange juice
Originalrezept original recipe
Ortsgespräch local call
Ortszeit local time
Osten east
Ostern Easter
Österreich Austria
Ostfriesische Inseln East Frisian Islands
Östliche Stadtteile city east
Ostsee Baltic

P

P (Parkplatz) car park, parking lot
Päckchen small parcels
Packung packet, packaging
Paketannahme parcels counter
Pakete parcels, packets
Palatschinken [*pallatshi*nken] stuffed pancakes
Pampelmuse [—m*oo*z-uh] grapefruit
Paniert [*pann*eert] with breadcrumbs
Pannenhilfe breakdown services, emergency road services
Papierhandtücher paper towels
Paprika peppers
Paprikasalat [—zalaht] pepper salad
Paprikaschoten [—shohten] peppers
Paradeiser [*parady*zer] tomatoes
Par avion airmail
Parfümerie perfumes
Parkbucht parking space
Parkdauer parking allowed for …
Parken nur mit Parkscheibe parking disks only
Parkett stalls
Parkhaus multi-storey car park, multi-level parking garage
Parkplatz car park, parking lot
Parkverbot no parking
Parmesankäse [—*kay*z-uh] Parmesan cheese
Paßbilder passport photographs
Paßkontrolle passport control
Pastete [*past*ayt-uh] vol-au-vent, puff-pastry
Pause interval, intermission
Pellkartoffeln potatoes boiled in their jackets
Pelze furs
Personaleingang staff entrance

Personenzug passenger train
Petersilie [payterzeelee-uh] parsley
Petersilienkartoffeln [payter-zeelee-en—] potatoes with parsley
Pf. (Pfennig) pfennig, German unit of currency, 100 pf=DM 1
Pfandkredit, Pfandleihe pawnbroker
Pfannkuchen [pfankoochen] pancakes
Pfd. (Pfund) lb, German pound=500g
Pfeffer pepper
Pferderennbahn race course
Pfifferlinge [pfifferling-uh] chanterelles, long thin mushrooms
Pfingsten Whitsun, Pentecost
Pfirsiche [pfeerzich-uh] peaches
Pflaumen [pflowmen] plums
Pflaumenkuchen [pflowmenkoochen] plum tart
Pfund pound
Phonoartikel hi-fi equipment
Pichelsteiner Topf [pichelshtyner topf] vegetable stew with diced beef
Pikant [peekant] spicy
Pikkolo quarter bottle of champagne
Pilze [pilts-uh] mushrooms
Pilzsoße [pilts-zohss-uh] mushroom sauce
Pkw private car
Plakate ankleben verboten stick no bills
Plattenspieler record players
Platzkarte seat reservation
PLZ (Postleitzahl) post code, zip code
Pochiert [posheert] poached
Pökelfleisch [purkelflyshe] salt meat
Polizei police
Polizeipräsidium police headquarters
Polizeiwache police station
Pommes frites [pomfrit] French fried potatoes
Porree [porray] leek

Porto postage
Porzellan porcelain
Postamt post office
Postkarte postcard
Postlagernde Sendungen poste-restante, general delivery
Postleitzahl area code, zip code
Postsparkasse postal savings bank
Postwertzeichen postage stamp
Postwertzeichen in kl. Mengen postage stamps in small quantities
Potthast [pot-hast] braised beef with sauce
Poularde [poolard-uh] young chicken
P+R park and ride
Praktischer Arzt doctor, GP
Preise prices, tariff
Preiselbeeren [pryzel-bairen] cranberries
Preisgünstig inexpensive
Preishit star buy
Preissenkung reductions
Preiswert excellent value
Preßkopf [presskopf] brawn
Prinzeßbohnen [printsess-bohnen] unsliced runner beans
Privateigentum private property
Privatgrundstück private ground
Privatparkplatz private carpark/parking lot
Privatweg private way
Programmkino arts cinema/movie theater
Pumpernickel [poompernickel] black rye bread
Püree [poorray] (potato) purée
Püriert [pooreert] puréed
Putenschenkel [pootenshenkel] turkey leg
Puter [pooter] turkey

Q

Qualitätsware quality goods
Qualitätswein b.A. quality wine from a special wine-growing area
Qualitätswein m.P. (mit Prädikat) quality German wine

Quark [kvark] curd cheese
Quarkkuchen [kvark-koochen] cheesecake
Quarkspeise [kvarkshpyze-uh] curd cheese dish
Quittung receipt

R

Radieschen [radeesschen] radishes
Radio und Fernsehen radio and television
Radweg kreuzt cycle path crosses road
Rahm (sour) cream
Rang row, stalls
Raststätte service area
Ratenzahlung hire purchase, installment plan
Ratenzahlung möglich credit terms
Rathaus town hall
Rattengift rat poison
Rauchen einstellen refrain from smoking
Rauchen und offenes Feuer verboten no smoking or naked lights
Rauchen verboten no smoking
Raucher smoking
Räucheraal [roycher-ahl] smoked eel
Räucherhering [roycher-hairing] kipper, smoked herring
Räucherspeck [roychershpeck] smoked bacon
Rauchfleisch [rowchflyshe] smoked meat
Räumungsverkauf closing down sale
Rechnung bill
Rechtsabbieger right filter
Rechts halten keep right
Reformhaus health food shop/store
Regenmäntel raincoats
Regenschirme umbrellas
Rehbraten [ray-brahten] roast venison
Rehkeule [ray-koyl-uh] haunch of venison
Rehrücken [rayrooken] saddle of venison
Reibekuchen [rybe-uh-koochen] potato waffles
Reifendruck tyre/tire pressure
Reihe row
Reine Seide pure silk
Reine Wolle/Schurwolle pure wool
Reis [ryce] rice
Reisauflauf [ryce-owfflowff] rice pudding

Reisbrei [ryce-bry] creamed rice
Reiseandenken souvenirs
Reiseapotheke first aid kit
Reiseauskunft travel information
Reisebedarf travel requisites
Reisebüro travel agency
Reisende passengers
Reiseproviant food for the journey
Reisescheck traveller's cheque, traveler's check
Reisrand [ryce-rant] rice
Reissalat [ryce-zalaht] rice salad
Reissuppe [ryce-zoop-uh] rice soup
Reklamationen complaints
Remoulade [remoolahd-uh] remoulade, mayonnaise with herbs, mustard and capers
Renke [renk-uh] whitefish
Rennbahn race track
Reparaturen repairs
Reservetank reserve tank
Reserviert reserved
Rettich [rettich] radish
Rettungsdienst emergency/rescue services
Rezeptpflichtig prescription required
Rhabarber [rabbarber] rhubarb
Rhein Rhine
Rheinfahrt boat trip on the Rhine
Rheinischer Sauerbraten [rynisher zowerbrahten] braised beef
Richtung direction
Rinderbraten [rinder-brahten] pot roast
Rinderfilet [rinderfillay] fillet steak
Rinderlende [—lend-uh] beef tenderloin
Rinderrouladen [—roolahden] stuffed beef rolls
Rinderschmorbraten [—shmohr-brahten] pot roast
Rinderzunge [—tsoong-uh] ox tongue
Rindfleisch [rintflyshe] beef
Rindfleischsuppe [rintflyshe-zoop-uh] beef broth
Rippchen [ripchen] spare-rib
Risi-Pisi [rizi-pizi] rice and peas

Risotto risotto
Roh raw
Rohkostplatte [roh-kost-plat-uh] selection of salads
Rollmops rolled-up pickled herring, rollmops
Rollsplit loose chippings
Rolltreppe escalator
Rosa [rohza] rare to medium
Rosenkohl [rohzenkohl] Brussels sprouts
Roséwein rosé
Rosinen [rohzeenen] raisins
Rostbraten [rostbrahten] roast
Rostbratwurst [rostbraht-voorst] barbecued sausage
Rösti [rurshtee] fried potatoes and onions
Röstkartoffeln [rurst-kartoffeln] fried potatoes
Rotbarsch [rohtbarsh] type of perch
Rote Bete [roht-uh bayt-uh] beetroot, red beet
Rote Grütze [roht-uh grœts-uh] red fruit jelly
Rotkohl [rohtkohl] red cabbage
Rotkraut [rohtkrowt] red cabbage
Rotwein [rohtvyne] red wine
Rückfahrkarte return/round trip ticket
Ruf call
Ruf doch mal an make that call
Rufnummer telephone number
Ruhe quiet
Ruhestörender Lärm verboten disturbance of the peace will be prosecuted
Ruhetag closed all day
Ruhige Lage peaceful, secluded spot
Rühreier [rœr-'eye'-er] scrambled eggs
Rührei mit Speck [rœr-'eye' mit shpeck] scrambled egg with bacon
Ruhrgebiet the Ruhr (industrial area)
Rundfahrt tour
Russische Eier [roossish-uh 'eye'-er] egg mayonnaise

S

Sachertorte [zaCHer-tort-uh] layered chocolate cake
Sackgasse cul-de-sac, dead end
Sahne [zahn-uh] cream
Sahnesoße [zahn-uh-zohss-uh] cream sauce
Sahnetorte [zahn-uh-tort-uh] cream gateau
Salate [zalaht-uh] salads
Salatplatte [zalaht-plat-uh] selection of salads
Salatsoße [zalaht-zohss-uh] salad dressing
Salbe ointment
Salz [zalts] salt
Salzburger Nockerln [zaltsbōorger —] type of meringue
Salzheringe [zalts-hairing-uh] salted herrings
Salzkartoffeln [zalts—] boiled potatoes
Salzkruste [zalts-krœst-uh] salty crusted skin
Sammelkarte strip or book of tickets (cheaper than individual tickets)
Samstag Saturday
Sandkuchen [zantkōōCHen] type of Madeira cake
Sauer [zower] sour
Sauerbraten [zowerbrahten] marinated potroast
Sauerkraut [zowerkrowt] white cabbage, finely chopped and pickled
Sauerrahm [zower-rahm] sour cream
S-Bahn local urban railway
SBB (Schweizerische Bundesbahn) Swiss Federal Railways/Railroad
SB-Tankstelle self-service petrol/gas station
Schallplatten records
Schals scarves
Schalter counter
Schaschlik [shashlik] (shish-)kebab
Schattenmorellen [shatten-morellen] morello cherries
Schein note, bill
Scheiße! [shyssuh] shit!

Schellfisch [shellfish] haddock
Schildkrötensuppe [shiltkrurten-zoop-uh] real turtle soup
Schillerlocken [shillerlocken] rolls of smoked haddock
Schimmelkäse [shimmel-kayz-uh] blue cheese
Schinken [shinken] ham
Schinkenröllchen [shinken-rurlcHen] rolled ham
Schinkenwurst [shinkenvoorst] ham sausage
Schirme umbrellas
Schlachtplatte [shlacHtplat-uh] selection of fresh sausages
Schlafanzüge pyjamas, pajamas
Schlafsaal dormitory
Schlafsack sleeping bag
Schlaftabletten sleeping pills
Schlafwagen sleeper, sleeping car
Schlafzimmerbedarf for the bedroom
Schlagsahne [shlahk-zahn-uh] whipped cream
Schlechte Fahrbahn road surface in poor condition
Schlei [shly] tench
Schleudergefahr danger of skidding
Schleuderpreise prices slashed
Schließfächer baggage lockers
Schloß castle
Schmorbraten [shmohrbrahten] pot roast
Schmuck jewel(le)ry
Schnecken [shnecken] snails
Schneiderei tailor
Schnellimbiß snackbar
Schnellzug express train
Schnittchen [shnitcHen] (open) sandwich
Schnittlauch [shnit-lowcH] chives
Schnitzel [shnitsel] cutlet
Schokolade [shokolahd-uh] chocolate
Scholle [sholl-uh] plaice
Schönheitspflege beauty care
Schönheitssalon beauty salon
Schottland Scotland
Schreibwaren stationery
Schritt fahren dead slow
Schuhe shoes
Schuhmacher shoemaker
Schulbedarf school items
Schule school
Schüler und Studenten school children and students
Schulterstück [shoolter-shtœk] piece of shoulder
Schutt abladen verboten no tipping (rubbish)
Schützenfest local carnival
Schwarzbrot [shvartsbroht] brown rye bread
Schwarzwälder Kirschtorte [shvartsvelder keershtort-uh] Black Forest cherry gateau
Schwarzwurzeln [shvarts-voortseln] salsifies, oyster plants (*vegetable*)
Schweinebauch [shvyne-uh-bowcH] belly of pork
Schweinebraten [shvyne-uh-brahten] roast pork
Schweinefilet [shvyne-uh-fillay] fillet of pork
Schweinefleisch [shvyne-uh-flyshe] pork
Schweinekotelett [shvyne-uh-kotlet] pork chop
Schweineleber [shvyne-uh-layber] pig's liver
Schweinerippe [shvyne-uh-ripp-uh] cured pork chop
Schweinerollbraten [shvyne-uh-rolbrahten] rolled roast of pork
Schweineschnitzel [shvyne-uh-shnitsel] pork fillet
Schweinshaxe [shvynss-hacks-uh] knuckle of pork
Schweiz Switzerland
Schwimmbad swimming pool
Schwimmen verboten no swimming
Seelachs [zaylacks] pollack (*fish*)
Seezunge [zay-tsoong-uh] sole
Seife soap
Seitenstreifen nicht befahrbar soft verges, keep off
Sekt [zekt] sparkling wine, champagne
Selbstbedienung self-service
Selbst tanken self-service
Sellerie [zelleree] celery
Selleriesalat [zelleree-zalaht] celery salad
Semmel [zemmel] bread roll
Semmelknödel [zemmelknurdel] bread dumplings
Senf [zenf] mustard
Senfsahnesoße [zenf-zahn-uh-zohss-uh] mustard and cream sauce

Senfsoße [zenf-zohss-uh] mustard sauce
Serbisches Reisfleisch [zairbishess ryce-flyshe] diced pork, onions, tomatoes and rice
Sessellift chair-lift
Siehe ... see ...
Sitz für Schwerbehinderte seat for handicapped
Sitzplätze seats
Soleier [zohl-'eye'-er] pickled eggs
Sommerfahrplan summer timetable/schedule
Sommerschlußverkauf summer clearance sale
Sonderangebot special offer
Sonderflug special flight
Sonderpreis special price
Sondervorstellung special performance
Sonnabend Saturday
Sonnenbrillen sunglasses
Sonntag Sunday
Sonntagsfahrer! [zontahksfahrer] learn to drive!
Sonn- und Feiertage Sundays and holidays
Soße [zohss-uh] sauce, gravy
Soufflé soufflé
Spanferkel [shpahnfairkel] sucking pig
Spareinlagen savings deposits
Spargel [shpargel] asparagus
Spargelcremesuppe [shpargelkraym-zoop-uh] cream of asparagus soup
Sparguthaben savings account
Sparkasse savings bank
Spätvorstellung late performance
Spätzle [shpets-luh] home-made noodles
Speck [shpeck] bacon
Speckknödel [shpeck-knurdel] bacon dumplings
Specksoße [shpeckzohss-uh] bacon sauce
Speisekarte [shpyze-uh-kart-uh] menu
Speiseraum dining room
Speisewagen dining car
Sperrgebiet prohibited area
Spezialität des Hauses [shpetsee-alitayt dess howzess] speciality
Spiegeleier [shpeegel-'eye'-er] fried eggs
Spielende Kinder children at play
Spielkasino casino
Spielplatz playground
Spielwaren toys
Spießbraten [shpeess-brahten] joint roasted on a spit
Spinat [shpinaht] spinach
Spirituosen spirits
Spitzenqualität top quality
Spitzkohl [shpitskohl] white cabbage
Sportartikel sports goods
Sprechstunde surgery hours, consulting hours
Sprotten [shprotten] sprats
Sprudel(wasser) [shproodel(-vasser)] mineral water
Stachelbeeren [shtacHel-bairen] gooseberries
Stadion stadium
Stadtautobahn urban clearway
Stadthalle city hall
Stadtzentrum city centre/center
Standesamt registry office, births, marriages, deaths
Standlicht side lights, parking lights
Stangen(weiß)brot [shtangen-(vyce)-broht] French bread
Starkes Gefälle steep gradient
Std. (Stunde) hr, hour
Stehplätze standing room
Steinpilze [shtyne-pilts-uh] type of mushroom
Steinschlaggefahr danger of falling rocks
Stereoartikel stereo equipment
Stock floor
Stoffe materials, fabrics
Stollen [shtollen] type of fruit loaf
Störungsstelle fault repair service
Str. (Straße) street
Strammer Max [shtrammer—] ham and fried egg on bread
Straße street
Straßenarbeiten roadwork(s)
Straßenbahn tram, streetcar
Straßenbauarbeiten roadwork(s)
Straßenkilometer kilometres/kilometers by road
Strengstens untersagt strictly prohibited
Streuselkuchen [shtroyzel-koocHen] sponge cake with crumble topping
Strickwaren knitwear
Strumpfhosen stockings
Stündlich hourly
Süden south
Südliche Stadtteile city south
Sülze [zoolts-uh] brawn

Super

Super 4-star, premium
Supermarkt supermarket
Suppen [zoopen] soups
Suppengrün [zoopengroon] mixed herbs and vegetables (in soup)
Süß [zooss] sweet
Süßigkeiten sweets, candies
Süß-sauer [zooss-zower] sweet-and-sour
Süßspeisen [zooss-shpyzen] sweet dishes
Süßstoff sweetener, saccharin
Süßwaren confectionery
Süßwasserfische [zooss-vasser-fish-uh] freshwater fish
Synthetik synthetic
Szegediner Gulasch [segedeener goolash] goulash with pickled cabbage

T

Tabakwaren tobacco
Tabletten pills, tablets
Tafelwasser [tahfel-vasser] (still) mineral water
Tafelwein [tahfel-vyne] table wine
Tagesgericht [tahgess-gericht] dish of the day
Tageskarte [tahgess-kart-uh] menu of the day; day ticket
Tagessuppe [tahgess-zoop-uh] soup of the day
Täglich daily
Taillenweite waist measurement
Talfahrt down
Talsperre dam
Tankstelle petrol/gas station
Tanzcafé café with dancing
Tapeten wallpaper
Tatar steak tartare
Taube [towb-uh] pigeon
Tausend thousand
Taxistand taxi rank, taxi stand
Tee [tay] tea
Teigmantel [tyke-mantel] pastry covering
Teilzahlung möglich credit available
Telefonbuch telephone directory
Teppiche carpets
Theaterkasse box office
Thunfisch [toonfish] tuna
Tiefkühlkost frozen food
Tiefpreise rock bottom prices
Tierarzt veterinary surgeon
Tiere animals
Tierpark zoo
Tintenfisch [tintenfish] squid
Toiletten toilets, rest rooms
Toilettenartikel toiletries
Tollwutgefahr danger of rabies
Tomaten [tomahten] tomatoes
Tomatensalat [tomahten-zalaht] tomato salad
Tomatensuppe [tomahten-zoop-uh] tomato soup
Tonbandgeräte tape recorders
Topfpflanzen pot plants
Törtchen [turtchen] tart(s)
Torte [tort-uh] gateau
Treibstoff fuel
Trimm-dich-Pfad keep-fit track
Trinkhalle refreshment kiosk
Trocken dry
Tropfen drops
Tür schließen close door
TÜV (Technischer Überwachungs-Verein) MOT

U

U-Bahn underground, subway
U-Bahnhof underground/subway

Überbacken — 103 — Vorfahrtstraße

station
Überbacken [*ooberbacken*] au gratin, with breadcrumbs and cheese
Überfall attack
Übergewicht excess baggage
Überholverbot no overtaking/passing
Übernachtung mit Frühstück bed and breakfast
Überweisung transfer
Uhr o'clock
Uhren clocks
Uhrmacher watchmaker
Umgehungsstraße by-pass
Umkleidekabine changing room, dressing room
Umleitung detour, diversion
Umsteigen change
Umtausch nur gegen Quittung goods may not be exchanged without a receipt
Umweltfreundlich not harmful to the environment
Unfall accident
Unfallaufnahme casualty, accident ward
Unfallgefahr accident black spot
Ungarischer Gulasch [*oongahrisher goolash*] Hungarian goulash
Ungebraten [*oongebrahten*] unfried
Unmöbliert unfurnished
Unten down, bottom
Unterbodenwäsche underbody cleaning (for cars)
Unterführung underpass
Untergeschoß basement
Unterkunft accommodation(s)
Untersagt prohibited
Unterwäsche underwear
Unverkäufliches Muster not for sale, sample only
usw. (und so weiter) etc

V

Vakuumverpackt vacuum-packed
Vanille [*vaneel-uh*] vanilla
Vanillesoße [*vaneel-uh-zohss-uh*] vanilla sauce
Verboten forbidden
Verdammt (noch mal)! [*fairdamt (noch mahl)*] damn, bloody hell!
Vereinigte Staaten United States
Verengte Fahrbahn road narrows
Verengte Fahrstreifen road narrows
Verfallsdatum best before date
Vergriffen out of stock
Verkauf we sell ...
Verkauf nur gegen bar cash sales only
Verkaufsoffener Samstag shopping on Saturday afternoons
Verkehr alle ... Minuten runs every ... minutes
Verlorene Eier [*fairlohren-uh 'eye'-er*] poached eggs
Vermittlung operator
Versicherung insurance
Verspätung delay
Verzeihung [*fairtsye-oong*] I'm sorry, excuse me
Verzogen nach ... moved to ...
Verzögerung delay
Vielen Dank [*feelen*] thanks a lot
Vielleicht [*feelycht*] maybe
Viertele [*feertel-uh*] large glass of wine
Voll belegt full, no vacancies
Vollklimatisiert fully air-conditioned
Vollkornbrot [*follkorn-broht*] dark rye bread
Vollpension full board, American plan
Vom Grill [*fom grill*] grilled
Vom Kalb [*fom kalp*] veal
Vom Rind [*fom rint*] beef
Vom Rost [*fom rost*] grilled
Vom Schwein [*fom shvyne*] pork
Vom Umtausch ausgeschlossen cannot be exchanged
Vorausbuchung unbedingt erforderlich reserved seats only
Vor dem Schlafengehen before retiring, before going to bed
Vor dem Frühstück before breakfast
Vor den Mahlzeiten before meals
Vorfahrt beachten give way, yield
Vorfahrtsstraße major road (*vehicles*

having right of way)
Vor Gebrauch schütteln shake before using
Vor Kindern schützen keep out of reach of children
Vormittags in the morning
Vorname Christian name, first name
Vorprogramm supporting program(me)
Vorsicht caution
Vorsicht bissiger Hund beware of the dog
Vorsichtig fahren drive carefully
Vorsicht Stufe! mind the step
Vorspeisen [forshpyzen] hors d'oeuvres, starters
Vorstellung performance
Vorverkauf advance booking
Vorwahl(nummer) dialling/area code

W

Waffeln [vaffeln] waffles
Wagenstandanzeiger order of carriages/cars
Wählen dial
Waldorfsalat [valdorf-zalaht] salad with celery, apples and walnuts
Wann [van] when
Warenaufzug service life/elevator
Warm hot
Warme Küche hot meals served
Wartesaal waiting room
Wartezimmer waiting room
Warum [varoom] why
Wäscherei laundry
Waschsalon launderette, laundromat
Waschstraße automatic car wash
Wasser water
Wasserdicht waterproof
Wasserlöslich soluble in water
Wassermelone [vasser-melohn-uh] water melon
Wechselkurs exchange rate
Wechselstube bureau de change
Wegen Krankheit vorübergehend geschlossen closed due to illness
Wegen Umbauarbeiten geschlossen closed for alterations
Weichkäse [vycHe-kayz-uh] soft cheese
Weihnachten Christmas
Wein [vyne] wine
Weinbergschnecken [vyne-bairk-shnecken] snails
Weinbrand [vyne-brant] brandy
Weincreme [vyne-kraym] pudding with wine
Weine und Spirituosen wines and spirits
Weinkarte wine list
Weinkeller wine cellar
Weinschaumcreme [vyne-showm-kraym] creamed pudding with wine
Weinsoße [vyne-zohss-uh] wine sauce
Weinstube wine bar
Weintrauben [vyne-trowben] grapes
Weißbrot [vyce-broht] white bread
Weißkohl [vyce-kohl] white cabbage
Weißkraut [vyce-krowt] white cabbage
Weißwein [vyce-vyne] white wine
Weißwurst [vyce-voorst] veal sausage
Wenn vom Arzt nicht anders verordnet unless otherwise prescribed by your doctor
Werkstatt auto repairs
Werkzeuge tools
Westen west
Westliche Stadtteile city west
Widerrechtlich abgestellte Fahrzeuge werden kostenpflichtig abgeschleppt illegally parked vehicles will be removed at the owner's expense
Wiener Schnitzel [veener shnitsel] veal in breadcrumbs
Wild [vilt] game
Wildschweinkeule [viltshvyne-koyl-uh] haunch of wild boar
Willkommen in ... welcome to ...
Windbeutel [vintboytel] cream puff
Winterfahrplan winter timetable/schedule
Winterschlußverkauf winter clearance sale
Wird strafrechtlich verfolgt will be

prosecuted
Wir führen ... we stock ...
Wir müssen draußen bleiben sorry, no dogs
Wir sind umgezogen we have moved
Wirsing [*veerzing*] savoy cabbage
Wo [*vo*] where
Wochenkarte weekly season ticket
Wurst [*voorst*] sausage
Würstchen [*voorstcHen*] frankfurter(s)
Wurstplatte [*voorst-plat-uh*] selection of sausages
Wurstsalat [*voorst-zalaht*] sausage salad
Wurstsülze [*voorst-zoolts-uh*] sausage brawn
würzig [*voortsicH*] spicy

Z

Zahlbar payable
Zahnarzt dentist
Zander [*tsander*] pike-perch, zander
Zapfsäule petrol/gas pump
z.B. (zum Beispiel) e.g.
ZDF (Zweites Deutsches Fernsehen) second German television channel
Zebrastreifen zebra crossing, pedestrian crosswalk
Zehnmarkschein ten mark note/bill
Zeitansage speaking clock
Zeitschriften magazines
Zeitungen newspapers
Zelten verboten no camping
Zentrum town centre/center
Zerbrechlich fragile
Ziehen pull
Zigaretten cigarettes
Zigarren cigars
Zigeunerschnitzel [*tsigoynershnitsel*] pork with peppers and relishes
Zimmer frei room(s) to let/for rent
Zimmerservice room service
Zinsen interest
Zitrone [*tsitrohn-uh*] lemon
Zitronencreme [*tsitrohnen-kraym*] lemon cream
Zoll Customs
Zollfreie Waren duty free goods
Zubehör accessories
Zucchini [*tsookeenee*] courgettes, zucchinis
Zucker [*tsooker*] sugar
Zuckererbsen [*tsooker-airbsen*] mangetout peas
Zu den Gleisen to the platforms/tracks
Zu den Zügen to the trains
Zugelassen für ... Personen carries ... persons
Zum ... to (the) ...
Zum baldigen Verbrauch bestimmt will not keep
Zum halben Preis half price
Zunge [*tsoong-uh*] tongue
Zur ... to (the) ...
Zuschlag supplement
Zuschlagpflichtig supplement payable
Zu stark herabgesetzten Preisen prices slashed
Zutaten [*tsootahten*] ingredients
Zutritt für Unbefugte verboten no admission to unauthorized persons
Zu verkaufen for sale
Zu vermieten to let, for rent
Zuwiderhandlung wird strafrechtlich verfolgt we will prosecute
Zwanzigmarkschein twenty mark note/bill
Zweigstelle branch
Zweimal täglich einzunehmen to be taken twice a day
Zweimarkstück two mark piece
Zweiräder bicycles and motorcycles
Zweite Klasse second class
Zwiebeln [*tsveebeln*] onions
Zwiebelringe [*tsveebelring-uh*] onion rings
Zwiebelsuppe [*tsveebelzoop-uh*] onion soup
Zwiebeltorte [*tsveebeltort-uh*] onion tart
Zwischengerichte [*tsvishengericHt-uh*] courses served between the main courses
Zwischenlandung stop-over
z.Z. (zur Zeit) at the moment

Reference Grammar

NOUNS

GENDER
All nouns in German are either masculine, feminine or neuter. There are no simple rules for telling which gender a noun is. But to form the feminine of certain nouns the following rule of adding the ending **-in** can be used:

masculine	feminine
der Arzt the doctor	**die Ärztin** the (lady) doctor
der Freund the (boy)friend	**die Freundin** the (girl)friend

PLURALS
Although some general rules can be given, the plurals of German nouns will usually have to be learnt along with the word itself. Some regular plural endings are:

ending of noun	
-e	add **-n**
-heit, -keit, -schaft -ung	add **-en**
-chen	no change

For example:

die Stunde	**die Stunden**	the hour(s)
das Auge	**die Augen**	the eye(s)
die Einheit	**die Einheiten**	the unit(s)
die Quittung	**die Quittungen**	the receipt(s)
das Mädchen	**die Mädchen**	the girl(s)

Otherwise German plurals are mostly formed by adding **-e** or **-er**, although sometimes the preceding vowel will have to be changed by adding an umlaut. Here are some examples:

der Preis	**die Preise**	the price(s)
das Flugzeug	**die Flugzeuge**	the aeroplane(s)
der Schuh	**die Schuhe**	the shoe(s)
der Mann	**die Männer**	the man (men)
das Haus	**die Häuser**	the house(s)
die Hand	**die Hände**	the hand(s)
die Nacht	**die Nächte**	the night(s)

Some German words of foreign origin form their plurals just by adding **-s**. For example:

das Hotel	**die Hotels**	the hotel(s)
das Auto	**die Autos**	the car(s)
das Taxi	**die Taxis**	the taxi(s)

ARTICLES

THE DEFINITE ARTICLE (THE)
The form of the definite article depends on whether the noun is masculine, feminine or neuter, singular or plural:

	sing.	pl.
m.	der	die
f.	die	die
nt.	das	die

For example:

der Zug	**die Züge**	the train(s)
die Frau	**die Frauen**	the woman (women)

CASES
The definite article changes according to which case it is in any particular sentence. There are four cases in German — nominative, accusative, genitive and dative. Each has both a singular and a plural form:

	m.	f.	nt.	plural
nom.	der	die	das	die
acc.	den	die	das	die
gen.	des	der	des	der
dat.	dem	der	dem	den

For example:

der Wein/das Essen schmeckt gut
the wine/the food tastes good

ich mag den Wein/das Essen
I like the wine/the food

der Geschmack des Weins/des Essens
the taste of the wine/of the food

ich kriege Kopfweh von dem Wein
I get a headache from the wine

Articles

Notice that in the genitive case of masculine and neuter nouns an **-s** (or **-es**) is added to the noun:

    der Mann the man   **des Mann(e)s** of the man
    das Hotel the hotel   **des Hotels** of the hotel

THE INDEFINITE ARTICLE (A, AN)

This also varies according to the case of the noun and to whether the noun is masculine, feminine or neuter:

	m.	f.	nt.
nom.	ein	eine	ein
acc.	einen	eine	ein
gen.	eines	einer	eines
dat.	einem	einer	einem

For example:

    ein Mann/eine Frau hat dich gesucht
    a man/a woman was looking for you

    ich möchte einen Kaffee/eine Banane
    I'd like a coffee/a banana

    der Name des Berg(e)s/der Straße
    the name of the mountain/of the street

    ich reise mit einem Freund/mit einer Freundin
    I'm travelling with a friend/with a girlfriend

Notice that the genitive endings require an extra **-(e)s** as explained under the definite article.

To express plural ideas such as 'some' or 'any' German very often simply uses the plural of the noun, for example:

    haben Sie englische Zeitungen?
    do you have any English papers?

ADJECTIVES

If used after the noun to which they relate, German adjectives are quite straightforward:
> **der Kaffee ist kalt**   the coffee is cold
> **die Bergluft ist kalt**   the mountain air is cold
> **das Wetter ist kalt**   the weather is cold

If used before the noun to which they relate then German adjectives must change their endings according to whether that noun is masculine, feminine or neuter and according to whether that noun is used with '**der/die/das**' or with '**ein/eine/ein**'. Endings with '**der/die/das**' are:

	m.	f.	nt.	plural
nom.	-e	-e	-e	-en
acc.	-en	-e	-e	-en
gen.	-en	-en	-en	-en
dat.	-en	-en	-en	-en

For example:

der beste Wein kostet ...
the best wine costs ...

er ist sehr geizig mit dem besten Wein
he's very mean with the best wine

er bestellte den besten Wein
he ordered the best wine

die besten Weine sind sehr teuer
the best wines are very expensive

der Preis des besten Weins
the price of the best wine

Endings with '**ein/eine/ein**' are:

	m.	f.	nt.
nom.	-er	-e	-es
acc.	-en	-e	-es
gen.	-en	-en	-en
dat.	-en	-en	-en

For example:

er ist ein sehr naiver Mensch
he is a very naive person

das Ende eines wunderbaren Tages
the end of a wonderful day

er fährt ein altes Auto
he drives an old car

nach einer langen Reise
after a long journey

Note the plural ending:
> **deutsche Autos**
> German cars

Adjectives

POSSESSIVE ADJECTIVES (MY, YOUR etc)
As with other adjectives, their form depends on whether the noun they refer to is masculine, feminine or neuter and on whether it is singular or plural. They take the same case endings as the indefinite article '**ein**' (see page 108):

	m.	f.	nt.	plural
my	mein	meine	mein	meine
your (sing. familiar)	dein	deine	dein	deine
(sing. polite)	Ihr	Ihre	Ihr	Ihre
his/its	sein	seine	sein	seine
her/its	ihr	ihre	ihr	ihre
our	unser	unsere	unser	unsere
your (pl. familiar)	euer	eure	euer	eure
(pl. polite)	Ihr	Ihre	Ihr	Ihre
their	ihr	ihre	ihr	ihre

For example:
> **wo sind deine Koffer?**   where are your bags?
> **ich wohne bei ihren Eltern**   I'm staying with her parents
> **in unserem Auto**   in our car

COMPARATIVES (BIGGER, BETTER etc)
Comparatives are formed by adding **-er** to the adjective:
> **schnell** fast   **schneller** faster

To say that something is 'more ... than ...' use **-er als ...**:
> **billiger als ich meinte**   cheaper than I thought

To say that something is 'as ... as ...' use **so ... wie**:
> **er ist nicht so groß wie du**   he's not as big as you

SUPERLATIVES (BIGGEST, BEST etc)
Superlatives are formed by placing **der/die/das** in front of the adjective and adding **-ste** to the adjective:
> **ein schwerer Koffer**   a heavy bag
> **der schwerste Koffer**   the heaviest bag
> **die schwersten Koffer**   the heaviest bags

A few adjectives have irregular comparatives and superlatives:

gut	good	**besser**	better	**beste(r,s)**	best
hoch	high	**höher**	higher	**höchste(r,s)**	highest
viel	many	**mehr**	more	**meiste(r,s)**	most

PRONOUNS

PERSONAL PRONOUNS

	nom.		acc.		dat.
ich	I	mich	me	mir	to me
du	you (sing. familiar)	dich	you	dir	to you
Sie	you (sing. polite)	Sie	you	Ihnen	to you
er	he/it	ihn	him/it	ihm	to him/it
sie	she/it	sie	her/it	ihr	to her/it
es	it	es	it	ihm	to it
wir	we	uns	us	uns	to us
ihr	you (pl. familiar)	euch	you	euch	to you
Sie	you (pl. polite)	Sie	you	Ihnen	to you
sie	they	sie	them	ihnen	to them

Note that the German for 'it' depends on the gender of the noun for which 'it' stands:

dein Koffer? ich habe ihn nicht gesehen
your bag? I haven't seen it

kennst du diese Stadt? ja ich kenne sie
do you know this city? yes, I know it

YOU
There are two ways of expressing 'you' in German. They are:

du — used to address close friends, relatives and children and also used between young people (the plural form is **ihr**).

Sie — used to address people the speaker doesn't know well or doesn't know at all (the plural form is also **Sie**).

USE OF 'MAN'
Note the following use of **man** in German:

darf man rauchen?	is smoking allowed?
man sagt, ...	they say ...
daß weiß man nie	you never know

Pronouns

REFLEXIVE PRONOUNS (MYSELF, YOURSELF etc)

Reflexive verbs are those in which the object is the same as the subject, e.g. I wash (myself). A verb is made reflexive using the following pronouns:

mich	myself
dich	yourself (sing. familiar)
sich	yourself (sing. polite)
sich	himself, herself, itself
uns	ourselves
euch	yourselves (pl. familiar)
sich	yourselves (pl. polite)
sich	themselves

German uses many more verbs reflexively than English. For example:

ich rasiere mich schnell	I'll just get shaved
wir langweilen uns	we're bored
beeilen Sie sich	hurry up
ich freue mich	I'm glad

POSSESSIVE PRONOUNS (MINE, YOURS etc)

Possessive pronouns are formed as follows:

	m.	f.	nt.	plural
mine	**meiner**	**meine**	**meins**	**meine**
yours (sing. familiar)	**deiner**	**deine**	**deins**	**deine**
(sing. polite)	**Ihrer**	**Ihre**	**Ihres**	**Ihre**
his/its	**seiner**	**seine**	**seins**	**seine**
hers/its	**ihrer**	**ihre**	**ihres**	**ihre**
ours	**unserer**	**unsere**	**unseres**	**unsere**
yours (pl. familiar)	**eurer**	**eure**	**eures**	**eure**
(pl. polite)	**Ihrer**	**Ihre**	**Ihres**	**Ihre**
theirs	**ihre**	**ihre**	**ihres**	**ihre**

For example:

ist das Ihr Glas? nein, das ist seins
is that your glass? no, it's his

in seinem Zimmer oder in meinem?
in his room or in mine?

VERBS

German verbs can be divided into two main groups: regular and irregular verbs. Irregular verbs undergo certain variations in different tenses (see the list on pages 115/116).

THE PRESENT TENSE
Present tense endings for regular verbs are as follows:

sagen	
ich sag-e	I say
du sag-st	you say (sing. familiar)
Sie sag-en	you say (sing. polite)
er/sie/es sag-t	he/she/it says
wir sag-en	we say
ihr sag-t	you say (pl. familiar)
Sie sag-en	you say (pl. polite)
sie sag-en	they say

Present tense endings for irregular verbs are the same (although there can be a vowel change in the '**du**' form and the '**er/sie/es**' form — see pages 115/116):

sprechen	
ich sprech-e	I speak
du sprich-st	you speak (sing. familiar)
Sie sprech-en	you speak (sing. polite)
er/sie/es sprich-t	he/she/it speaks
wir sprech-en	we speak
ihr sprech-t	you speak (pl. familiar)
Sie sprech-en	you speak (pl. polite)
sie sprech-en	they speak

There are two very important verbs that do not follow this pattern:

sein (to be)		**haben** (to have)	
ich bin	I am	ich habe	I have
du bist	you are	du hast	you have
Sie sind	you are	Sie haben	you have
er/sie/es ist	he/she/it is	er/sie/es hat	he/she/it has
wir sind	we are	wir haben	we have
ihr seid	you are	ihr habt	you have
Sie sind	you are	Sie haben	you have
sie sind	they are	sie haben	they have

Verbs

THE PAST TENSE
Two past tenses are in common use.

The IMPERFECT TENSE is used either to refer to an action that occurred once in the past or that continued over a period of time in the past. For example, **ich sagte** means either 'I said' or 'I was saying'.

The forms of the imperfect are:

sagen	sprechen
ich sag-te	ich sprach
du sag-test	du sprach-st
Sie sag-ten	Sie sprach-en
er/sie/es sag-te	er/sie/es sprach
wir sag-ten	wir sprach-en
ihr sag-tet	ihr sprach-t
Sie sag-ten	Sie sprach-en
sie sag-ten	sie sprach-en

The imperfect of **sein** and **haben** also follow this pattern:

sein	haben
ich war (I was)	ich hatte (I had)
du warst (you were)	du hattest (you had)
Sie waren	Sie hatten
er/sie/es war	er/sie/es hatte
wir waren	wir hatten
ihr wart	ihr hattet
Sie waren	Sie hatten
sie waren	sie hatten

The PERFECT TENSE corresponds to uses such as 'I said' or 'I have said'. It is formed by taking the past participle (see pages 115/116) and using the present tense of **haben**:

sagen	sprechen
ich habe gesagt	ich habe gesprochen
du hast gesagt	du hast gesprochen
etc	etc

Some verbs use the present tense of **sein** instead of the present tense of **haben** to form the perfect tense. Some of the commonest are indicated with an asterisk in the list of verbs on pages 115/116. For example:

ich bin gestern gekommen	I came yesterday
er ist nach Berlin gefahren	he has gone to Berlin
wir sind nicht geblieben	we didn't stay

IRREGULAR VERBS

Here are some of the most important irregular verbs. The parts given are first the 'infinitive' (= to do), second the third person singular present (= he does), third the third person singular imperfect (= he did) and lastly the past participle (= done). An asterisk means that the perfect tense is formed with **sein**.

beginnen *begin*	beginnt	begann	begonnen
biegen *turn*	biegt	bog	gebogen*
bitten *ask*	bittet	bat	gebeten
bleiben *stay*	bleibt	blieb	geblieben*
brechen *break*	bricht	brach	gebrochen
bringen *bring*	bringt	brachte	gebracht
denken *think*	denkt	dachte	gedacht
dürfen *be allowed to*	darf	durfte	gedurft
empfehlen *recommend*	empfiehlt	empfahl	empfohlen
essen *eat*	ißt	aß	gegessen
fahren *drive/go*	fährt	fuhr	gefahren*
fallen *fall*	fällt	fiel	gefallen*
fangen *catch*	fängt	fing	gefangen
finden *find*	findet	fand	gefunden
fliegen *fly*	fliegt	flog	geflogen*
frieren *freeze*	friert	fror	gefroren
geben *give*	gibt	gab	gegeben
gehen *go*	geht	ging	gegangen*
geschehen *happen*	geschieht	geschah	geschehen*
gewinnen *win*	gewinnt	gewann	gewonnen
haben *have*	hat	hatte	gehabt
halten *hold/keep*	hält	hielt	gehalten
helfen *help*	hilft	half	geholfen
kennen *know*	kennt	kannte	gekannt
kommen *come*	kommt	kam	gekommen*
können *be able to*	kann	konnte	gekonnt
lassen *let*	läßt	ließ	gelassen
laufen *run*	läuft	lief	gelaufen*
leihen *lend*	leiht	lieh	geliehen
lesen *read*	liest	las	gelesen
liegen *lie*	liegt	lag	gelegen
müssen *have to*	muß	mußte	gemußt
nehmen *take*	nimmt	nahm	genommen
rennen *run*	rennt	rannte	gerannt*
rufen *call*	ruft	rief	gerufen
schlafen *sleep*	schläft	schlief	geschlafen

Verbs

schlagen *hit*	schlägt	schlug	geschlagen
schließen *shut*	schließt	schloß	geschlossen
schneiden *cut*	schneidet	schnitt	geschnitten
schreiben *write*	schreibt	schrieb	geschrieben
schwimmen *swim*	schwimmt	schwamm	geschwommen*
sehen *see*	sieht	sah	gesehen
sein *be*	ist	war	gewesen*
sinken *sink*	sinkt	sank	gesunken*
sitzen *sit*	sitzt	saß	gesessen
sprechen *speak*	spricht	sprach	gesprochen
springen *jump*	springt	sprang	gesprungen*
stehen *stand*	steht	stand	gestanden
steigen *climb*	steigt	stieg	gestiegen*
sterben *die*	stirbt	starb	gestorben*
tragen *carry*	trägt	trug	getragen
treffen *meet*	trifft	traf	getroffen
treten *step*	tritt	trat	getreten*
trinken *drink*	trinkt	trank	getrunken
tun *do*	tut	tat	getan
vergessen *forget*	vergißt	vergaß	vergessen
verlieren *lose*	verliert	verlor	verloren
waschen *wash*	wäscht	wusch	gewaschen
werden *become*	wird	wurde	geworden*
werfen *throw*	wirft	warf	geworfen
wissen *know*	weiß	wußte	gewußt
wollen *want to*	will	wollte	gewollt

All verbs ending in **-ieren** form their past participle without **ge-**. For example:
    interessieren to interest   **interessiert** interested

Most verbs with a prefix such as **ein-** in **einsteigen** or **ab-** in **abfahren** form their past participle as follows:
    einsteigen to get in   **eingestiegen** got in
    abfahren to leave   **abgefahren** left

THE FUTURE TENSE
The future is formed by using the verb **werden** together with the infinitive:

zurückkommen (to come back)	
ich werde zurückkommen	I will come back
du wirst zurückkommen	you will come back (sing. familiar)
Sie werden zurückkommen	you will come back (sing. polite)
er/sie/es wird zurückkommen	he/she/it will come back
wir werden zurückkommen	we will come back
ihr werdet zurückkommen	you will come back (pl. familiar)
Sie werden zurückkommen	you will come back (pl. polite)
sie werden zurückkommen	they will come back

NEGATIVES
A verb is made negative by using the word **nicht** after it:

ich bin nicht fertig	I am not ready
er kommt nicht	he isn't coming
sie raucht nicht	she doesn't smoke
ich habe ihn nicht gesehen	I didn't see him

Negatives can also be expressed by using the word **kein**, for example:

ich habe kein Geld	I have no money
keine Sitzplätze	no seats
ich mag kein Bier	I don't like beer

THE IMPERATIVE (GIVING COMMANDS)
The forms used to people addressed as **du** are:

sagen: sag! (say)   **kommen: komm!** (come)

The plural form of this (for people addressed as **ihr**) the forms are:

sagen: sagt! (say)   **kommen: kommt!** (come)

For people addressed as **Sie** the forms are:

sagen: sagen Sie! (say)   **kommen: kommen Sie!** (come)

For example:

warten Sie auf mich!	wait for me
sprich nicht so schnell!	don't talk so fast

The time

TELLING THE TIME

what time is it?	wie spät ist es? *[vee shpayt ist ess]*
it is ...	es ist ... *[ess ist]*
one o'clock	ein Uhr *[ine ōōr]*
seven o'clock	sieben Uhr *[zeeben ōōr]*
one a.m.	ein Uhr nachts *[ine ōōr nacHts]*
seven a.m.	sieben Uhr morgens
one p.m.	ein Uhr nachmittags *[nacHmittahks]*
seven p.m.	sieben Uhr abends *[ahbents]*
midday	zwölf Uhr mittags *[tsvurlf ōōr mittahks]*
midnight	Mitternacht *[mitternacHt]*
five past eight	fünf nach acht *[foonf nacH acHt]*
five to eight	fünf vor acht *[for]*
half past ten	halb elf *[halp elf]*
twenty-five to ten	fünf nach halb zehn *[nacH halp]*
twenty-five past ten	fünf vor halb elf *[for halp]*
quarter past eleven	Viertel nach elf *[feertel nacH]*
quarter to eleven	Viertel vor elf *[feertel for]*

CONVERSION TABLES

1. LENGTH

centimetres, centimeters
1 cm = 0.39 inches

metres, meters
1 m = 100 cm = 1000 mm
1 m = 39.37 inches = 1.09 yards

kilometres, kilometers
1 km = 1000 m
1 km = 0.62 miles = 5/8 mile

km	1	2	3	4	5	10	20	30	40	50	100
miles	0.6	1.2	1.9	2.5	3.1	6.2	12.4	18.6	24.9	31.1	62.1

inches
1 inch = 2.54 cm

feet
1 foot = 30.48 cm

yards
1 yard = 0.91 m

miles
1 mile = 1.61 km = 8/5 km

miles	1	2	3	4	5	10	20	30	40	50	100
km	1.6	3.2	4.8	6.4	8.0	16.1	32.2	48.3	64.4	80.5	161

2. WEIGHT

gram(me)s
1 g = 0.035 oz

g	100	250	500
oz	3.5	8.75	17.5 = 1.1 lb

Conversion Tables

kilos
1 kg = 1000 g
1 kg = 2.20 lb = 11/5 lb

kg	0.5	1	1.5	2	3	4	5	6	7	8	9	10
lb	1.1	2.2	3.3	4.4	6.6	8.8	11.0	13.2	15.4	17.6	19.8	22

kg	20	30	40	50	60	70	80	90	100
lb	44	66	88	110	132	154	176	198	220

tons
1 UK ton = 1018 kg
1 US ton = 909 kg

tonnes
1 tonne = 1000 kg
1 tonne = 0.98 UK tons = 1.10 US tons

ounces
1 oz = 28.35 g

pounds
1 pound = 0.45 kg = 5/11 kg

lb	1	1.5	2	3	4	5	6	7	8	9	10	20
kg	0.5	0.7	0.9	1.4	1.8	2.3	2.7	3.2	3.6	4.1	4.5	9.1

stones
1 stone = 6.35 kg

stones	1	2	3	7	8	9	10	11	12	13	14	15
kg	6.3	12.7	19	44	51	57	63	70	76	83	89	95

hundredweights
1 UK hundredweight = 50.8 kg
1 US hundredweight = 45.36 kg

3. CAPACITY

litres, liters
1 l = 7.6 UK pints = 2.13 US pints
$\frac{1}{2}$ l = 500 cl
$\frac{1}{4}$ l = 250 cl

pints
1 UK pint = 0.57 l
1 US pint = 0.47 l

quarts
1 UK quart = 1.14 l
1 US quart = 0.95 l

gallons
1 UK gallon = 4.55 l
1 US gallon = 3.79 l

4. TEMPERATURE

centigrade/Celsius
$C = (F - 32) \times 5/9$

C	−5	0	5	10	15	18	20	25	30	37	38
F	23	32	41	50	59	64	68	77	86	98.4	100.4

Fahrenheit
$F = (C \times 9/5) + 32$

F	23	32	40	50	60	65	70	80	85	98.4	101
C	−5	0	4	10	16	20	21	27	30	37	38.3

NUMBERS

- 0 null *[nool]*
- 1 eins *[ine-ss]*
- 2 zwei *[tsvy]*
- 3 drei *[dry]*
- 4 vier *[feer]*
- 5 fünf *[foonf]*
- 6 sechs *[zecks]*
- 7 sieben *[zeeben]*
- 8 acht *[acht]*
- 9 neun *[noyn]*
- 10 zehn *[tsayn]*
- 11 elf *[elf]*
- 12 zwölf *[tsvurlf]*
- 13 dreizehn *[drytsayn]*
- 14 vierzehn *[feertsayn]*
- 15 fünfzehn *[foonftsayn]*
- 16 sechzehn *[zechtsayn]*
- 17 siebzehn *[zeeptsayn]*
- 18 achtzehn *[achtsayn]*
- 19 neunzehn *[noyntsayn]*
- 20 zwanzig *[tsvantsich]*
- 21 einundzwanzig *[ine-oont-tsvantsich]*
- 22 zweiundzwanzig *[tsvy-oont-tsvantsich]*

- 1st erste *[airst-uh]*
- 2nd zweite *[tsvyte-uh]*
- 3rd dritte *[drit-uh]*
- 4th vierte *[feert-uh]*
- 5th fünfte *[foonft-uh]*
- 6th sechste *[zeckst-uh]*
- 7th siebte *[zeept-uh]*
- 8th achte *[acht-uh]*
- 9th neunte *[noynt-uh]*
- 10th zehnte *[tsaynt-uh]*

- 30 dreißig *[drysich]*
- 31 einunddreißig *[ine-oont-drysich]*
- 32 zweiunddreißig *[tsvy-oont-drysich]*
- 40 vierzig *[feertsich]*
- 50 fünfzig *[foonftsich]*
- 60 sechzig *[zechtsich]*
- 70 siebzig *[zeeptsich]*
- 80 achtzig *[achtsich]*
- 90 neunzig *[noyntsich]*
- 100 hundert *[hoondert]*
- 101 hunderteins *[hoondert ine-ss]*
- 110 hundertzehn *[hoondert tsayn]*
- 200 zweihundert *[tsvy-hoondert]*
- 201 zweihunderteins *[tsvy-hoondert ine-ss]*

- 1000 tausend *[towzent]*
- 1987 neunzehnhundertsiebenundachtzig
  [noyntsayn-hoondert-zeeben-oont-achtsich]
- 1,000,000 eine Million *[ine-uh millee-ohn]*